산수시가의 전개와 전형성 연구

산수시가의 전개와 전형성 연구

초판 인쇄 2020년 10월 23일
초판 발행 2020년 10월 28일

저자 고승관

표지 디자인 박지영
내지 디자인 박지현

펴낸이 차정인
펴낸곳 부산대학교출판문화원
출판등록 제1983-000001호 1983. 11. 10.
주소 부산광역시 금정구 부산대학로63번길 2
전화 (051) 510-1932, 1933, 1935, 1967
전송 (051) 512-7812
메일 pnupress@pusan.ac.kr
홈페이지 https://press.pusan.ac.kr/

* 잘못된 책은 구입처에서 교환해 드립니다.

정가 23,000원

ISBN 978-89-7316-680-0 03810

이 도서의 국립중앙도서관 출판예정도서목록(CIP)은
서지정보유통지원시스템 홈페이지(http://seoji.nl.go.kr)와
국가자료공동목록시스템(http://www.nl.go.kr/kolisnet)에서 이용하실 수 있습니다.
(CIP제어번호: CIP2020045022)

산수시가의 전개와 전형성 연구

고승관 지음

부산대학교출판문화원

서문

산수시가의 전개와 전형성 연구를 상재한다. 기쁘고도 두렵다. 나의 연구성과를 저서로 묶어 여러 전문가의 지도와 평가를 기대하기 때문이다. 내가 본격적으로 산수시가를 공부하게 된 것은 대학원 입학 후이다. 대학 시절에는 산수시가니 산수문학이니 혹은 산수미학, 산수문학사 등과 같은 연구영역을 자세히 관심을 가지거나 공부해 본 적이 없는 것 같다. 일반적으로 고전시가에 속하는 역사 장르를 중심으로 공부하였다.

그런데 석사과정 입학으로 고전시가를 전공하겠다고 마음먹으면서 구체적으로 세부전공에 대해 신중히 생각하게 되었다. 그 결과 나는 산수시가를 전공해야겠다는 결심이 섰다. 산수시가는 그 용어가 매우 생소했다. 동시에 산수문학의 하위 장르인 산수시, 산수유기, 산수기 등이 구체적으로 무엇을 의미하며, 순수국문학 영역에서 어떠한 역사 장르들과 결합해 연구를 진행할 것인가를 늘 탐색하였다.

결국 나는 석사·박사를 학위를 산수시가연구 논문으로 제출하였다. 심사 과정에서 앞으로의 연구에 자신감도 얻었지만, 고려해야 할 여러 사항에 대해서도 충분히 이해하고 나의 연구 과정과 영역을 모색하고 확장해 나갈 수 있게 되었다는 생각이 들었다. 이 저서는 박사학위 논문을 보충하고, 그간의 연구 논문을 보태어서 『산수시가의 전개와 전형성 연구』라는 제목으로 저서를 내게 되었다. 다시 한번 기쁜 마음보다는 학문에 대한 진지함과 성실함을 다짐하며 그간 지도해주신 선생님들과 아버지를 비롯한 가족들께 진심으로 감사드린다.

2020년 9월. 푸른 하늘이 늘 함께하기를 희망하면서.

星郵書樓에서 고 승 관

차례

Ⅰ. 연구서설

산수시가는 순수국문학작품 중에서 산수경물을 소재로 하여 산수미를 형상화한 서정장르의 시조, 경기체가, 서정가사와 같은 운문형식의 작품을 지칭하는 장르적 명칭이다. 고전문학에서 시가는 중국 한시에 대비하는 순수 국문학작품을 일컫는 학문적 용어로 보편성을 얻었기 때문이다.

산수시가의 상위 갈래인 산수문학은 위진남북조 시대 사령운에 의하여 처음 시작된 것으로 유학을 그 배경사상으로 한다. 우리나라에도 일찍이 유학이 수입되었으며, 한국 한문학 작품 가운데 최치원을 비롯한 여러 작가에 의해 산수문학 작품들이 생성되었다. 그러나 본격적인 산수문학은 조선의 건국 이후로, 유학이 국가이념으로 자리 잡으면서 한글창제로 순수국문학작품에서 발전을 거듭하였다. 그중에서도 특히 시조와 가사를 중심으로, 산수문학은 매우 높은 예술적 경계를 개척하였다.

산수문학은 하위 양식상 산수시(山水詩), 산수유기(山水遊記), 산수기(山水記)로 구분되는데, 이때 산수시는 운문으로 구성된 산수문학으로 한시와 순수국문학작품을 포괄한다. 산수유기는 산수유람 기록을 바탕으로 창작되어 기행문학적 성격을 지닌다. 산수유기와 달리 산수기는 실제의 기행이 아닌 산수에 대한 사실적인 보고와 설명의 성격이 강하다.

이 연구에서는 산수문학의 산수시, 산수시 중에서도 순수국문학 장르인 시조와 경기체가, 서정가사 작품인 산수시가를 연구의 대상으로 삼았다. 한국의 산수문학이 순수국문학 작품을 산출하였다는 문학사적 사실은 동양문학의 보편성에 입각한 문학적 위상을 점하였다는 것이며, 문학적 고유성과 창의성을 발양하였다는 점에서 조선시대 산수시가의 문학사적 의의와 그 양식의 독창성이 있다고 보았기 때문이다.

시가의 발생을 제천의식과 노동에서 찾는 것과 비교해볼 때, 산수시가는 산수경물이나 대자연을 소재로 하여 유학적 이념이 투영된 시가예술의 경계를 개척하였다. 산수시가는 자연에 대한 한국인의 미감과 미에 대한 인식의 영역을 하나의 의상(意象, image)으로 형상화한 문학이다. 산수문학에서의 '산수(山水)'는 '산(山)'과 '물(水)'로 대유되는 '자연(自然)'과 자연경물을 지칭하는 것이기도 하면서, 자연경물의 아름다움(美)을 노래하는 것을 포괄하는 의미이다. 문학세계에서 자연물을 대상으로 작가의 미감을 형상화한 것으로, 이때 자연경물의 현상적 아름다움(美)이 산수문학에서 형식미(形式美)이며, 작가 개인의 미감은 작품에서 서정의 영역으로 형상화된다. 또한 산수는 대자연이라고 하는 우주적 존재로 산수경물이 조화롭게 결합한 세계 자체를 의미하는 것이기도 하다. 산수관(山水觀)은 곧 세계관이기도 하고, 미의 원리가 함축되어 있는 독립적 존재이며 미적 이념을 내포한다고 할 수 있다. 이처럼 산수시가는 순수미감과 미의식의 결합에 의한 의상과 시적 경계를 개척하였다는 점에 문학사적 의의가 있다.

조선의 유학은 정치이념이면서 동시에 순수학문의 영역을 개척하였으며, 시대에 따라 학파가 형성되고 그에 따라 세계관이나 가치관이 변화하였다. 이런 변화는 곧바로 유학자들의 작품에 투영되어 다양한 시세계를 개척하였으며, 개성적 미의식을 함유하게 되었다. 따라서 통시적으로 이들의 작품을 살펴볼 때 시기별 작품의 성격을 구분 지을 수 있으니, 그 문학사적 전개에 의한 변화양상을 정리해볼 수가 있을 것이다. 동시에 각 시기별 대표작가의 작품을 통해 작가별 작품세계를 비교해봄으로써 계층적·지역적 또는 학자에 따른 특징과 공통점을 발견하여 각각의 전형성을 연구해볼 수가 있다. 그러므로 이 연구는 이상의 관점을 기반으로 조선조 산수시가의 전개와 각각의 전형성을 연구하는 데 그 목적이 있다.

앞서 살펴본 바와 같이 이 연구는 '산수시가'를 대상으로 그 '전개'와 시기별·작가별 '전형성'을 연구하는 것을 목표로 한다. 산수시가의 중요한 전제 조건은 유학(儒學)이 배경사상이라는 점이다. 그렇다고 해서 산수시가를 단순히 유학자의 문학이라고 해석해야 한다는 것은 아니다. 조선조 산수시가는 성리학적 '미감'이 배경으로 작용하고 그 기반을 형성하고 있기 때문이다. 따라서 조선조 산수시가를 연구함에 있어 조선조 사대부 계층의 성리학적 배경뿐만 아니라 그 안에 내재된 미학적 인식의 개념을 발굴할 필요성이 있다. 곧 이 연구는 유학자의 문학으로 조선조 산수시가를 획일적으로 해석하는 것을 넘어, 각 작가 개인의 개성과 미감을 발굴함으로써, 산수문학의 큰 흐름 속에서 산수시가의 다양성과 개성을 찾고자 함에 그 목적이 있는 것이다.

이 연구에서는 고려 말에서부터 조선시대에 이르는 한국 사상사의 흐름과 특징, 조선조 대표적인 작가의 문학세계를 살펴봄으로써, 산수시가의 일반적 특징과 전형성, 각 시대의 문학사적인 연속성과 흐름의 맥락을 파악하고자 하였으며, 그 대략을 정리하면 다음과 같다.

첫째, 조선시대 산수시가는 성리학의 발달과 더불어 높은 예술적 경계를 개척하였다. 우리나라는 고려시대 안향에 의하여 주자학이 도입된 이래 이식기를 거쳐, 고려 말에 이르러 착근기를 맞이하고, 조선 건국의 통치이념으로 새로운 국가적 질서와 가치관을 수립하였다. 이에 따라 역사적으로 유교적 이념은 더욱 강화되었다. 성리학은 유교의 새로운 학문적 경향을 제시한 조선조 사회의 기반을 형성한 사상적 배경이자, 문화환경으로 산수시가에 지대한 영향을 끼쳤다.

한국의 산수문학은 고려시대 유학의 도입 이후 태동되어 조선조 사대부 계층에 의해 완성된 문학유파이다. 고려 말에서 조선조를 거치면서 산수문학의 주 담당층인 사림 계층이 시조와 가사의 주 장르담당층이 되면서, 산수문학은 더욱 한국문학사에서 중요한 위상을 점하게 되었다. 이 사대부들은 역사사회적 상황 속에서 일반 백성들과는 달리 정치적 관점이나 학문의 입장, 혹은 그들이 속한 계층적 특수성, 가문 의식, 관리로서의 책무 등에 의하여 다양한 삶의 모습을 보여주고 있다. 그렇기 때문에 그들이 생산한 문학작품들도 산수문학을 노래하게 된 동기나 상황에 따라, 상당히 다른 성향의 미감과 미의 세계가 표현된다. 또한 이들은 성리학자라는 철학자의 입장에 있기 때문에 어떤 계층보다, 조선조 산수문학의 전개와 양상을 미학적으로 연구하는데 적절한 계층이며, 그들이 향유한 시조, 가사를 연구하는 것은 가장 명확하며 보편적인 이론적 체계화가 가능하게 할 것이다.

둘째, 치사귀은(致仕歸隱)은 사화기를 거치면서 관료 사회에서 영광되고 이상적인 삶으로 인식되었다. 맹사성, 정극인, 이현보는 사림중심의 성리학적 문학사상에 의해, 부화(富華)하고 수사적 기교에서 벗어나, 이념적 표상을 형상화하는 기풍을 형성하고 진작·발전시켰다. 맹사성과 이현보는 산수에 은거하였으나, 그 시가 작품은 자기위안적이며 현실초탈적인 이상세계를 지향하였다. 또한 정극인은 독선산림에 의한 수양형으로 현실주의적 세계관에 입각한 사실적 산수미(山水美)와 서정으로서의 산수락(山水樂)을 형상화하였다.

농암은 치사귀은 후 산수유상을 통한 현실초탈의 초연한 심경과 산수락을 농암바위와 점석을 통해 정신화하였다. 또한 이를 통해 산수경물의 의경을 내면화하고, 객관적 사물과 주관적 가치를 융합하여 독창적 시경(詩境)을 개척하였으니, 산수경물의 상호교융을 통한 의경의 형상화는 산수락으로 발전하였다. 농암의 산수유상은 그의 인품의 반영으로, 부귀진애의 기미가 없고 속세를 벗어난 정취가 있다. 따라서 농암의 산수유상을 통한 산수경물의 의경은 농암의 인품을 반영하여 정신화되고 내면으로 심화되어, 산수애호의 미적 경계를 표상하는 산수락을 이루었다.

셋째, 퇴계는 산수경물의 감상과 형상화에 있어 서정과 서경 그리고 감정과 이치의 문제를 구분하여 논의하고 있다. 퇴계의 논리적이고 분석적인 학문의 출발점은 종합에 의한 결과의 도달에 이르기까지 매우 이성적이며 합리적인 관점을 유지하고 있기 때문이다.

이런 관점에서 「도산십이곡」은 산수경물의 현상적 아름다움에 대한 감상을 사실적 서경미로 형상화하면서 그 이면에는 철학적 내용미가 미적 이념으로 융화하고 있다. 또한 이 각각 작품 속의 의상은 그 종합적 결합에 의하여 도를 표상하는 철리적 의경을 시세계로 창출하고 있다.

그래서 퇴계의 「도산십이곡」은 대자연의 근원에 대한 깨달음과 내적 성찰의 기쁨을 산수락으로 표상하고 있다. 곧 퇴계의 산수시가는 표면적으로는 산수경물을 노래하고 있으나, 그 이면에 함축되어 있는 의미는 형이상학적인 정신성이 강조되어 있다. 다시 말해 「도산십이곡」은 리(理)의 이념적 경계를 산수로 표상하였으며, 산수은거의 즐거움과 학문이상을 산수미로 형상화하고 있다.

넷째, 송암의 한거(閑居)는 명철보신이나 치사객의 한정이 아닌 퇴계와 같은 학문수양 계통을 따르고 있으면서도 처사문학적 성격을 가지고 있다. 처사라는 것은 선비로서 산수에 거처하는 것이며, 한의 공간이라는 것은 현실적 목적을 가지고 있는 것이 아니라, 「한거록」에서 말하는 것처럼 번거로운 벼슬과 세속적 공명을 떠난 삶이다. 따라서 학문적 목적이 인간완성이라는 자기수양에 있으며, 한거는 그 공간을 말하는 것이다. 이것은 처사로서 송암의 삶을 대변하는 것이며 처사문학으로서의 특징이다.

따라서 송암은 도의 실천을 일생의 목적이자 표준으로 삼고 있다. 이것은 송암 산수시가의 특징이다. 한편 이 도의 실천적 삶은 이념미에 경도되어 대자연의 현상적 아름다움과 산수미를 깊게 이해하지 못한 원인을 제공하기도 하였다.

다섯째, 김광욱의 「율리유곡(栗里遺曲)」에 형상화된 산수은거와 산수유상을 통한 산수락은 탈속적이지만 인간의 세상과 단절되지 않는다. 「율리유곡」의 시적 자아는 세속적 욕망과 명예로부터 멀어졌으나 인간이 가진 적절한 욕망이 오히려 산수은거의 삶을 평화롭고 아름다우며 만족스럽게 만든다. 권호문의 시세계와 비교해 볼 때 동일한 처사문학 범위이나, 「율리유곡」이 훨씬 더 반문명적이며 자연친화적이고 탈속적인 시세계를 형상화하였다.

따라서 김광욱의 「율리유곡」에서는 유교적 이념에 경도된 권호문의 한거에서 벗어나, 그 정신적 경계가 자유로우며 산수친화의 심경이 수졸전원과 한적의 미로 자연스럽게 형상화되었다.

여섯째, 노계의 전원락(田園樂)은 현실초탈적인 도학파의 산수락과 비교하여 삶의 공간으로 표현된다. 노계는 생활공간으로서의 산수에서 선비의 은거를 이상으로 삼고 학문수양을 지향점으로 설정하였다. 이것은 매우 현실적이면서도 현실과 이상이 결합된 산수락의 변용이라는 점에서 큰 의의가 있다. 따라서 산수관의 근대적 전환점을 여기에서 찾아볼 수 있는 것이다.

또 현실초탈적인 성격이 짙은 이전 시기의 산수락에 비하여, 노계의 산수락은 하나의 삶의 공간으로 표현되고 있다. 이는 당시 양반 사대부들의 산수관의 변화를 노계의 작품을 통해서 살펴볼 수 있는 것이기도 하다. 이것은 조선 전기와 후기의 산수관이 변화하는 과도기적 모습이자 노계만의 산수관의 변용이기도 하다. 특히 이는 임진왜란 이후의 피폐한 경제상황과 양반 사대부계층의 실제적 신분하락 등 어려운 현실상황을 반영하고 있다.

따라서 양반계층인 노계가 노래하고 있는 산수락은 생활공간과 체험적 사실감을 기반으로 하고 있다. 이것이 노계의 양반계층으로서 한계점이기도 하며, 동시에 시대적 변화에 순응하는 산수관으로 생활문학의 일면을 엿볼 수가 있다. 그러므로 이것을 산수시가의 관점에서 볼 때 현실과 이상이 잘 결합되어 있는 산수락의 하나의 변용이라는 점에서 산수문학사에서 매우 큰 의의가 있다. 앞에서 논의한 김광욱과 비교해 볼 때, 물론 신분적 계층이나 삶의 여정에 큰 차이가 있지만, 노계의 생활공간으로서의 산수나 사실감 있는 체험적 정서는 당시 현실을 반영하고 있다.

일곱번째, 윤선도는 현실지향의 의식과 이상지향의 의식이 공존하여, 상충하는 갈등과 번민적 요소를 보인다. 그러나 고산은 부용동 원림조성으로 갈등을 초월하여 의식적 만족과 개인적 이상달성의 목표를 성취하였다. 이는 「어부사시사(漁父四時詞)」에서 표현되며, 이상지향의 유미적 산수미를 형상화하고 있다.

고산은 작품에서 현실지향의식을 드러내고 있는데, 이는 관직생활과 입신양명에 대한 미련이 아니라 자신이 생각한 이상적 이념을 실현하는 것이었다. 그래서 고산의 부용동 원림(園林)은 현실의 공간이기는 하지만 그의 의식 속에서는 현실을 초월한 이상의 공간으로 인식되었으며, 그러한 까닭에 인적이 드물고 멀리 떨어져 있는 외딴 섬 속에 조성된 원림이다. 이 원림 속 세연정 등 인공 건조물이나 자연물에 붙인 명칭과 그 구조, 지형적 특성, 지리적 위치 등에는 고산 자신의 이상이 투영되어 있다.

그래서 이런 서정과 서경의 조화는 고산으로 하여금 현실적 좌절과 번민 그리고 정치적 불운을 한탄하거나 비관하지 않고, 현실초월적 이상향을 지향함으로써 스스로 위로받고자 하는 동인이자 배경이 되었다. 고산은 현실지향의 의식과 이상지향의 이상이 공존하여 때로는 갈등과 번민적 요소가 되었으나, 부용동 원림 조성으로 내적 갈등을 조정하고 의식적 만족과 이상달성의 목표를 성취하였다. 곧 이상지향의 유미적 산수미를 형상화하고 있다.

여덟째, 기녀들의 문학에서 나타나는 산수시가의 흐름이다.

기녀의 사회적 신분은 천민 계급에 속한다. 그러나 기녀들은 예악을 담당하며 왕족 및 사대부계층과 교류를 이어나갔다. 이에 따라 기녀들이 유흥의 자리에서 주고받은 시문 등도 사대부계층의 취향에 맞추어 창작되고 향유되었다. 즉 기녀들의 사회적 신분은 천하였으나, 그녀들의 문화공간은 사대부 취향이며, 그 내면의식도 유교적 질서에 근본을 두고 있다.

실제 작품 속에서 기녀에게 절의는 종종 은유적 상징으로 형상화된다. 이것은 수단이 아니라 하나의 목적으로서 설정되며 최고의 가치로 인정받는 것이다. 미학의 입장에서 볼 때, 이것은 미적 인식에 의한 이념으로서의 미라 할 것이다. 따라서 절의는 기녀들의 정신세계를 상징하는 개념으로서의 보편성을 획득하게 된다.

또한 기녀시조에서 흔히 산수경물은 유교적 이념과 결합되어 의상을 형상화하였다. 이때 유교적 이념은 윤리의 이념을 최고 가치로 여기는 것을 규범화하고 행위의 목표로 삼는다. 그래서 산수경물의 의상은 결국 자연철학에 입각한 윤리적 해석으로 인륜감식(人倫鑑識)에 해당한다. 따라서 기녀시조에서 절의는, 윤리적 차원이나 단순한 미적인 차원을 넘어 보편의 가치로서, 기녀시조에 형상화된 이념화를 지향하고 있다. 곧 미적 인식에 의한 이념의 형상화라고 할 수 있는 것이다.

이상에서 논의한 조선조 산수시가의 가장 큰 특징은 이념으로서의 미적 지향이다. 이념의 미는 최고 가치로서의 미이며 정신적 이상 추구의 미이다. 따라서 이 연구는 시대별 작가의 전형적 특징을 조선조 산수시가의 양상으로 정리함으로써 한국 산수문학의 미적 특질을 밝히고자 하였다. 조선조 산수문학의 미는 정신적 가치로서의 미이며, 우리는 산수시가의 흐름 속에서 그 가치를 발견할 수 있다. 그러므로 통시적 관점에서 유학의 흐름에 따른 각 시대별 대표 작가의 작품을 통해, 조선조 산수시가의 전개양상을 살펴, 그 전형성을 탐구하였다.

Ⅱ. 산수시가의 전개 양상과 시세계

1. 서론

1) 연구목적 및 연구방법

한국문학사에서 조선시대는 매우 중요한 위상과 의의를 가진다. 조선 초 한글이 창제됨으로써 순수 국문학의 창작이 가능해졌으며, 시조와 가사문학이 완성되고 발전되어 한국문학의 주류이며 정화로서 그 영속성을 현재까지도 유지하고 있다. 또한 성리학을 배경으로 하는 사대부계층이 순수 국문학 창작에 참여함으로써 그 문학적 위상과 예술적 완성도를 한층 높였다. 사대부계층은 성리학을 사상적 배경으로 하였다. 이에 따라 조선시대 전반에 걸쳐 성리학의 변천에 따라 문학 속에 형상화되는 산수경물이나 산수의 아름다움에 시적 변용이 발생하였으며, 시기별 작가별 독창성을 창출해냈다.

이 논문에서 주로 다루고자 하는 산수시가는 시조, 가사, 경기체가 등이 그 대상이다. 이 산수시가는 도남이 자연예찬의 성격을 지닌 조선조 문학을 "聾巖 俛仰亭에 의해 唱導되었"으며 "自然美

의 發見"[1]이라는 문학사적 의의를 밝힌 것에 그 맥이 있다. 이후 많은 연구자들에 의하여 조선시대 산수시가는 다른 시가들에 비하여 사대부를 주 담당층으로 하고 성리학을 그 배경사상으로 하는 특징을 가진 시가 양식으로 사용되며 연구가 확산되었다.[2]

성리학은 학파와 학맥을 형성하면서 학문적 특징을 계승하였으며, 산수시가 역시 이런 성리학의 변화에 따라 그 전개 양상과 시세계가 각각 달라졌다. 따라서 시기별 작가별로 그 특징적 시세계를 전형화하여 구분해 볼 수 있을 것이다. 이런 연구는 산수시가의 다양성과 함께 시기별 문학적 특징을 드러내는 과정이다.

따라서 이 연구에서는 성리학의 변화에 따라 순수 국문학 작품이 있는 사대부, 그 중에서도 성리학이라는 철학의 학문적 관점이 뚜렷한 작가와 작품을 시기별로 나누어 조선시대 산수시가의 전개 양상을 유형화하고 그 시세계의 특징적 요소를 분석해냄으로써 한국 시가에 형상화된 산수의 고유한 아름다움을 통한 이념으

---

1) 조윤제, 『韓國文學史』, 探求堂, 1978, 130~141면.

2) 조윤제 이후 최진원의 "강호가도"을 시작으로(최진원, 『國文學과 自然』, 성균관대학교 출판부, 1981.), 산수시가는 그 성격과 대상의 범위에 따라 다양한 용어로 사용되며 활발히 연구되었다. 주로 사용된 용어를 정리하면 다음과 같다. 손오규의 "산수문학"(손오규, 「퇴계의 산수문학 연구」, 성균관대학교 박사학위논문, 1990.), 최동국의 "산수시가"(최동국, 「조선조 산수시가의 이념과 미의식 연구」, 성균관대학교 박사학위논문, 1992.)와 "산수시조"(최동국, 「조선조 산수시조의 수사적 특성」, 『시조학논총』 25, 한국시조학회, 2006.), 하상규의 "자연시가"(하상규, 「한국 자연시가에 끼친 도연명의 영향」, 동아대학교 박사학위논문, 1996.), 권정은의 "자연시조"(권정은, 「문답형 자연시조의 유형과 존재 의의」, 『국어국문학』 144, 국어국문학회, 2006.), 류해춘의 "산수시조"(류해춘, 「산수시조에 나타난 여가활동 양상」, 『시조학논총』 31, 한국시조학회, 2009.), 임주탁의 "사족층의 시조"(임주탁, 「조선시대 사족층의 시조와 일상성 담론」, 『한국시가연구』 29, 한국시가학회, 2010.), 김현정과 이미정의 "강호시조"(김현정, 「강호시조에 나타난 '벗'의 유형과 공간성의 관계」, 『겨레어문학』 44, 겨레어문학회, 2010. 이미정, 「강호시조에 나타난 나무의 표상적 의미」, 『한국시가문화연구』 36, 한국시가문화학회, 2015.).

로서의 산수미를 밝히고자 한다.

산수시가는 산수문학의 한 양식이다. 원래 산수문학은 중국 유송시대 사령운에 의하여 처음으로 발현된 것으로 유학을 배경으로 한, 사실적 서경미를 그 문학적 특징으로 한다. 산수문학은 산수시(山水詩), 산수유기(山水遊記), 산수기(山水記)로 나누어 볼 수 있다. 산수시는 산수문학 계열의 서정양식으로 시이며 산수유기와 산수기는 서사양식으로 산문이다. 이 중 산수유기는 산수 유람에 대한 기록의 차원에서 창작된 산수문학 양식으로 기행문적 성격을 가진다. 산수기는 산수유기에 포함시켜 논의하기도 하나, 구분하여 보면 실제의 기행이 부재한 상태에서 산수에 대한 사실적인 보고와 설명의 성격이 강하다고 하겠다.

이렇게 볼 때 한국문학에서 산수시는 시조, 경기체가, 한시 등이 포함되며 산수유기로는 주로 조선후기에 등장한 기행가사가 해당된다고 할 수 있다. 그리고 산수기로는 가사작품 가운데서도 작가가 자신이 거처하는 누정이나 별서 등을 주제로 한 작품이 포함된다. 그래서 이 연구에서는 시가작품인 산수시 계열의 시조와 경기체가를 주 대상으로 하며, 필요한 경우 보조적 자료로 다른 양식의 작품을 원용하기로 하겠다.

한국의 산수시가가 순수 국문학 작품을 산출하였다는 문학사적 사실은 동양문학의 보편성에 입각한 문학적 위상을 점하였다는 것이며, 문학적 고유성과 창의성을 발양하였다는 점에서 조선시대 산수시가의 문학사적 의의가 있다. 따라서 이 연구의 첫 번째 목적은 조선시대 산수시가의 문학사적 의의를 밝히는 것이다.

다음으로 이 연구에서는 맹사성, 이현보, 이황, 권호문, 박인로, 김광욱, 윤선도를 산수시가의 대표작가로 선정하고[3], 그들의 순수 국문학 작품을 연구의 대상으로 한다. 그리고 각 시기별 문예적 특징과 문학사적 의의를 분석하고자 하였다. 그래서 이 연구는 성리학자들의 문학작품을 이념적 관점에서 파악한 주제 위주의 연구에서 벗어나, 그들의 산수시가에 형상화된 산수의 아름다움과 그 아름다움으로부터 비롯된 개인의 서정적 미감을 분석하고자 하였다. 이것은 개성적이며 개별적인 작가의 가치관에 따른 미감의 특징과 독창성을 인식하고자 함에 그 목적이 있다.

이를 위해 첫째, 배경사상으로서의 성리학적 관점에 의한 작가와 작품분석을 통해 작가가 산수시가에서 지향하는 미의식을 분석하고자 한다. 이를 위해 조선시대 성리학을 초기의 경세학파, 중기의 사림파, 후기의 도학파와 예학파로 구분하여 그 대표적 작가와 작품을 분석하고 그 특징적 요소를 파악하여 유형화를 시도하고자 한다. 나아가 시기별 특징과 작가의 문학세계의 개별성과 독창성을 탐색할 것이다.

둘째, 조선시대를 전기와 중기, 후기로 나누어 사회적 변화에 따른 사대부들의 출처관(出處觀)과 귀거래나 은거의 동기와 원인을 고려함으로써 문학세계의 특징과 개성적 서정성을 분석하고자 한다. 이를 통하여 작가별 산수인식에 대한 특성과 공통점을 발견할 수 있을 것이다.

셋째, 조선조 성리학자들은 귀거래 이후 중심이 되는 생활공간으로 서원이나 누각 등을 많이 세웠다. 그리고 자신의 이상과 가치

3) 본문에서 다룬 7명의 작가는 류승국이 저서에서 기술한 주요 유학자들 중 문학사적 흐름상에 있는 5명(맹사성, 이현보, 이황, 권호문, 김광욱)을 논자가 임의로 선정하고, 기존 학계에서 문학사적으로 매우 중요한 위치에 있으며 활발한 논의가 이루어지고 있는 2명(박인로, 윤선도)을 추가하였다. (류승국, 『한국유학사』, 유교문화연구소, 2009, 161~246면 참조.)

관에 따라 각각의 산수경물이나 누각 사우 별서 등을 명명함으로써 상징적 이미지로 표현하고 있다. 따라서 주변 생활환경으로서의 은거지는 단순한 지리적 공간이 아니라 작가의 문화공간으로 변용되고 있음을 파악하고 그 문학적 의미와 이미지를 분석하고자 한다.

넷째, 인문사회학적 관점에서 작가별 혼인관계, 학통과 학맥에 따른 사우관계를 고려하여 문학적으로 어떤 특징을 공유하였으며, 또 집단적 서정성과 시가적 특징을 함께하였는가를 파악하고자 한다. 그 결과 조선시대 산수시가의 전개양상과 시세계가 좀 더 뚜렷해질 것이다.

다섯째, 산수시가를 문예미학적 관점에서 분석하고자 한다. 조선조 성리학자들은 산과 물 등을 소재로 하여 많은 문학작품들을 창작하였으며 산수시와 산수유기를 창작하였다. 이 산수유기에는 산수기가 포함된다. 그런데 조선조 성리학자들의 순수 국문학 작품으로는 시조와 경기체가, 가사를 그 대표적 양식으로 손꼽으며, 우리나라에서는 고전시가라고 명명하여 문학적 용어로 통칭하고 있다. 따라서 이 연구에서 언급하는 산수시가는 산수를 소재로 한 고전시가 작품을 일컫는 용어이며, 광의로 보아서는 산수문학의 한 양식 속에 포함시켜 논의할 것이다. 또한 이 연구에서는 산수시가에 등장하는 의상(意象, image)[41]의 분석과 문맥 의미, 나아가 문예적 의미를 파악할 것이다. 다음으로 의상의 결합에 의하여 이루어지는 산수시의 세계(意境)를 파악하고자 한다. 이 산수시의 세

41 의(意)는 인간 의식의 관념이자 지(知)라고 할 수 있으며, 상(象)은 구체적인 객관물이니, 이 둘이 만나 의상(意像, image)이 형성되는 것이다. 이에 대하여 주량즈는 그의 저서에서 "의(意)는 인간의 의식이 만들어 내는 세계이며, 이 세계는 상(象)을 통해서 구현된다."라고 언급하였다. (주량즈 지음, 신원봉 옮김, 『미학으로 동양인문학을 꿰뚫다』, 알마, 2015, 444면.)

계는 현실에 존재하는 공간을 미적으로 형성하였을 경우와 상상 속의 이상세계를 형상화한 두 가지의 큰 흐름으로 나누어 파악할 수가 있다. 그래서 시기별, 작가별 산수시가의 특징을 분석하고 종합하는 데 이 논문의 목적이 있다.

2) 연구사 검토 및 연구의 필요성

우리 국문학 연구사에서 문학작품을 대상으로 자연의 아름다움을 가장 먼저 언급한 연구자는 도남 조윤제이다. 도남은 자연예찬의 성격을 지닌 조선조 문학을 "江湖歌道"라 명명하고 "自然美의 發見"이라는 문학사적 의의를 밝히며, "聾巖 俛仰亭에 의해 唱導되었다"라고 하였다.[5] 이후 최진원은 이 "江湖歌道"가 "당쟁하의 明哲保身과 致仕客의 閑適"에서 온 것이며, 구체적 작가와 작품을 통해 "江湖歌道는 시조와 가사에서 형성되었다"[6]고 그 형성원인을 밝혔다. 도남이 언급한 "自然美의 發見"은 산수시가의 미학적 측면에 주목한 중요한 개념이며, 최진원의 연구는 이 자연미의 발견을 당쟁(黨爭)이라는 정치사회학적 원인에서 찾아 그 동기를 밝혔다.

그런데 도남이 언급한 '江湖歌道'라는 용어는, 구체적인 문학사에서 존재하는 흐름이 아닌 추상적인 미감이나 문학현상을 의미하는 성격이 짙다. 그래서 최진원은 도남의 연구를 바탕으로 『國文學과 自然』에서 상자연(賞自然)의 개념을 가져오면서 문예학적 측면을 강조하고, 강호가도의 발생 원인을 개별 작가 연구를 통해 경제사회학적인 측면에서 밝혀 그 의의를 연구하였고 현저한 연구

[5] 조윤제, 앞의 책, 1978, 130~141면.

[6] 최진원, 앞의 책, 성균관대학교 출판부, 1981.

업적을 남겼다.

이후 손오규는 "山水文學"이라는 개념을 제시하고 『산수문학연구(山水文學硏究)』[7]에서 그 학문적 체계를 정립하였다. 손오규가 『산수미학탐구(山水美學探究)』[8]에서 제시한 '소박미(素朴美)', '고독(孤獨)', '한정(閑情)', '풍류(風流)', '이정(移情)' 등의 개념은 서양의 미학에서 학문 연구의 방법이나 이론을 고려하기는 하였지만, 근본이 되는 미학의 개념은 퇴계학에 원류를 둠으로써 학문적 이론의 보편성을 확보하고자 하였다.

이후의 연구에서는 산수와 유사한 의미로 산천, 산림, 강호, 강해 등이 널리 사용되었다. 자연을 소재로 한 우리나라 시가 작품을 규정한 문학용어로는 학자에 따라 산수시가, 강호시가, 자연시가 등 여러 가지가 쓰였다.[9] 이처럼 조선시대 사대부 작자층에게 산수는 친숙한 존재이자 동경의 대상이었다. 이는 현대를 살고 있는 우리에게도 이어지는 산수 인식의 기저라고 할 수 있다.

이후 조선시대 산수시가 연구사를 검토해 볼 때 세 방향으로 분류해 볼 수가 있다. 첫째, 작가와 작품 연구, 둘째 미학적 연구, 셋째, 문학사적 연구이다. 이 중에서 작가와 작품 연구가 거의 대다수를 차지하며, 미학적 연구는 보편적이지 않다. 더구나 문학사적 연구는 극히 드물다. 따라서 이 논문에서 추구하는 연구방향과 연구방법에 비추어 볼 때, 문학사적 연구에 대한 연구사 검토를 통해서는 본 연구의 필요성과 목적성을 달성하기에는 자료적 부족함을 절실히 느낀다. 그런데 이 연구는 그 내용의 분석과 시세계의 특성

---

7) 손오규, 『산수문학연구』, 제주대학교 출판부, 2000.

8) 손오규, 『산수미학탐구』, 제주대학교 출판부, 2006.

9) 산수시가의 용어에 대한 정리는 1면 각주 2)를 참고.

을 미학적 연구로 접근하고 있으므로 첫째, 작가 작품 연구를 참고로 하면서도 둘째 미학적 연구를 문학사적 연구와 함께 검토함으로써 연구 목적의 필요성과 합리성을 확보하고자 한다. 그래서 이 연구에서 연구 대상으로 삼은 맹사성, 이현보, 이황, 권호문, 김광욱, 박인로, 윤선도의 대표적 연구를 통하여 연구사를 검토하겠다.

맹사성과 「강호사시가」에 대한 주요 연구로 김흥규, 나정순, 김상진의 연구를 들 수 있다. 먼저 김흥규는 「강호자연과 정치현실-맹사성 〈어부사시가〉와 이현보 〈어부가〉의 정치현실 인식」[10]에서 맹사성의 「강호사시가」와 이현보의 「어부가」를 중심으로 15, 16세기 조선조 강호시가의 두 국면을 살폈다. 김흥규는 이 연구에서 「강호사시가」 분석을 통해 맹사성이 "당대의 정치상황을 이끌어간 사대부층의 도덕적·정치적 낙관주의 안에서 세계를 보았고 따라서 정치현실의 차원과 강호자연 사이에 상호배제의 이념적 단절이 있다고 여기지 않았다"고 연구의 결과를 밝혔다.

나정순은 「조선 전기 강호 시조의 전개 국면-'조월경운'과 '치군택민'의 개념을 중심으로」[11]에서 조선 전기 강호시조의 흐름을 형성해 온 맹사성, 이현보, 이황, 이이, 권호문의 작품 세계를 살펴보고, '강호가도' 시가의 실체와 개별적 차이점을 파악하고자 하였다. 나정순은 이 연구에서 "자연미의 추구라는 우아한 예술성 뒤에 감추어진 현실적 고민의 모습을 형상화한 것이 바로 강호시조"라고 '강호가도'의 실체를 '조월경운'과 '치군택민'을 중심으로 파악

---

[10] 김흥규, 「강호자연과 정치현실-맹사성 〈어부사시가〉와 이현보 〈어부가〉의 정치현실 인식」, 『욕망과 형식의 시학』, 태학사, 1999, 135~160면.

[11] 나정순, 「조선 전기 강호 시조의 전개 국면-'조월경운'과 '치군택민'의 개념을 중심으로」, 『시조학논총』 29, 한국시조학회, 2008.

하고자 시도하였다는 데 의의가 있다.

김상진은 「사시가계 시조의 맥락과 노찾사의 〈사계〉-맹사성의 〈강호사시가〉와의 관계를 중심으로-」[12]에서 맹사성의 「강호사시가」를 중심으로 사시가계 시조의 맥락에서 대중가요 「사계」를 고찰하였다. 김상진은 "「강호사시가」가 노래하는 '君恩의 찬양'과 「사계」가 노래하는 '노동 현장의 고달픔'에는 상당한 거리가 있지만, 양자 모두 시대정신을 표현했다는 공통점을 지닌다"며 "이로써 「사계」는 현대의 대중가요이면서 그것의 중심에는 고시조의 맥락을 수용하고 있음"을 파악할 수 있다고 하였다. 이는 맹사성의 「강호사시가」의 맥락이 현대에까지 수용되고 있음을 밝힌 중요한 연구이다.

이현보와 「어부가」에 대한 주요 연구로는 성호경, 양희찬, 박해남의 연구가 있다. 성호경은 「聾巖 李賢輔의 삶과 시가」[13]에서 「효빈가」, 「농암가」, 「생일가」, 어부가」, 「어부단가」 등 농암이 창작한 우리말 시가를 중심으로 농암의 삶을 살펴보았다. 그의 연구는 특히 농암이 한시 중심의 조선 전기 사대부 시작 풍조에서도 우리말 시가의 참된 가치를 자각하였다는 점에 주목하여 논의를 전개하였다는 점에 의의가 있다.

양희찬은 「李賢輔 〈漁父歌〉에 담긴 두 現實에 대한 認識構造」[14]에서 농암 「어부가」에 담긴 두 현실에 대한 인식구조를 고찰하였다. 양희찬은 「어부가」의 강호는 "'無心'과 '多情'으로 즐겁고 평안하다

[12] 김상진, 「사시가계 시조의 맥락과 노찾사의 〈사계〉-맹사성의 〈강호사시가〉와의 관계를 중심으로-」, 『시조학논총』 48, 한국시조학회, 2018.

[13] 成昊慶, 「聾巖 李賢輔의 삶과 시가」, 『진단학보』 93, 진단학회, 2002.

[14] 양희찬, 「李賢輔 〈漁父歌〉에 담긴 두 現實에 대한 認識構造」, 『시조학논총』 19, 한국시조학회, 2003.

는, 화자의 판단"이라고 설명하면서, "강호의 '無心'과 '多情'이 사회현실(朝廷의 不協和)의 문제를 해결할 수 있는 중요한 방법으로 제시하려고 한 것"이라고 주장하였다. 이는 농암 「어부가」의 의의를 당시 사회의 경세적 측면에서 이해하려 한 점에서 의의가 있다.

박해남은 「〈樂章歌詞本 漁父歌〉 再考」[15]에서 『악장가사』 소재 「어부가」를 주 대상으로 작품의 형성시기와 배경, 작자, 구성 방식 등을 총체적으로 살폈다. 이 연구는 농암 「어부가」 작품 자체를 중점적으로 심도 있게 다루었다는 것에 의의가 있다.

퇴계와 「도산십이곡」에 대한 주요 연구로는 성기옥, 이종호[16], 손오규의 연구를 들 수 있다. 성기옥은 「〈도산십이곡〉의 구조와 의미」[17]에서 퇴계가 「도산십이곡」을 창작할 때 처한 정신적 상황, 그리고 「도산십이곡」을 창작하고 향유한 실질적 배경을 중심으로 '경험의 언어'로서 「도산십이곡」의 언어적 기능을 분석하였다. 성기옥의 연구는 「도산십이곡」이 퇴계의 사상이나 이념을 관념적으로 읊었다거나, 문학성이 결여된 무미건조한 관념적 작품으로 보는 일반적 통념과는 달리 "퇴계 자신의 생생한 개인적 경험을 바탕으로 한 진솔한 내면의 세계를 읊은 작품"이며, "놀라울 만큼 문학성이 풍부한 잘 짜여진 언어의 교직물"이라는 견해를 밝혔다. 또 성기옥은 「〈도산십이곡〉의 재해석」[18]에서 텍스트 중심의 현대시와는 달리 고전시가의 해석은 '텍스트 상황'을 함께 담고 있다고 언급하면서, 「도산십이곡」의 '텍스트 상황'을 복원하고자 하였다. 이

15| 박해남, 「〈樂章歌詞本 漁父歌〉 再考」, 『반교어문연구』 28, 반교어문학회, 2010.
16| 이종호, 「퇴계 이황의 자연미 수용과 산수미학」, 『영남학』 41, 퇴계연구소, 2007.
17| 성기옥, 「〈도산십이곡〉의 구조와 의미」, 『한국시가연구』 11, 한국시가학회, 2002.
18| 성기옥, 「〈도산십이곡〉의 재해석」, 『진단학보』 91, 진단학회, 2001.

연구는 '텍스트 상황'의 복원을 통해 '경험의 언어'로서 「도산십이곡」의 언어적 기능을 되찾고자 시도하였다는 데 그 의의가 있다.

신연우는 「〈陶山十二曲〉에의 미학적 접근」[19]에서 이황의 사상 체계가 "인간 사회의 도덕적 질서의 근거를 확립하는 것이고 그 근거는 자연의 질서"라고 하면서 이황은 "자연의 질서와 도덕적 본성의 상응성과, 자연적 질서의 심성론적 전환을 사상의 틀로 정립"하였다고 말하였다. 이를 근거로 「도산십이곡」을 미학적 접근 방법으로 해석하여 "자연물을 통해서 세계의 근원적 조화와의 만남이라는 심미적 경험"이 바로 「도산십이곡」의 주제임을 밝혔다.

손오규는 「退溪詩의 空間認識과 山水觀」[20]에서 퇴계시에 나타난 공간 인식과 산수관을 미학적으로 해석하고 연구하였다. 손오규는 "퇴계는 미학에 대해 직접적으로 언급하거나 저술을 남기지 않았다"면서도 "퇴계는 자신의 철학을 학문적으로 체계화하여 「聖學十圖」 등을 완성하였다. 이것은 미학이 철학의 하위 영역이기 때문에 퇴계철학을 원용하여 그 이론화를 가능하게 하였다"면서 퇴계시를 미학적으로 해석하는 이론적 근거를 제시하였다. 이 연구는 퇴계시가 '자연의 인간화' 또는 '인간의 자연화'라는 미적 경계를 개척하였음을 밝혔다는 점에서 퇴계시의 미학적 연구의 지평을 넓혔다는 의의를 발견할 수 있다.

권호문에 대한 주요 연구로 김병국, 최현재, 김상진을 들 수가 있다. 김병국은 「松巖 權好文 시가의 미적 특질」[21]에서 송암의 「한거십팔곡」과 「독락팔곡」의 구체적인 미적 특질을 고찰하였다. 김

---

19 신연우, 「〈陶山十二曲〉에의 미학적 접근」, 『고전문학연구』 25, 한국고전문학회, 2004.
20 손오규, 「退溪詩의 空間認識과 山水觀」, 『퇴계학논총』 30, 퇴계학부산연구원, 2017.
21 김병국, 「松巖 權好文 시가의 미적 특질」, 『한국시가연구』 19, 한국시가학회, 2005.

병국은 이 연구에서 구체적 작품 분석을 통해 「한거십팔곡」의 미를 '淡泊', 「독락팔곡」의 미를 '閒興(閒美淸適)'이라고 규정하였다.

최현재는 「權好文 詩歌의 情緖的 特徵과 文學史的 意義」[22]에서 송암시가에 대한 평가가 대체로 부정적인 경향이 있다고 하면서 그 이유로 "송암의 시가작품에 대한 문학사적 평가나 가치의 기준으로 퇴계를 설정하였기 때문"이라고 하면서, "송암의 국문시가가 지닌 문학사적 의의나 가치를 온전히 평가하기 위해서는 그 기준을 달리 하거나 비교 대상을 좀더 확대해야 할 필요"가 있다고 자신의 견해를 밝혔다. 이어 송암의 생애와 시가작품을 긴밀하게 관련지어 그의 시가작품이 지닌 문학사적 의의를 영남 지역 강호시가의 전통과 계승이라는 측면에서 고찰하여 재조명하였다.

김상진은 「松巖 權好文의 〈閑居十八曲〉과 문학치료」[23]에서 「한거십팔곡」이 가진 장르적 특성을 "서정성, 시의 리듬과 반복, 강호시조로서의 갈등 해소"라고 보고 이와 같은 장르적 특성을 문학치료에 적용하려 시도하였다.

김광욱에 대한 주요 연구로는 고정희, 김창원, 허왕욱의 연구를 들 수가 있다. 고정희는 「17세기 전가시조의 서정적 리얼리티에 관한 연구」[24] 전가시조의 범주적 타당성을 작품 안에서 찾고자 시도하였다. 「율리유곡」의 표현에 주목한 이 연구는 환상적이거나 관념적인 리얼리티를 보여주는 강호시조에 비하여 전가시조가 사

22) 최현재, 「權好文 詩歌의 情緖的 特徵과 文學史的 意義」, 『우리말글』 35, 우리말글학회, 2005.

23) 김상진, 「松巖 權好文의 〈閑居十八曲〉과 문학치료」, 『한국시가연구』 22, 한국시가학회, 2007.

24) 고정희, 「17세기 전가시조의 서정적 리얼리티에 관한 연구」, 『한국문학연구』 3, 고려대학교 민족문화연구원, 2002.

실적인 리얼리티의 재현이나 모방으로 나아갔다고 주장하여 환상적 리얼리티와 모방적 리얼리티 사이에 전가시조의 의미를 두었다는 데 의의가 있다.

김창원은 「조선후기 근기 지역 강호시가의 지역성」[25]에서 "지역성을 고려하지 않은 문학 연구는 대부분 추상이거나 과장일 수 있다."는 문제의식에서 전원시조의 지역문학적 관형어를 연구하였다.

허왕욱은 「〈율리유곡〉에 나타난 귀향 의식의 문학적 형상」[26]에서 「율리유곡」에 나타난 '귀향(歸鄕)'이라는 특이한 모습을 통해 현재과 과거 두 지점 사이의 이동의 관점에서 강한 정서적 감응을 수반한 채 나타나는 특이한 운동의 측면으로 김광욱의 「율리유곡」을 연구하였다. 허왕욱은 그 결과로 "김광욱의 귀향은 '행위'의 계보를 서막으로 삼고, 절연의 생성, 망각의 역능이라는 탈주선을 그려내었으며, 생활의 즐거움과 경험의 초월을 빚어냈고, 다시 서울로 향하는 감응을 보여주었다"는 의의를 밝혔다.

박인로에 대한 주요 연구로 박현숙, 성호경, 이종문을 들 수 있다. 박현숙은 「박인로의 〈누항사〉 연구」[27]에서 박인로의 「누항사」에 제시된 삶의 양상과 창작 시기를 검토하고, 이를 바탕으로 「누항사」에 형상화된 '안빈낙도'에 대하여 고찰하였다. 이 연구에서 박현숙은 「누항사」의 결론인 '안빈낙도'가 "현실도피나 자기 위안이 아니라 급박한 시대를 살아가는 성리학자들이 택할 수 있는 가

---

25) 김창원, 「조선후기 근기 지역 강호시가의 지역성」, 『시조학논총』 28, 한국시조학회, 2006.

26) 허왕욱, 「〈율리유곡〉에 나타난 귀향 의식의 문학적 형상」, 『고전문학과 교육』 22, 한국고전문학교육학회, 2011.

27) 박현숙, 「박인로의 〈누항사〉 연구」, 『국어국문학』 157, 국어국문학회, 2011.

장 전형적인 문제 해결 방식"임을 논증하였다.

성호경은 「朴仁老의 〈蘆溪歌〉 창작 배경 탐색- 慶州市 山內面 大賢里의 '大賢洞口' 일대」[28]에서 박인로의 가사 「노계가」의 창작 배경을 자세하게 탐색하였다. 성호경은 박인로가 한국시가사에서 중요한 작가임에도 "그의 생애는 불분명하거나 잘못 전해진 점이 적지 않다"고 지적하면서, 「노계가」의 실제 창작 배경을 찾아내기 위해 신뢰도 높은 자료들에 의거하여 박인로의 생애를 재구성하고, 그의 호 '노계'의 실제 유래지를 확인하였다. 이를 통해 실제 답사를 통하여 가장 유력한 「노계가」의 창작 배경을 추정하였다.

이종문은 「蘆溪 朴仁老의 社會的 位相에 대한 再檢討」[29]에서 노계 박인로의 사회적 위상이 '沒落 鄕班'이 아니라 중소지주층의 '유력한 在地士族'이라는 주장에 대해 반박하였다. 이 연구에서 이종문은 노계가 사회로부터 소외당하고 있었다는 근거를 크게 다섯 가지로 들어 밝히고, 노계가 재지사족이었다는 최근 주장에 대해 반박하였다. 이 연구는 그동안 논란이 적지 않았던 노계의 당시 사회적 위상에 대해 다시 한 번 검토를 시도하였다는 데 그 의의가 적지 않다.

윤선도에 대한 연구는 성기옥, 김대행, 김주순, 김주석, 정우봉 등 활발하게 이루어졌다. 성기옥은 "孤山 시조의 抒情世界를 현실지향적 관점에서 설명하고 있으며 '天人合一'이라는 연속적 세계관을 주장하여 孤山의 山水認識의 밑바탕에는 주자학적 세계관이

28) 성호경, 「朴仁老의 〈蘆溪歌〉 창작 배경 탐색-慶州市 山內面 大賢里의 '大賢洞口' 일대-」, 『고전문학연구』 51, 한국고전문학회, 2017.

29) 이종문, 「蘆溪 朴仁老의 社會的 位相에 대한 再檢討」, 『어문논집』 82, 민족어문학회, 2018.

자리 잡고 있음”[30]을 주장하였다.

김대행은 “孤山은 자연을 벼슬길이나 욕망으로 뒤끓는 세상과 대비시키고 있어 순수한 대상에의 몰입을 이루지 못하고 있다”[31]고 하였다.

2000년대 이후로는 孤山과 도연명의 자연시적 특징을 비교한 김주순의 연구[32], 孤山 時調를 언어구조적으로 연구한 김주석의 연구[33], 『고산유고』에 미수록 된 孤山의 작품을 중심으로 연구한 정우봉의 연구[34] 등 다각적인 연구가 이루어졌다.

조선시대 사상과 산수에 관한 연구는 시대적으로 많은 연구 성과를 축적하였다. 이후의 연구를 개략하면, 조선시대 사대부의 자연관과 산수 인식에 관련된 연구[35], 작가별 작품에 대한 문예미적 특징에 초점을 맞춘 연구,[36] 등 개별 작가와 작품에 초점을 맞춘

30) 성기옥, 「孤山 詩歌에 나타난 자연 인식의 기본틀」, 『고산연구』 창간호, 고산연구회, 1987.

31) 김대행, 「〈漁父四時詞〉의 외연과 내포」, 『고산연구』 창간호, 고산연구회, 1987.

32) 김주순, 「윤선도(尹善道)의 자연시가(自然詩歌)와 도연명(陶淵明) 시(詩)의 비교문학적 고찰」, 『東方漢文學』 38, 동방한문학회, 2009.

33) 김주석, 「『고산유고』 소재 시조(時調)의 구조(句調) 통계 및 분석」, 『시조학논총』 41, 한국시조학회, 2014.

34) 정우봉, 「고산(孤山) 윤선도(尹善道)의 미발굴 작품에 관한 연구」, 『古典文學研究』 Vol.50, 한국고전문학회, 2016.

35) 조선시대 문학에서의 자연관, 산수 인식을 다룬 주요 연구는 다음과 같다. (송팔성, 「四時歌의 自然觀과 時間 認識」, 서울대학교 석사학위논문, 1992. 조기영, 「고전시가에 나타난 한국인의 자연관」, 『연민학지』, 연민학회, 1997. 권정은, 「유거(幽居)와 탐승(探勝), 자연미의 상보적 기반」, 『고전문학과교육』 12, 한국고전문학교육학회, 2006. 조남욱, 「儒家에서 지향하는 ‘즐김(樂)의 경지’에 관한 연구」, 『유교사상문화연구』 28, 한국유교학회, 2007. 박이정, 「17세기 전반기 가사 문학 연구」, 서울대학교 박사학위논문, 2015. 박영주, 「강호시가에 형상된 ‘풍월주인’과 생태적 상상력」, 『한국시가연구』 43, 한국시가학회, 2017.)

36) 산수시가에 대한 작가별 작품별 문예미적 특징에 초점을 맞춘 주요 연구는 다음과 같다. (최동국, 「古詩歌의 山水自然과 寂寞의 美學」, 『인문학연구』 3, 인천대학교 인

공시적 연구가 대부분이다.

그러나 조선시대의 사대부의 산수 인식의 흐름을 연결하는 거시적 관점의 연구는 부족한 실정이다. 이를 시도한 논문이 몇 편 있으나[37], 연구 대상이 자연관에 한정되었고, 시대 범위도 조선 중기만을 살펴보아 조선시대의 전체적인 흐름을 파악하는 데는 한계가 있다.

따라서 한국 산수시가 연구사를 개괄해 볼 때 산수시가의 통시적 고찰을 통한 전개와 시기별 특징을 보편화하여 주도적 흐름을 발견하고, 산수시가의 전통적 맥락을 정리할 필요성이 제기된다. 그러므로 이 연구는 조선시대 산수시가를 문학사적 분석과 미학적 분석을 중심으로 연구하여, 한국문학사의 연속성 아래에서 산수시가 속에 나타난 고유한 미감과 전통적 특징을 전형화 할 수 있을 것이다.

문학연구소, 1996. 조선영, 「가사문학에 나타난 유교이념과 그 표현미학 연구-사대부가사와 규방가사를 중심으로-」, 동국대학교 박사학위논문, 1999. 이성혁, 「윤선도 시조에 대한 미학적 고찰」, 한국외국어대학교 박사학위논문, 2000. 장명덕, 「윤고산 문학 연구-풍요의 미학을 중심으로-」, 원광대학교 박사학위논문, 2003. 전일환, 「고산 윤선도 국문시가의 수사미학」, 『한국시가문화연구』 11, 한국고시가문학회, 2003. 김병국, 「松巖 權好文 시가의 미적 특질」, 『한국시가연구』 19, 한국시가학회, 2005. 권정은, 「조선후기 변이형 자연시조의 미적 경계」, 『한국학』 29, 한국학중앙연구원, 2006. 김학성, 「고산 윤선도 시조의 미적 성취와 그 가치」, 『어문연구』 36, 한국어문교육연구회, 2008. 이민홍, 「山水와 時調學, 그리고 性情美學」, 『시조학논총』 31, 한국시조학회, 2009. 신두환, 「聾巖 李賢輔의 詩歌에 나타난 '拙樸'의 문예미학」, 『대동한문학』 34, 대동한문학회, 2011. 김성문, 「時調의 文體美 一考-內容的側面을 中心으로-」, 『시조학논총』 37, 한국시조학회, 2012. 박상영, 「'부재'를 중심으로 살펴 본 고산 시조의 미학적 특질」, 『어문론총』 59, 한국문학언어학회, 2013.)

37) 조선시대 산수시가를 대상으로 통시적 연구를 진행한 논문은 다음과 같다. (김창원, 『강호시가의 미학적 탐구-송순에서 신흠까지』, 보고사, 2004. 한창훈, 「16세기 재지사림 강호시조의 양상과 전개」, 『시조학논총』 22, 한국시조학회, 2005. 조유영, 「조선조 구곡가의 시가사적 전개양상 연구」, 경북대학교 박사학위논문, 2017.)

2. 조선시대 성리학의 흐름과 산수시가

1) 성리학과 산수시가

우리나라에 유학이 유입된 지 매우 오랜 세월이 흘렀다. 그리고 그 활용도는 국가적 차원에서 이루어졌다. 신라 때 한국 한문학의 비조로 일컬어지는 강수가 있었으며, 신라 말에는 최치원이 있어 그 찬연한 한문학의 세계를 보여준다. 뿐만 아니라, 국가적으로 신라 때에는 독서삼품과를 통하여 유학적 소양에 의한 관리 선발을 시행하였으며, 고려 광종 때에는 과거를 실시하였다. 그 이후로 이런 제도는 지속적으로 시행됨으로써 우리나라가 유교적 이념에 의한 국가적 통치와 지도자 교육이 이루어졌다. 이는 유교국가로서의 진면목을 발휘하였다고 할 것이다.[38]

이런 과정 속에서 고려 말 안향에 의하여 주자학이 수입되었고, 매우 혁신적인 학문적 발전과 독자적 이론의 수립이 가능하였다. 그리고 고려 말 신유학인 성리학에서 주류를 차지한 주자학이 도입된 이후 정몽주, 권근, 정도전에 의하여 크게 세 가지 흐름을 형성하였다고 할 수 있다. 정몽주는 절의에 의한 실천과 의리의 판단을 통해 이학의 종주로 받들어지며 조선조 사림과 그 이후의 성리학사에 있어 주된 흐름을 형성하여 학통을 확립하였다.[39]

---

38) 조동일은 그의 저서에서 "중국에서는 589년부터, 한국은 958년부터, 월남은 1075년부터 과거제를 실시해 동아시아 중세문명이 다른 곳들보다 앞서 나갈 수 있었다." 고 하면서, "과거제가 없는 곳에서는 무력 다툼과 신분 세습으로 관직을 이어나가, 그 혜택을 보지 못하는 학자나 문인은 능력이 아무리 뛰어나도 신라의 육두품처럼 실무기술자의 지위에 머물렀다."라고 말하여 과거제의 중요성에 대해 지적한 바 있다. (조동일, 『한국문학통사』 1, 지식문화사, 2005, 321~322면.)

권근은 「입학도설」로 대표되는 성리학의 학문적 연구에 업적을 남겼으며, 이후 이론철학의 흐름에 큰 영향을 미쳤다. 이들에 반해 정도전은 그 유학적 사고와 학문적 이론이 통치이념으로 형상화되어 조선 초기 국가의 성리학적 이념과 편재, 그리고 관리의 등용과 국가운영 등을 조직화하고, 체계화하였다. 따라서 경세학의 가장 표본이 되는 한 인물이라고 할 수 있다.[40]

따라서 조선 초기 유학의 목적은 과거를 통한 관리로서 국가통치의 일익을 담당하여 훌륭한 업적을 남기는 것을 최고의 가치로 여겼다. 이런 흐름이 조선시대 말엽까지 큰 영향을 미쳤는데, 그것은 조선 초기 경세학에 목적을 둔 관리들의 공적이다.

정도전 이후 경세학에 업적을 남긴 인물로 하륜, 황희, 맹사성을 대표적으로 들 수가 있다. 그들은 노년에 이르러 명예로운 퇴진 이후에 초에야 묻혀 한가로운 삶을 즐기며 국가의 은혜와 자신의 인생을 기쁘게 노래하였다. 맹사성의 「강호사시사」는 조선초기 경세학의 영향 속에서 이루어진 치사의 즐거움과 인생의 만족감을 형상화한 대표적인 산수시가이다.

이 경세학 이후 조선의 성리학은 절의를 매우 중요시 여겼다. 이를 배경으로 단종의 선위와 세조찬위의 과정 속에서 사육신으로

---

39 류승국은 이와 같은 도학파의 흐름에 대하여 "이와 같은 도학파들은 유학의 정통적 정신에 투철하고 공과 사, 의와 불의를 엄격하게 분별하였으며 그들의 정신은 옳은 것을 위하여 생사를 넘어설 수 있는 우국애민(憂國愛民)의 의리사상으로 전개되었다"고 언급하며 려말선초 도학파의 흐름에 대하여 서술하였다. (류승국, 앞의 책, 2009, 187~188면.)

40 류승국은 권근의 「입학도설」에 대하여 "이 「입합도설」과 「오경천견록」은 그 후 조선 학술사상 은연중 영향이 지대하였으며 조선 중기의 성리설 즉, 정지운(鄭之雲)의 천명도설, 퇴계의 리기호발설(理氣互發說) 등에 관련을 맺고 있는 것이다."라고 후대에 끼친 영향을 언급하였다.(류승국, 위의 책, 2009, 176~177면.)

대표되는 절의파가 탄생하게 된다. 절의파는 개인의 이익이나 영달보다는 유교적 가치로서의 신의, 충, 효 등을 매우 중요시 여겼다. 이런 가치를 이론적 지식에 의한 인식에 머물지 않고 반드시 실천을 통하여 그 가치를 증명해보이고자 하였으며, '앎'에 대한 영역과 개념적 정의에 이론과 실천을 겸비하였다는 점에 가장 큰 특징이 있다.41)

이 절의파는 연산군 이후 사화를 통하여 사림파를 등장시켰다. 사림파는 곧 이 절의파의 유교적 가치를 수용하고 공고히 한 개혁적 선비들의 집단이다. 사림파는 성리학을 학리적으로 매우 깊이 연구하여 학문적 업적을 남기고 한국철학 완성과 저변 확대에 큰 공헌을 하였다.42) 그 대표적 인물과 작품으로 이황의 「도산십이곡」과 권호문의 「한거십팔곡」, 「독락팔곡」을 들 수가 있다. 그리고 사림파 중에서도 이론보다는 생활의 실천을 강조하며 소학을 학습의 중심에 놓았다. 이것이 곧 도학파이다. 따라서 유학은 철학적 측면에서는 성리학이라 하고, 실천적 측면에서는 도학이라고도 한다. 이 리의 개념을 미학적으로 적용하면, 가치로서의 미, 진선미를 통합한 이념으로서의 미에 비견하여 논의를 전개할 수 있다. 왜냐하면, 미학은 고전미학과 근대미학으로 나누어서 이야기 할 수 있으

---

41) 류승국은 도학이 단순히 이론적 분석에 목적을 둔 것이 아닌 실천을 중심으로 한 사상적 기류였음을 밝혔다. "도학은 단순한 윤리사상이 아니다. 의와 리를 상대적으로 분별하는 데서 그치는 것이 아니라 자기 본심 내부의 순일하고 무잡(無雜)한 내면적 극처에서 성철하고 존양하며 한결같은 상태를 유지하는 데서 도학의 의미를 갖는다고 하겠다. (중략) 조광조는 의리를 높이고 권세를 천하게 보며 도심을 높이고 인욕을 눌러 강상(綱常)을 세우려고 하였다. 이것이 그의 도학정신이다." (류승국, 위의 책, 2009, 206면.)

42) "이 도학정신을 계승하여 이론적으로 분석하고 논리적으로 체계화한 것이 다름 아닌 퇴계·율곡의 성리학이다." (류승국, 앞의 책, 2009, 206면.)

니, 고전미학은 인간의 감각적 쾌의 감정과 긍정적 경험에 의하여 미의 문제를 논의한다.43)

조선 후기에 들어와 도학에 대한 자기반성이 일어나기 시작하였다. 그것은 임진왜란과 병자호란 이후의 극심한 사회혼란과 경제적 어려움으로 도학적 이념과 가치의 실천을 목적으로 삼는 것에 대한 비판적 시각이 널리 확대되었기 때문이다. 그 결과 전기의 사회신분질서와 계층적 구분의 엄격함에 균열이 일어나 느슨해지고 있었다. 이와 같은 당시의 사회적 상황으로 인하여 도학적 관념에 대한 인식 변화와 함께 양반 신분이면서도 사회적 상황이나 경제적 상황으로 신분에 걸맞은 생활이 불가능해지는 경우가 발생하였다. 이런 현상은 사회신분의 계층적 이동과 변화를 초래하여 사회를 혼란스럽게 하는 근본 원인이 되었다. 그 대표적 인물과 작품으로 김광욱의 「율리유곡」과 박인로의 「누항사」, 「노계가」를 포함한 가사작품들을 들 수가 있다.

그 이후에 조선조 사회의 근간인 윤리적 질서에 의한 계층적 구분이 무너지기 시작하고 또한 사회적 무질서가 심각해지자자, 예학이 강조되게 되었다.44) 이 시기의 대표적 인물과 작품으로 윤

---

43) 이 가치로서의 미에 대하여 백기수는 다음과 같이 언급하였다. “이러한 관점에서, 이념적 존재로서의 미는 감감각 현상에 대한 우리의 感官的 知覺(sense-perception)을 초월한 존재이며, 분석적 반성적 논증적인 개념적 사유능력으로서의 오성(reason)의 한계를 넘어, 想像力(imagination)에 이끌려 무한한 것으로 향한 정신의 飛翔으로서 超感性的인 직관(intuition)으로서의 이성(interllect)의 차원에까지 도달해서, 마침내 가치이념으로서의 미를 발견하게 되고, 이 미의 이념과 만나게 되는 존재라고 할 수가 있는 것이다.” (백기수, 『미의사색』, 서울대학교출판부, 1986, 24면.)

44) 조선 후기 예학적 경향에 대하여는 다음의 언급을 참조하였다. “‘예’는 이미 검증을 거친 사회 관습과 관행의 역사적 테두리이니 혼란과 파탄을 거듭하는 우리 사회 속에 적극적으로 받아들여야 할 덕목이어야 한다. 예치(禮治)는 무력으로 다스리는 무치(武治)에 대비되는 문치(文治)의 전통이고 평화를 구축하는 방식이니 이 또한

선도의 「어부사시사」와 시조작품을 들 수가 있다.

그러므로 이 논문에서는 조선시대 성리학의 변천과 흐름을 기반으로 산수시가의 창작 시기를 네 부분으로 나누고[45] 대표 작가와 작품을 통해 산수시가의 전개 양상과 시세계를 파악하고자 한다. 이상의 논의를 이 연구의 이론적 기반으로 삼고자 한다.

2) 경(敬)과 수양의 문학관

조선조 산수시가는 성리학을 그 배경 사상으로 한다. 그 이유로 첫째, 대부분의 작가가 유학자이며, 유학적 세계관에 입각한 가치를 최고의 이념으로 삼았기 때문이다. 유학은 한나라 무제 때 정치적 이념으로 확립되어 동중서 등에 의하여 이론적 체계화가 이루어졌다. 이후 북송의 염계 주돈이의 태극도설을 통하여 그 학문적 대상을 대자연과 인간으로 설정하고 우주적 진리와 인간 심성의 선악에 대한 궁극의 원리를 파악하고자 하였다. 주돈이의 태극도설은 다섯 단위의 그림으로 그려져 있으며, 각각 간단한 설명과 이론적 배경을 논의하고 있다. 즉, 무극이태극, 음양, 오행, 인물, 사물의 생성을 시간적 순차로 배열하여 그 상호간의 작용과 근원에 대하여 밝히고 있다. 곧 무극이태극이 만물의 근원이며 대자연 현

문명권끼리 각축하는 현실에서 유효하다. 조선시대의 예치는 단순히 당파 싸움의 근원이 아니라, 붕당 정치의 전개 과정이었다. 그것은 왕권견제와 왕권 강화의 이념적 긴장 관계였다."(허남춘, 「조선후기 예학과 실학, 그리고 詩樂 -문체반정과 악풍반정-」, 『반교어문연구』 28집, 반교어문학회, 2010. 182면.)

45) 산수시가 작가의 시기 구분에 대하여서는 3~6장을 각 시기로 하여 네 부분으로 구분하였다. 이 구분은 각 장의 작가와 성리학적 흐름의 연관 속에서 논자가 임의로 구성하였으며, 전체적인 성리학의 흐름에 대하여는 류승국의 연구를 참조하였음을 밝힌다. (류승국, 앞의 책, 2009.)

상계의 사물이 그 말단이며 동시에 정화이다. 그러므로, 무극이태극은 근원으로서의 이치이며 이론적 논리성에 의하여 추론되는 학문적 개념으로서 이상적 가치라 할 수 있다. 곧 이기를 논할 때 리에 해당한다. 또 이기를 좀 더 자세하게 나누어 논의할 때 무극이태극으로서의 리는 이일(理一)의 리(理)에 해당한다. 이 이일의 리는 우주와 만물의 근원자이며 근본으로서 궁극의 존재자이다. 이 이일의 리는 만물로 흩어져 나누어지고 각각의 만물에 하나의 리로서 깃들어 있다. 이것을 분수(分殊)의 리(理)라고 말한다.

그러므로 무극이태극을 리의 관점에서 이야기하면 근원으로서의 리를 이일의 리라고 말하고, 만물에 깃든 것을 분수의 리라고 말한다. 전자는 이론적으로 논리에 의하여 추론되는 학술적 개념이므로, 이것을 파악한 관점을 재리상간(在理上看)이라고 한다. 그러니, 존재의 원리요 법칙이며 근본으로서의 가치라고 할 것이다. 분수의 리를 재물상간(在物上看)이라 하니, 이것은 현상으로서의 사물에 국한하여, 그 이면에 존재하는 존재의 원리와 근원에 대하여 파악한 개념이다. 따라서 이일의 리는 통합적이며, 보편적인 궁극의 원리요 근원으로서 최고 가치인 이념이다. 따라서 학파와 학자에 따라 리를 리의 관점에서 파악하고자 하는 일군의 성리학자들을 주리론자라고 한다. 그러므로 리라고 하는 논리적 개념을 이론적 측면에서 파악하고 체계화하고 현상으로서 존재하는 것이 아니라 현상을 벗어난 초월자로서 원래부터 존재하는 절대적 가치요 최고의 이념으로서 순수 이론을 전개해 나가는 관점을 유지한다.

후자는 분석적이며 개별적인 현상의 근원이며, 원리로서의 법칙이다. 따라서 이런 관점은 반드시 사물에 국한하여 또, 어떤 특정한 일이나 인물, 사물의 상황과 현상적 특징에 주목하여 그 현상적 특징의 원리를 파악하고자 한다. 그러니 재물상간은 현실의 현상에 주목하고, 이 현상 속에 깃들어 있는 원리나 근원에 대하여 파악하고자 하는 것이다. 따라서 현상을 떠나 홀로만이 존재하는 독립적 존재로서 이념의 리를 우선시하지는 않는다. 반드시 리라는 원리는 현상 속에 포함되어 있으며, 현상을 통하여 그 리의 존재를 추정할 수 있을 뿐이라는 관점을 학문적으로 견지한다.

그래서 이념으로서의 리를 인정하는 학문적 관점을 이기이원론적 주리론자라고 말하며, 현상 속에서 리를 파악하고자 하는 학문적 관점을 이기이원론적 주기론자라고 말한다. 전자는 통합적 관점에서의 리를 파악하고자 하니, 이것을 혼륜에 의한 리의 파악이라 한다. 후자는 분석적 관점에서 리를 파악하고자 하니, 분계에 의한 리의 파악이라 한다. 그렇다고 하여 어느 한쪽이 다른 한쪽을 경시하는 것이 아니라 단지 주안점을 어디에 두느냐 하는 문제이며 혼륜과 분계는 대대적 상보의 관계에 의하여 리의 파악에 대한 성리학적 관점을 학문적으로 발전시키고 학파를 형성하였다고 하겠다.

조선 중기에 이르러 이 두 가지의 관점은 학파를 형성하게 되었으니, 전자를 영남학파의 주리론자라고 하며, 후자를 기호학파의 주기론자라고 일컬었다. 영남학파의 출발은 본격적으로 회재 이언적에 의하여 시작하였으며, 그 완성은 퇴계에 의하여 학문적 체계를 이루었다. 후자는 영남학파보다도 후대에 그 체계성을 이루게 되니, 그 대표가 율곡 이이이다. 이 두 학파의 학문적 관점에 의한 리의 파악이나 혹은 산수문학적 특성은 앞으로 좀 더 많은 연구가 필요하리라 사료된다.

이상을 살펴볼 때, 이 리의 개념을 미학적으로 적용하면, 가치로서의 미, 진선미를 통합한 이념으로서의 미에 비견하여 논의를 전개할 수 있다. 왜냐하면, 미학은 고전미학과 근대미학으로 나누어서 이야기 할 수 있으니, 고전미학은 인간의 감각적 쾌의 감정과 긍정적 경험에 의하여 미의 문제를 논의한다.

음악은 선율의 아름다움을 추구하고, 미술은 선과 책채가 이루어내는 형상의 아름다움에 주목한다. 그러므로 전자는 청각에, 후자는 시각에 호소하는 형식적 요소에 의하여 미를 판단하게 된다. 그러나 근대미학은 칸트에게서부터 비롯하는데, 고전미학이 감각적 느낌에 미의 완성을 의존한다면, 근대미학은 이 미를 인간의 판단의 대상으로 삼게 되었다는 것이다. 따라서 근대 이후의 미학은 인간의 이성적 판단에 의한 이론적 개념으로 논리성에 의하여 그 완성도를 판단하게 되었다. 그래서 고전미학은 형식미에 주목한다면, 근대미학은 그 형식 속에 내재된 혹은 형식을 초월한 이념에 대한 판단을 미의 개념으로 파악한다는 것이다. "'이념적 존재'로서의 미는, 단순한 감성적 직관이나 상상적 직관으로부터 나아가 우리의 고차적인 이성적 직관에 의한 미적 체험에서 도달한다."46) 그래서 성리학적 관점에서 논의하는 이일의 리나 분수의 리는 현상에 내재하거나 현상을 초월해 있는 논리적 존재로서의 이상적 개념이므로, 근대미학에 말하는 판단으로서의 미의 개념과 상통한다고 할 수 있다. 다음의 말은 이 이념으로서의 미의 개념을 잘 설명하고 있다.

> 이러한 관점에서, 이념적 존재로서의 미는 감감각 현상에 대한 우리의 感官的 知覺(sense-perception)을 초월한 존재이며, 분석적 반성적 논증적인 개념적 사유능력으로서의 오성(reason)의 한계를 넘어, 想

46) 백기수, 『미의사색』, 서울대학교출판부, 1986, 24면.

> 像力(imagination)에 이끌려 무한한 것으로 향한 정신의 飛翔으로서 超感性的인 직관(intuition)으로서의 이성(interllect)의 차원에까지 도달해서, 마침내 가치이념으로서의 미를 발견하게 되고, 이 미의 이념과 만나게 되는 존재라고 할 수가 있는 것이다.[47]

따라서 이 미의 이념은 조선조 산수문학에서 형식미를 매개로 한 내용미로 형상화된다. 또 예술형식 속에서 그 미를 구체적으로 형상화하고 있다고 할 수 있다. 다음으로, 이 리는 태극도설의 두 번째 단계에서 음과 양으로 나누어지니, 곧 이기이다. 달리 말하면, 음기와 양기라고 말할 수가 있다. 그러나 이 개념도 추상적인 논리적 개념이다. 단지, 연구자가 인간과 대자연에 대하여 그 현상적 모습 속에서 음과 양으로 나누어 그 특징적 모습을 논의하고 있을 뿐이다.

그럼에도 불구하고, 이 기는 리에 비하여 훨씬 물질적 관점에서 어떤 현상적 특징으로 설명할 수 있는 구체성을 가지고 있다. 퇴계의 천명도설에서 이 기를 설명하고 있는 것을 살펴보면, 사계절에서 음의 계절은 겨울이며, 양의 계절은 여름이다. 그러나 겨울이라고 하여 양의 기운이 없는 것이 아니며, 여름이라고 하여 음의 기운이 없는 것이 아니니, 겨울에도 따뜻한 기운이 있고, 여름에도 서늘한 기운이 존재한다. 따라서 겨울의 양지와 여름의 음지가 있으니, 사람들은 각각 계절적 특성에 맞추어 음의 계절인 겨울에 양지를 찾고, 양의 계절인 여르메 음지를 찾아 음양을 상보적 관계에서 이해하고 생활에 활용하여 음양의 균형을 조화롭게 하는 것이다. 그래서 음양은 순환하며 리는 그 음양의 순환에 깃들어 존재를 드

---

47) 백기수, 위의 책, 1986, 26면.

러내는 것이다.

다음 세 번째 단계로, 음양은 오행으로 나누어지니, 수화목금토가 그것이다. 수화목금은 상호의존하기도 하고, 나누어지기도 하며, 상보적이기도 하고, 대립적이기도 하다. 그러나 모두 토에 의하여 통합되어지는 것이다. 따라서 인물과 사물은 이 수화목금토의 조합의 정도에 의하여 외형적 현상이 달라지는 것이다. 이것은 문동의 묵죽화에서 미학적으로 승화되었다. 문동의 묵죽은 대나무의 솟는 줄기가 꺽기어 옆으로 뻗어나는 작은 줄기들이 무성한 숲을 이루고 있다. 이 대나무를 문동은 관아의 한켠에서 보았는데, 대나무가 어린 죽순일 때 냉해를 입어 그 가운데 줄기가 죽어버리자 그 기운이 작은 줄기를 통해 옆으로 퍼져 키는 작으나 무성한 숲을 이루었다. 이러한 외형 속에서 느낄 수 있는 음양의 기운은 대나무의 자생력인 것이다. 곧 가운데 줄기가 외부의 영향으로 생명을 유지할 수 없게 되자, 내부로부터 솟아나는 자생력이 옆으로 퍼져 무성한 숲을 이루며 자신의 삶을 가꾸게 된 것이다.

이것을 유학적으로 설명하면, 음양의 이기가 오행의 발현으로 죽순으로 뭉쳐져 솟아났으나, 외부 환경에 의하여 그 외형이 변형되게 되자 오히려 더 왕성한 자생력을 펼쳐나가게 된 것이니, 비록 현상적 모습은 보편적 대나무와 다를지라도 그 속에서 표현된 자생력을 통하여 리의 세계를 파악할 수가 있게 되는 것이다. 이것이 문동이 묵죽화에서 표현하고자 하는 미의 세계요, 원리로서 리의 세계에 대한 감동을 묵죽화라는 예술작품으로 형상화한 것이다. 이 이념의 미, 특히 자연의 미에 대하여 백기수는 다음과 같이 말하였다.

> 이는 서양의 풍경화의 경우와 같이, 아름다운 자연을 모델로 해서 이를 모방한다거나 혹은 이상화 내지 추상화해서 새로운 예술미를 산출하게 된다는 감각적 차원에서가 아니라, 자연과 예술에 공통된 조화의 리에 따라 묘사된 자연의 미를 자연 그 자체의 미와 동일한 것으로서 완상(翫賞)하고, 여기에서 자연의 도를 인식하게 된다는 정신적 차원에서의 문제이다. 이런 의미에서, 자연미와 예술미는 실질적으로 동일한 의의를 갖게 되며, 인간과 자연과의 사이에 그 매체(媒體) 내지는 통로로서 예술미가 존재하게 되는 것이다. (중략) 이런 의미에서 자연은 예술적인 미의 발견의 장이기도 한 것이라고 할 수 있다.[48]

따라서 산수시가도 대자연의 경물과 인물, 그리고 여러 현상적 모습과 사물들을 형상화한 예술작품이니, 성리학이라는 철학 속에서 미학적 이론을 도출해냄으로써 문동의 묵죽화를 감상하는 것과 같은 동일선상에서 그 연구가 이루어질 때 산수미학의 관점에서의 연구가 매우 의미 있고 학술사적으로 창의적 결과를 도출해 낼 것이 분명하다.

네 번째 단계는 인물에 관한 것이다. 곧, 남녀라는 인간존재와 사람이라고 하는 사회적 동물에 대하여 논의하고 있다. 사람은 기 가운데서도 가장 빼어난 기를 가지고 태어난 위대한 존재이며, 그 가치는 삼라만상중에 가장 최고의 위치에 있으니, 위로는 리와 기와 음양오행을 지혜로서 파악하고 터득하며 깨달을 수 있고, 아래로는 모든 사물과 산수경물의 현상적 모습과 그 근원에 대하여 파악할 수 있으니, 우주의 중심이며 만물의 수장이라 할 것이다. 그러므로 산수시가 연구와 산수미학의 관점에서 볼 때 감상자의 미학

---

48) 백기수, 앞의 책, 1986, 75~76면.

적 관점을 파악이 우선시되어야 할 것이다. 왜냐하면 감상자의 미학적 관점에 의하여 그 문학작품이 가진 형식미와 내용미가 어떠한 관점에서 어떻게 형상화되었는가는 알 수 있는 보편적인 원리에 대한 분석이 가능하기 때문이다. 이것은 곧 작품의 예술미와도 직결되는 것이다.

다섯 번째 단계는 사물에 관한 것이다. 이것은 네 번째 단계까지의 논의를 통하여 구체화되지 않더라도 충분히 파악하고 알 수 있는 것이다. 그런데 조선시대 성리학은 퇴계에 이르러 한국철학으로 완성되니, 퇴계학이라고 일컬어진다.

우리나라에는 유학이 유입된 지 매우 오랜 세월이 흘렀다. 그리고 그 활용도가 국가적 차원에서 이루어졌으니, 신라 때 한국한문학의 비조로 일컬어지는 강수가 있었으며, 신라 말에는 최치원이 있어 그 찬연한 한문학의 세계를 보여준다. 뿐만 아니라, 국가적으로 신라 때에는 독서삼품과를 통하여 유학적 소양에 의한 관리 선발을 시행하였으며, 고려 광종 때에는 과거를 실시하였다. 그 이후로 이런 제도는 지속적으로 시행됨으로써 우리나라가 유교적 이념에 의한 국가적 통치와 지도자 교육이 이루어졌으니, 유교국가로서의 진면목을 발휘하였다고 할 것이다.

이런 과정 속에서 고려 말 안향에 의하여 주자학이 수입되었으니, 매우 혁신적인 학문적 발전과 독자적 이론의 수립이 가능하였고, 회재 이언적을 거쳐 퇴계에 이르러 드디어 한국철학이 완성되게 된다. 그래서 이 퇴계철학을 통하여 이기, 음양, 오행 등과 같은 개념이 근대미학적 관점에서 산수미학의 이론화를 가능하게 하였다.

고려 말 성리학은 정몽주, 권근, 정도전에 의하여 크게 세 가지 흐름을 형성하였다고 할 수 있다. 정몽주는 절의에 의한 실천과 의

리의 판단을 통해 이학의 종주로 받들어지며 조선조 사림과 그 이후의 성리학사에 있어 도학으로 받들어지며 주된 흐름을 형성하여 전통을 확립하였다. 권근은 입학도설로 대표되는 성리학의 학문적 연구에 업적을 남겼으니, 이후 이론철학의 흐름을 형성하였으며, 비록 학맥과 도통이 다르다고 하더라도 그의 학문적 업적은 존중되었다. 이들에 반해 정도전은 그 유학적 사고와 학문적 이론이 통치이념으로 형상화되어 조선 초기 국가의 유학적 이념과 편재, 그리고 관리의 등용과 국가운영 등을 조직화하고, 체계화하였으니, 경세학의 가장 표본이 되는 한 인물이라고 할 것이다.

따라서 조선 초기에는 유학의 목적이 과거를 통한 관리로서 국가통치의 일익을 담당하여 위대한 업적을 남기는 것을 최고의 가치로 여겼다. 이런 흐름이 조선조 말엽까지 큰 영향을 미쳤는데, 그것은 조선 초기 경세학에 목적을 둔 관리들의 공적이라고 할 것이다.

정도전 이후 경세학에 업적을 남긴 인물로 하륜, 황희, 맹사성을 대표적으로 들 수가 있다. 이들은 성리학에 관한 학문적 업적으로서의 서적이나 이론을 체계화하는데는 다소 그 업적이 뚜렷하지 않으나, 경세학의 실천으로서 국가를 경영하고 백성의 삶을 편안하고 안전하게 이끌어 국가적 의무를 수행하는 데 그 끼친 공헌은 역사상에서 비할 수 없을 만큼 위대하다 하지 않을 수가 없다. 결론적으로, 이들의 유학적 이상은 경세학의 실천에 최선과 최고의 가치를 실현하고 현실에 구현하였다. 그 결과 그들이 노년에 이르러 명예로운 퇴진 이후에 초에야 묻혀 한가로운 삶을 즐기며 국가의 은혜와 자신의 인생을 기쁘게 노래하였으니, 그들이 산수를 노래하며 인생을 즐김에 있어 현상적 삶 속에서 파악할 수 있는 그 인생의 원리와 이상의 즐거움에 근원을 내재하고 있으니, 곧 궁극의 리에 의한 자기 인생의 가치와 의의에 대하여 만족해하고 즐거워하는 것이다.

따라서 맹사성의 「강호사시가」는 조선초기 경세학의 영향 속에서 이루어진 치사의 즐거움과 인생의 만족감을 산수 속에서 산수경물을 매개로 형상화하였다고 할 수 있다. 이 경세학 이후 조선의 성리학은 절의를 매우 중요시 여겼으며, 단종의 선위와 세조찬위의 과정 속에서 사육신으로 대표되는 절의파를 탄생시켰다. 절의파는 개인의 이익이나 영달보다는 유교적 가치로서의 신의, 충, 효 등을 매우 중요시 여겼다. 이런 가치를 이론적 지식에 의한 인식에 머물지 않고 반드시 실천을 통하여 그 가치를 증명해보이고자 하였으니, '앎'에 대한 영역과 개념적 정의에 이론과 실천을 겸비하였다는 점에 가장 큰 특징이 있다. 이 절의파는 연산군 이후 사화를 통하여 사림들의 절의와 연결되며, 사림파는 곧 이 절의파의 유교적 가치를 수용하고 공고히 한 개혁적 선비들의 집단이라고 할 것이다. 그리고 이 사림파는 성리학을 학리적으로 매우 깊이 연구하여 학문적 업적을 남기고 한국철학 완성과 저변 확대에 큰 공헌을 하였다. 그래서 사림파는 절의파에 비하여 도학파라고도 일컬어지며 이론철학적으로 성리학이라고 한다면, 도학은 이론을 반드시 생활의 실천을 통하여 증명될 때 '앎'이 완성되어진다는 학문관을 가지고 있었다. 이 점이 매우 특징적이며 산수문학사에서 중요한 의의를 가지니, 경세학파의 치사에 비하여 도학파의 은거가 가지는 문학사적 큰 의의이며, 중대한 문학적 변용에 해당된다. 이런 도학파의 대표적 인물로 회재 이언적과 퇴계 이황을 들 수가 있다.

특히 퇴계 이황의 「천명도설」은 한국철학의 완성을 집약적으로 보여주며, 특징적 요소를 분명히 하고 있으니, 그 핵심은 심성론에 있다고 할 것이다. 곧 심성론은 인간의 선악의 유래가 어디에 있으며, 인간 행위의 결과가 선악을 비판함으로써 반드시 선행으로 나타나야 한다는 신념 속에서 학문적 설득과 교육적 효과를 동시에 노리고 있다. 퇴계는 인간의 마음을 체와 용으로 나누어 설명한다. 이런 방법은 퇴계가 리를 설명함에 있어 분석적으로 파악하기도 하며, 또 종합적으로 파악하기도 하는 분개와 혼륜의 관점을 동시에 사용하여 그 전체적 원리와 현상적 근원을 파악하고자 한 통합의 학문적 관점과 동일하다. 곧 인간의 마음을 미발과 이발로 나누어 설명하니, 미발은 어떤 사물을 대하기 이전에 원래의 마음으로서 체라고 하고, 이발은 사물을 대하여 이미 겉으로 드러난 마음으로서 용이라고 하였다. 체는 사단이 있으니, 존양하여야 하며, 용은 칠정이 있으니 성찰하여야 한다고 하였다. 체는 순수 그 자체이므로 항상 존양하여 잘 가꾸어야 한다. 그런데 용은 그 마음이 발할 즈음에 이기의 작용으로 선하기도 하고 혹은 악하기도 하다. 그러므로 그 발할 즈음의 기미를 잘 살펴 선한 마음이 발하도록 항상 성찰하여야만 한다는 것이다. 그런데 사단은 인의예지인이니 겉으로 드러나지 아니하고 칠정에 의존하여 그 사단이 드러날 뿐이다. 칠정은 현상적 마음의 표현이니, 반드시 성찰하여 선의 행동으로 드러나야만 한다고 강조하였다. 이 마음의 체와 용을 존양하고 성찰하는 철학적 방법으로 퇴계는 경을 제시하였다.

경과 궁리를 세분하여 논하면 거경은 존양성찰(存養省察)이며 궁리는 격물치지(格物致知)로 나눌 수 있다. 궁리는 격물을 통하여 치지에 이르는 이론철학의 학문방법이며, 격물이란 "물에 격한다" 혹은 "물에 나아가 격한다"로 설명되어진다. 이 때 물이란 산수경물과 인간을 포함한 대자연을 의미하며, 격물이란 대자연의 현상을 통하여 그 현상의 근원인 필연성과 당위성에 대하여 궁극의 원리를 탐구한다는 것이다. 그래서 치지란 단순한 지식의 축적이 아니라 격물을 통한 대자연의 원리로서의 궁극의 진리를 파악하고 터득하는 것을 의미한다. 그러므로 궁리란 대자연의 현상을 통한 우주적 진리나 철리적 근원으로서의 리에 대한 터득과 깨달음을 그 목적으로 한다. 따라서 성리학의 성은 인간의 내면성을 그 대상으로 하며 리는 대자연을 연구대상으로 삼는다. 다음의 서술에서 퇴계의 경(敬)의 성격에 대해 잘 알 수 있다.

> 專一은 다른 말로 표현하면 主一이며 敬인데, 특히 退溪는 敬은 聖學의 終始라는 程伊川의 말에 유의하고 敬이 아니면 학문이 성취될 서 없다고 敬을 心學의 중요한 방법으로 파악한다. (중략) 形而下學으로부터 形而上學에 이르기까지, 그리고 修己의 學으로부터 治人의 學에 이르기까지 敬은 그 추구의 要諦가 된다. 띠리사 退溪는 敬을 把持하는 <持敬>을 專一하게 하면 心學의 原頭인 中道에 이르게 되고 理氣를 兼하고 性情을 統一하는 心을 완전하게 파악하게 되어 至善을 실현하게 된다고 강조한다. (중략) 退溪의 心學은 敬의 心學이요, 心體의 存養과 心用의 省察을 겸한 精一 執中의 心學이다. 또한 그의 표현대로 말하면 그의 心學은 精一 執中의 聖學이요, 또한 心體를 保存하고 心用을 응용하는 心法의 心學이다.[49]

따라서 퇴계에게 경은 인격을 수양하는 기반이자 마음을 마르게 하는 바탕이 된다. 나아가 퇴계는 산수경물의 감상과 형상화에 있어 서정과 서경 그리고 감정과 이치의 문제를 구분하여 논의하

49) 김길환, 『조선조유학사상연구』, 일지사, 1980, 79~80면.

고 있다. 왜냐하면 퇴계의 논리적이고 분석적인 학문의 출발점은, 종합에 의한 결과의 도달에 이르기까지 매우 이성적이며 합리적인 관점을 유지하고 있기 때문이다. 이런 관점은 산수문학에서 산수경물의 현상적 아름다움에 대한 감상을 사실적 서경미로 형상화하면서 그 이면에는 철학적 내용미가 미적 이념으로 융화되어 함축되어 있으므로, 각각 작품 속의 의상은 그 종합적 결합에 의하여 도를 표상하는 철리적 의경을 시세계로 창출하고 있다. 이상과 같이 생각할 때, 이념으로서의 미는 이상가치의 일환으로 하위개념의 진선미를 포괄하고 통합한다.

미는 흔히 진이나 선과 아울러 정신적인 이상가치의 일환을 이룬다. 즉 인생에 있어서 우리들이 관여하고, 실현하고자 생각하는 가치, 추상이면서 그것에서 머물지 않고, 동시에 감성을 초월한 심원한 정신적 의의를 개시하는 것임을 나타내고 있다. 미와 진에는 공통점이 있다. 원래 미의 가치를 실현하고, 인생에 특수한 충실을 가져오게 하는 것은 미적 정관의 태도이지만, 정관적 태도에 의하여 실현되는 가치는 자세하게 말하면 미만은 아니다. 진도 역시 마찬가지이다. 따라서 정관적 태도 그것에는 미적 의미의 것과 이론적 의미의 것으로 두 종류가 구별되게 된다. 정관적 태도에 대립하는 것은 실천적 태도이다.[50]

이상에서 논의하고 있는 가치로서의 미, 또는 이념으로서의 미와 산수미와의 관계에 대하여 손오규는 다음과 같이 말하고 있다.

산수는 문학과 예술의 소재로서 미감을 느끼게 하는 자연물이나

50 목번순삼 저, 강손근 역,『미와 예술의 논리』, 집문당, 1995, 81면.

자연 그 자체를 지칭한다. 즉 사람의 인식 대상으로, 이념이나 사상이 투영된 주관적 아름다움을 표상한다. 따라서 산수는 정신적 아름다움을 내재하는 예술적 대상을 의미한다. (중략) 미는 일차적으로 객관적 실재라는 것이 본질이며, 정신적 이념에 속하는 것은 이차적이라는 입장이다. 이에 반해 후자는 미란 어디까지나 사람에 의해 인식되어지는 가치로서의 정신적 이념에 속한다는 입장이다. 곧 미가 객관적으로 존재하는 연실미라는 것은 이차적인 것이며, 정신적 이념이 본질적이며 근원적이라고 주장한다.

그리고 미에 대한 논의의 학문영역은 미학인데, 미학은 철학의 한 분야에 속한다. 그래서 미학이 독립적 학문영역으로 분리되기 이전까지는, 철학과 밀접한 연관 속에서 미의 모든 문제가 논의되었으며, 근대에 이르러 철학으로부터 분리되어 독자적 영역을 개척하였다.

그러므로 고전미학은 온전히 철학의 한 지류요 가지였다고 할 것이다. 다시 말해 철학적 관점과 학문적 특성에 의하여 미의 문제를 다루었다는 것이다. 한국고전문학연구의 미학적 접근을 위해서는 미학적 이론과 학문적 체계가 필요하다.[51]

이상에서 논의한 조선시대 산수시가의 가장 큰 특징은 이념으로서의 미를 지향한다는 점이라 할 것이다. 이념의 미는 진·선·미를 초월한 최고의 가치로서의 미이며 정신적 이상을 추구하는 미이다. 조선조 산수시가의 양상이 시대별 작가의 선형적 특징이라면, 이 특징을 잇고 묶어 하나의 맥락 속에서 살펴보고자 함은, 결국 한국 산수시가의 미적 특질을 밝히는 작업이 될 것이다. 이것은 곧 정신적 가치로서의 미이며, 우리는 산수시가의 흐름 속에서 그 가치를 발견해 볼 수 있다.

51| 손오규, 『조선조 사림과 산수문학』, 부산대학교출판부, 2020, 서론 1~2면.

3. 경국제민의 이상과 귀거래효방

성리학은 중국 선진(先秦)의 근원 유교나 경서(經書) 주석을 주로 한 한(漢)·당(唐)의 훈고학(經學)과는 성격을 달리 한다. 기존의 유교가 실천유학적인 사상이라면 성리학은 '성(性)'이나 '리(理)'를 논하는, 일종의 철학적 이론의 학문이라는 것이다. 따라서 성리학은 인간의 생명질서와 근원에 대한 물음에 답하는 철학적 면이 강조된다. 대표적으로 우주적 근원과 생명질서의 탄생에 대하여 말하는 「태극도설」이 있다. 이 이후로 정자에 의하여 성리학이 확대되었으며 주자에 의하여 학문적 체계가 이루어졌다.

조선 성리학은 특히 이학(理學)계통의 주자학이 정통으로서 주류를 이루었다. 그 주류는 이학 또는 도학(道學)이라고 불리는 주자학과, 심학(心學)이라 불리는 육왕학(陸王學: 陸九淵·王守仁 계통의 학파)과 양명학의 양대 학파이다. 그러나 흔히 성리학이라 할 때는 좁은 의미로 주자학 계통만을 일컫는 것이 상례이다. 조선 성리학은 특히 이학계통의 주자학이 정통으로서 주류를 이루었다. 그리하여 조선 성리학을 흔히 주자학이라고 일컫는다.[52]

고려 말의 성리학은 성균관을 중심으로 안향(安珦)·백이정(白頤正)·권부(權溥)·이색(李穡)·정몽주(鄭夢周)·길재(吉再) 등에 의해서 계승되었다. 이 중 정몽주에서 시작된 의리학파는 하나의 도통(道統)으로 계승된다. 이 계열의 학풍은 인간의 내면적 본성을 강조하고 만고불변의 도덕의식을 개발하는 데 그 주안점이 있었다.

다른 하나는 정도전(鄭道傳)·권근(權近) 계열로서 조선의 훈

52) 김길환, 『조선조유학사상연구』, 일지사, 1980, 246~249 참조.

구파 정치인들에게 많은 영향을 주었다. 여기서는 불변의 인간성 개발보다는 상황에 대응하는 창조적 변혁을 강조하며, 관념적 의리나 도덕보다는 인간의 의지적 연마와 지식의 개발, 그리고 문화의식을 고취하는데 그 중점을 두었다. 조선 유학사상사의 정통을 말할 때 정도전 계열보다는 정몽주 계열의 학맥을 연원으로 삼는데, 이 점이 조선 성리학의 특색이다.

정몽주에서 시작된 이러한 성리학은 그 후 길재(吉再)·김숙자(金叔滋)·김종직(金宗直)·김굉필(金宏弼)·조광조(趙光祖) 등으로 이어졌다. 조선 성리학은 4대 사화(四大士禍) 이후 선비들이 실천유학으로서의 지치주의(至治主義)보다 산림에서 학문에 전념하는 풍조가 일어나 이론적이며 사변적인 학풍 조성으로 그 전성기를 맞았다.

이렇게 보았을 때, 조선에서 산수라고 하는 것은 산과 물이라고 하는 단순한 자연물이 아니라 자연윤리적 근원으로서의 필연성과 당위성에 근거를 발견하고자 하는 대상으로 철학적으로 사유된다.53) 이것이 문학에 와서는 산수시가로 표현되는데, 이때 산수는 내용미가 강조되는 하나의 이미지로 형상화되니 그것이 의상(意象)이며 그 작품세계가 의경(意境)이다.

한국문학사에서 조선시대의 문학사적 의의는 첫째, 시조와 가

53) 조선시대 사대부들의 산수에 대한 인식에 관하여서는 박학래의 언급을 참고하였다. "자연은 단순한 기계적 차원을 넘어 우주 자연의 생성과 소멸을 의미하며, 이때 우주 자연은 생명체이자 유기체로 상정되었다. 따라서 우주 자연의 법칙인 천도는 순환하는 생성 변화를 가리키는 것이고 궁극적 존재인 천은 만물의 창조 내지 조물이 아니라 사계절의 운행과 순환을 주관하는 자연법칙으로 나타난다."(박학래, 「천인지제-인간 삶의 지표와 이상」, 한국사상사연구회, 『조선 유학의 개념들』, 예문서원, 2002, 145면.)

사의 장르적 완성과 발전이다. 둘째, 시조·가사의 장르 주 담당층으로서 사대부 계층의 등장이다. 셋째, 문학 배경사상으로서의 성리학 대두이다. 따라서 사대부 계층의 관료화와 시조·가사의 주 담당층으로의 등장은 성리학이 자연스럽게 하나의 문학배경사상으로 형성되게 하였다. 이상을 기반으로 하여 이들의 문학 세계에 대하여 자세하게 논의하겠다.

1) 맹사성의 치사연거(致仕燕居)와 역군은

조선조 산수시가는 성리학의 발달과 더불어 높은 예술적 경계에 이르렀다. 성리학은 중국 북송(北宋) 때 완성된 신유학(新儒學)으로, 주자(朱子)에 이르러 독창적 학문적 체계를 완성하였다. 특히, 주자는 전대의 학문을 집대성하여 자신의 학문적 입장과 연구의 결과를 체계화하였으며, 성리학을 주자학(朱子學)이라 일컫기도 한다. 우리나라는 고려 말 안향에 의하여 주자학이 도입된 이래 이식기(移植期)를 거쳐 고려 말에 이르러 착근기(着根期)를 맞이하고 조선 건국으로 통치이념으로 새로운 국가적 질서와 가치관을 수립하게 된다. 즉, 정도전으로 대표되는 창업세력들에 의해 유교적 관료사회 건설과, 왕권과 실권의 조화, 불씨잡변으로 대표되는 유교적 세계관으로의 변혁 등으로 유교적 이념은 더욱 강화되었다.[54] 따라서 성리학은 유교의 새로운 학문적 경향을 제시한 조선조 사회의 기반을 형성한 사상적 배경이자, 문화환경으로 산수시가에 미친 영향 또한 지대하다.

---

54) 이민홍, 『사림파문학의 연구』, 형설출판사, 1987, 20~24면 참조.

성리학의 학문 방법은 이론철학과 실천철학으로 나누어 살펴볼 수가 있다. 이론철학의 학문적 방법은 궁리(窮理)이며 실천철학의 학문적 방법은 거경(居敬)이다. 이 둘은 불가분의 관계이며 상보적(相補的)이니, 새의 두 나래와 같고 수레의 두 바퀴와 같아 어느 하나도 결여되거나 소홀히 할 수가 없다. 그러나 거경과 궁리는 경(敬)으로 대표되니 이 경에는 궁리가 내포되어 있다.

거경과 궁리를 세분하여 논하면 거경은 존양성찰(存養省察)이며 궁리는 격물치지(格物致知)로 나누어 설명할 수가 있다. 궁리는 격물을 통하여 치지에 이르는 이론철학의 학문방법이다. 격물의 물이란 인간을 포함한 대자연을 의미하며, 격물이란 대자연의 현상을 통하여 그 현상의 근원인 필연성과 당위성에 대하여 궁극의 원리를 탐구한다는 것이다. 그래서 치지란 단순한 지식의 축적이 아니라 격물을 통한 대자연의 원리로서의 궁극의 진리를 파악하고 터득하는 것을 말한다. 그러므로 궁리란 대자연의 현상을 통한 우주적 진리나 철리적 근원으로서의 리(理)에 대한 터득과 깨달음을 그 목적으로 한다. 따라서 성리학의 성은 인간의 내면성을 그 대상으로 하며 리는 대자연을 연구대상으로 삼는다.

거경은 존양과 성찰로 세분하여 말할 수 있다. 존양과 성찰은 심성론에서 그 특징을 잘 살펴볼 수가 있다. 마음은 어떤 일이나 자연물을 대함으로써 감정(七情: 喜怒哀樂愛惡慾)이 발하게 된다. 그러므로 마음(感情)이 발하기 이전을 未發이라 하며 마음이 발한 이후를 기발(旣發)이라 한다. 따라서 미발은 선의 상태를 잘 유지하도록 항상 애쓰고 힘써야 하여, 곧 존양이라 하고, 기발은 이미 발한 마음(七情)이 선한 근원에서 발하였는지 혹은 이기심이나 개인적 욕망으로부터 발한 것인지를 잘 살펴야 하니 성찰이라고 한다. 인간의 마음은 선악이 공존하며 이기의 작용에 의하여 이미 발한 칠정이 악한 기미를 가질 수 있기 때문에 이를 경계하여야만 한다.

이상에서 논한 성리학의 학문적 특징을 대별해 볼 때 조선조 산수시가는 인간의 심성과 대자연의 현상과의 관계 속에서 대상감정(對象感情)과 관여감정(關與感情) 등 서정의 영역을 깊고도 넓게 확장하였으며 또 대자연의 현상과 그 현상의 근원으로서의 원리에 대한 철학적 사유에 의해 산수의 내용미를 심오한 철리적(哲理的) 경계(境界)로 진입하게 하였다.

한편으로 성리학의 발달은 통치이념으로서 유교적 질서와 제도 확립 그리고 새로운 세계관으로의 변혁에 근거와 정당성을 제시하였다. 정치적으로 군신관계의 새로운 관점을 제시하였다. 조선의 관리들은 능문능리의 기능성보다는 천명사상에 입각한 통치자로서의 자질과 소명의식을 강조하게 됨으로써 주체적 능동성을 발휘하는 지도력을 발휘하고자 하였다. 이는 대학에서 말하는 친민(親民)과 지어지선(止於至善)의 이념적 지향성이라고 할 것이다. 따라서 조선의 사대부는 관직에 나아가 임금의 명령에 절대적 복종만을 한 것이 아니라 현군(賢君)과 암군(暗君), 그리고 시대정신과 요청에 의하여 진퇴사수(進退辭受)의 결정을 자신의 판단에 의존하였던 것이다.

따라서 이러한 사상적 시대적 배경에 비추어 볼 때 치사(致仕)는 매우 중요한 역사사회적 의미를 갖게 되는 것이며, 치사귀은(致辭歸隱)의 시대정신은 매우 중요한 의미를 함축하고 산수문학에서 독창적 시경을 표상하게 된다.

이 조선초기를 대표하는 사대부로서 산수시가에 작품을 남긴 사람으로 맹사성(孟思誠), 정극인(丁克仁), 이현보(李賢輔)를 언급

할 수 있을 것이다. 따라서 이 논문에서 이들의 산수시가의 세계와 시경에 대하여 산수미학(山水美學)의 관점에서 그 전개의 양상을 구체적으로 자세히 살펴보고자 한다.

맹사성(孟思誠, 공민왕 9~세종 20, 1360~1438)은 연시조 형태로 산수미(山水美)를 노래해 「강호가(江湖歌)」 또는 「사시한정가(四時閑情歌)」 라고도 불리는 「강호사시가(江湖四時歌)」[55]를 지었다.

맹사성은 고려부터 조선까지 여러 관직에 임관하였다. 1416년 이조참판에 이어 예조판서가 되었다. 이듬해 생원시에 시관(試官)이 되어 권채(權採) 등 100인을 뽑았으며, 왕이 친림한 문과 복시에 독권관(讀卷官)이 되었다. 1432년 좌의정에 오르고 1435년 나이가 많아서 벼슬을 사양하고 물러났다. 그러나 나라에 중요한 정사(政事)가 있으면 반드시 맹사성에게 자문을 구하였다. 그가 76세(세종 17년 2월 1일)로 벼슬을 그만두고 온양으로 내려갔다.[56]

그가 살았던 맹씨 행단 주변은 신정호, 송악 저수지, 수철 저수지와 개천이 널려 있으며 맹씨 행단이 있는 배방면 중리 마을은 금북정맥의 광덕산이 위쪽으로 달려 솟은 설화산을 진산으로 하고 앞쪽으로는 배방산이 안산으로 자리하며 좌우로 나지막한 산들이 감싸고 있는 자연의 아름다움을 느낄 수 있는 곳이었다. 이곳에서 지은 작품이 최초의 연시조, 「강호사시가」 이다.

조윤제는 "孟思誠의 江湖歌를 吟味하여 보면 自然을 읊었다 하지마는 아직 自然을 主觀的으로 深察하지 못하였고 다만 皮相的 自然을 望視하여 華麗한 自然 가운데에 安樂을 누릴 수 있음을 기

55) 『악학습령(樂學拾零)』·『청구영언』·『해동가요』 등에 수록되어 있다.

56) 이상의 맹사성 생애는 한국고전종합DB의 『조선왕조실록』 기사를 참조하여 논자가 재구성하였음을 밝힌다.

뻐하였을 뿐이다."[57] 라고 평하였다. 조윤제의 이와 같은 언급은 「강호사시가」가 강호 사시(四時)의 아름다움을 노래한 듯하지만, 역군은의 연군지정이라는 성격이 많이 남아있기 때문일 것이다.

이에 대하여 김상진도 "일견 강호의 아름다움을 노래한 듯한 「강호사시가」이지만, 강호의 사시는 배경일 뿐이며 실제로는 사시사철 변함없는 연군지정을 노래한 연군의 노래"[58] 라고 평한 바가 있다. 그러나 「강호사시가」가 연군지정의 성격이 짙다 하지만, 학계에서도 강호가도의 전구(前驅)적 위상을 인정받고 있다는 점에서[59] 산수시가의 효시적 작품이라는 문학사적으로 중요한 의미를 가진다. 다음의 「강호사시가」 한 수를 살펴보겠다.

> 江湖에 녀름이 드니 草堂에 일이 업다
> 有信ᄒᆞᆫ 江波ᄂᆞᆫ 보내ᄂᆞ니 ᄇᆞ람이로다
> 이 몸이 서늘ᄒᆡ옴도 亦君恩이샷다[60]　　<江湖四時歌, 二>

초장을 보면 맹사성이 여름을 보내는 장소는 초당(草堂)이다. 따라서 이 시의 공간적 배경은 초당이며, 자연친화적 생활과 산수생활의 소박함을 표상한다. 그러나 맹사성은 치사 후에도 손님을 맞이할 때 반드시 관대를 갖출 정도로 관리로서의 삶이 생활화되었던 인물이다.[61] 따라서 위 시에서 형상화된 소박한 초당은 치사

---

57 조윤제, 앞의 책, 1979, 162면.

58 김상진, 「조선조 연시조의 발전과 수용 양상-六歌系 연시조의 수용을 중심으로-」, 『시조학논총』 40, 한국시조학회, 2014, 84면.

59 김명준, 「〈江湖四時歌〉의 창작 시기와 세계상」, 『한국시가문화연구』 15, 한국시가문화학회, 2005, 75면.

60 김흥규 외 6인 편저, 『고시조대전』, 고려대학교 민족문화연구원, 2012, 0182.1, 39면. (이하 같은 책의 원문 인용은 『고시조대전』이라 하고 색인과 면수만 기재하겠다.)

후의 이상적인 삶을 노래한 것이며, 실제적인 현실적 삶의 체험을 기반으로 한 것은 아니다. 이것은 맹사성의 삶의 태도가 유학자로서 경세학에 경도된, 관리로서의 삶을 지향하는 여말선초 유학자의 전형적 모습을 보이고 있다는 것을 의미한다.

따라서 조선초 경세학 중심의 유학자는 과거를 통해 관리가 되어 국가와 백성을 위해 봉사하고, 치사 후에는 산수에 묻혀 소박한 삶에 만족하며 자연의 순리에 따라 살아가는 자연친화적 삶의 실현을 이상으로 삼았다고 할 수가 있다. 결과적으로 맹사성은 위의 시에서 조선초 사대부의 전형적 삶의 모습을 제시하고 있다고 할 것이다.

동시에 「강호사시가」에 형상화된 치사귀은의 소박한 산수생활은 후대 사대부의 이상적 삶에 하나의 전형을 제시하였다는 문학사적 의의가 있다. 따라서 맹사성 노래하는 시의 공간이 초당인 것은, 당시의 유학자들이 현실정치에 적극적으로 참여하면서도 내면으로 지향하는 이상적인 삶은 자연에 묻혀 사는 소박한 삶이기 때문이다. 다음 작품을 살펴보자.

江湖에 봄이 드니 미친 興이 절로 난다
濁醪溪邊에 錦鱗魚ㅣ 안쥐로다
이 몸이 閑暇히옴도 亦君恩이샷다[62] <江湖四時歌, 一>

위 시조의 중장에서 말하는 탁주(濁酒)는 양반들이 아닌 백성들이 주로 마시던 술로 막걸리의 한자어이다. 금린어(錦鱗魚) 또한

---

61 |『朝鮮王朝實錄』, 세종실록 83권, 세종 20년(1438년) 10월 4일 을묘, 좌의정 맹사성 졸기. 朝士雖秩卑者謁見 必具冠帶出大門外 邀致上坐 及退

62 |『고시조대전』, 0177.1, 37~38면.

백성들이 즐겨 먹던 민물고기인 쏘가리의 한자어이니 시의 화자는 소박한 산수생활을 지향하고 있다는 것을 알 수가 있다.

또한 위 시조는 「강호사시가」의 일수로 강호에 봄이 드는 것으로 시작하고 있는데, 강호사시가의 각 수는 각각 춘하추동의 네 계절을 시작으로 시상이 전개되고 있다. 「강호사시가」에서 시간적 배경으로 사시를 순차적으로 배치한 것은, 계절의 순환이라는 대자연의 섭리와 함께 인간 본성을 말하고자 함이다.[63] 성리학적 가치를 본받고자 하는 당시의 사대부들의 가치관을 알 수 있는 부분이다. 다음 시를 살펴보자.

江湖에 ᄀᆞᄋᆞᆯ이 드니 고기마다 ᄉᆞᆯ져 잇다
小艇에 그믈 시러 흘리띄여 더뎌 두고
이 몸이 消日ᄒᆡ옴도 亦君恩이샷다[64]　　<江湖四時歌, 三>

초장에서 화자는 가을의 살찐 고기들을 등장시켜 풍요로운 가을을 형상화하였다. 중장에서는 작은 배에 그물을 실어 강가에 던져두었지만, 이는 고기를 잡아 생계를 유지하기 위함이 아니다. 종장에서 고기를 잡는 행위를 "消日ᄒᆞ옴"이라고 표현하고 있는데, 여기에서 고기 잡는 행위가 생계를 위한 노동이 아니라, 행위 자체에 의미가 있는 것임을 알 수가 있다. 고기 잡는 행위를 소일이라는 한가로운 산수생활로 표현하여 시의 의상을 집약하고 있는 것이다.

---

[63] 사시의 순환과 인간 본성과의 연관은 김상진의 다음 언급을 참고하였다. "朱子(1130-1200, 중국 南宋의 유학자)는 『周易』의 元·亨·利·貞이 계절로 나타날 때는 春·夏·秋·冬, 사람에게 나타날 때는 仁·義·禮·智가 된다고 설명한다. 그러므로 사시의 순환을 노래한 사시가는 계절의 순환과 함께 인간의 본성을 내포하게 된다." (김상진, 앞의 논문, 2018, 172면.)

[64] 『고시조대전』, 0156.1, 34면.

다음 시를 살펴보자.

江湖에 겨월이 드니 눈 기픠 자히 남다
삿갓 빗기 ᄡᅳ고 누역으로 오슬 삼아
이 몸이 칩지 아니ᄒᆡ옴도 亦君恩이샷다[65] <江湖四時歌, 四>

초장에서 겨울은 눈이 깊이 쌓인 풍경이다. 중장에서 화자는 눈이 수북이 쌓였음에도 화자는 삿갓과 누역만으로 옷을 삼고 있는데, 「강호사시가」의 다른 수와 마찬가지로 소박한 삶의 모습이 계속해서 형상화하고 있다. 종장에서는 화자 자신이 춥지 않은 것을 임금의 은혜로 돌리고 있는데, 이 또한 「강호사시가」의 다른 수에서도 공통적으로 나타나는 모습이다. 산수 자연의 화려한 아름다움보다는 소박한 산수생활을 형상화하면서, 그것을 통하여 임금의 은덕에 감사하고 찬양하고 있는 것이다.

따라서 「강호사시가」는 전체적으로 유교적 충의정신으로 가득 차 있고, 강호의 사계절과 그 삶을 현실생활 공간의 일부로 현실감 있게 묘사하여 소박미를 형상화하였다. 이 소박미는 조선시대 사대부들의 유교적 검약주의와 실천도덕적 윤리성에 기인하는 것으로 사대부 산수시가의 미적 범주를 형성하였고, 조선 중기와 후기를 거치며 전형성을 제시하게 된다.

고려시대의 「어부가」는 그 형상화된 산수 공간과 어부의 의상이 현실초월적 이상향에 대한 지향으로 말미암아 노장적 산수관의 영향을 받았다. 최홍원은 「강호사시가」가 "성리학적 이념과 현실정치가 강호 자연가 하나로 합치되는 조화로운 경험을 가져다주는

---

65) 『고시조대전』, 0166.1, 35면.

것"[66]이라고 언급하였는데, 이 언급에서처럼 「강호사시가」는 노장적 산수관에서 완전히 탈피한 순수한 유교적 산수관이라고 하기에는 이론의 여지가 있으나, 유교적 충의정신에 입각한 치사객(致仕客)으로서의 경세관(經世觀)과 처세관에 입각한 관리로서의 전형적 모습이라는 면을 유추해 볼 수가 있다.

결론적으로, 「강호사시가」는 조선초기 경세학적 유교사상에 입각한 고급 관리의 치사 후의 전형을 산수문학작품으로 형상화하였다고 할 수 있다. 이것은 곧 맹사성이 산수생활을 동경하면서도 유교적 충의정신에 입각한 현실세계를 완전히 버리지 못하였다는 의미이다. 따라서 「강호사시가」의 산수인식은 관념적 이상향에 대한 지향이라고 할 것이다. 당시 사대부의 전형적 모습이라고 할 수가 있다. 즉 정극인을 비슷한 유형의 치사객으로 논의할 수가 있다.

정극인(丁克仁, 태종 1~성종 12, 1401~1481)에 이르면 치사객의 관념적 이상향에 대한 산수인식은 비슷하지만 다소 변화하는 모습을 보인다. 맹사성은 치사 이후에도 경기지방에 머물며 도성과 가까운 거리에 은거하였으며 임금과의 정치적 관계도 친밀하였다. 그러나 정극인은 서울을 떠나 전라도 태인에 머물러 지리적으로도 도성과 멀리 떨어져 있을 뿐만 아니라 중앙정치권력과의 관계도 맹사성만큼 친밀하다고 볼 수 없다.

그의 은거는 사실상 귀향에 의한 노년생활의 실재적 현실공간이라고 할 수 있다. 이 점이 정극인의 치사가 관리로서 벼슬에 물러나 명예로운 노년의 삶을 산수에서 즐겼으나, 중앙권력과 친밀한 맹사성과 비교할 때 현실초탈적 자락의 성격이 짙은 모습을 보이

---

66) 최홍원, 「〈강호사시가(江湖四時歌)〉 경험 세계의 교육적 구도와 지평」, 『시조학논총』 49, 2018, 263면.

고 있는 배경 중 하나이다.

정극인은 1451년(문종 1) 천거로 광흥창부승(廣興倉副丞)이 되어 육품(六品)을 받아 벼슬 생활을 시작한 후 여러 관직을 거쳐 기축년(1469, 예종 1) 8월에 태인 훈도로서 정언에 임명되었다. 같은 해 12월 24일에 나이가 장차 일흔이 된다는 이유로 미리 사직소를 올리고, 경인년(1470, 성종 1) 1월 6일에 치사하였다. 그는 자신의 치사에 대하여 다음과 같이 노래한다.

致仕吟
벼슬에서 물러나 읊조리며 사립문에 이르러
관을 걸어 놓고 다시 불우헌에 기대었네
호남의 군현이 얼마나 되던가
쉰셋 된 정언 한 사람뿐이네
致仕行吟到蓽門　掛冠還倚不憂軒
湖南郡縣知多少　五十三分一正言[67]

「치사음(致仕吟)」의 1구는 도연명 「귀거래사(歸去來辭)」의 차용이다. 곧 정극인이 도연명의 귀거래를 흠모하고 있다는 것을 알 수가 있다. 그의 깊은 마음속에 귀거래에 대한 여망이 내재해 있었음을 짐작해 볼 수가 있다. 이것은 2구에서 확인해 볼 수가 있다.

먼저 그의 거처는 사립문이라 하였으며, 매우 자연적이며 소박하고 가난한 삶의 모습을 형상화하였다. 그러면서도 세상에 대한 근심과 걱정이 없는 편안하고 만족스러운 시골살이였으므로 스

67) 「致仕吟」 원문과 해석은 한국고전번역원 한국고전종합DB의 텍스트를 인용하였다. 『不憂軒集』 1卷 詩, 「致仕音」. (이하 같은 출처의 인용은 '한국고전종합DB'라 하고 색인만 기재하겠다.)

스로 자신의 호를 불우헌(不憂軒)이라 하였다는 것을 알 수 있다. 이러한 정극인의 태인산수은거의 모습을 김영유(金永濡)의 시 「차불우헌곡(次不憂軒曲)」에서 살펴보자.

산이 사면에 두르고 물이 거듭 감싼 곳
남쪽으로 창이 열린 한 선비의 집 있어
거문고 바둑으로 한가로이 날을 보내니
그대의 불우가 참으로 홀로 즐기는 뜻과 같구려
山回四面水重抱　向陽開牕一儒宮
左琴右奕逍遙日　不憂眞與獨樂同[68]

위 시의 3, 4구는 정극인의 산수생활에서의 일상을 노래하였다. 곧 거문고 바둑으로 상징되는 현실초탈적 여유와 한가로움이 잘 나타나 있다. 그래서 김영유는 정극인의 불우를 현실생활에 대한 미련과 벼슬에 대한 연민 등을 벗어나 참된 인생의 즐거움을 산수 속에서 찾아가고 있다고 칭양하며 정극인의 불우(不憂)를 사마온공(司馬溫公)의 독락(獨樂)에 비유하였다. 그리고 「불우헌기(不憂軒記)」에서는 다음과 같이 말한다.

이 軒을 不憂라고 명명한 것은 한가로이 지내는 뜻을 드러내 기록함이다. 사람이 세상에 있어서 한가함이 없으면 근심이 있고 한가함이 있으면 근심이 없음이 예로부터 그런 것이다.

堯 임금은 舜을 얻지 못한 것을 자기 근심으로 삼았고 순 임금은 禹와 皐陶를 얻지 못한 것을 자기 근심을 삼았다. 이는 천하를 위하여 인재를 얻는 것으로 근심한 것이다. 공자가 魯나라를 떠나면서 "더디도다, 나

68) 한국고전종합DB, 『不憂軒集』 1卷 詩, 金永濡 「次不憂軒曲」.

의 행차여."라고 했고, 맹자가 齊나라를 떠날 때는 사흘을 묵고 晝邑을 나갔다. 이는 도를 행하고 시대를 구제하기 위하여 근심한 것이다.[69]

위의 글을 볼 때 자신이 거처하는 공간을 불우헌이라고 명명한 데 대한 의미와 그 고사를 인용하여 자신의 산수생활에 대한 계고(稽古)의 근거를 제시하였다. 따라서 자신의 산수은거는 요순(堯舜)시대 천하인재의 구득(求得)에 대한 경세적 근심을 벗어났으며, 공맹(孔孟)의 도를 통한 시대 구제(救濟)의 사명감에서도 벗어난 한가로운 한 인간으로 돌아온 삶이라고 느끼고 있는 것이다. 상당히 유가적인 치사관이 드러난 것이다.

이 「상춘곡」의 풍류는 불우헌 자신의 존재적 의미와 산수생활의 한가로움에 대한 문학적 형상화라고 할 것이다. 이처럼 정극인은 자신의 산수생활을 「상춘곡(賞春曲)」에서는 풍류(風流)라고 하였으며 자신을 풍월주인이라고 하였다. 다음을 살펴보자.

紅塵에뭇친분네
이내生涯엇더ᄒᆞᆫ고
녯사ᄅᆞᆷ風流ᄅᆞᆯ
미ᄎᆞᆯ가뭇미ᄎᆞᆯ가[70]

위의 시에서 홍진(紅塵)은 자신의 벼슬살이를 의미하며 풍류(風流)는 태인은거의 산수생활과 그 즐거움을 말한다. 곧 불우헌은

---

69) 한국고전종합DB, 『不憂軒集』 不憂軒集卷二 文 「不憂軒記」 軒以不憂名 志閒也 人之於世 無閒則有憂 有閒則無憂 從古則然 堯以不得舜 爲己憂 舜以不得禹皐陶 爲己憂 是爲天下得人而憂之也 孔子之去魯曰 遲遲吾行 孟子之去齊 則三宿出晝 是行道濟時而憂之也.

70) 한국고전종합DB, 『不憂軒集』 不憂軒集卷二 歌曲 「賞春曲」.

자신의 산수생활을 풍류라고 말하며 치사 후 자신의 삶에 새로운 의미를 부여하고 있는데, 불우헌이 말한 풍류는 '상춘곡'이라는 제목에서 알 수 있는 바와 같이 '봄의 아름다움을 감상(賞)하는 즐거움'이다. 이는 최진원이 언급한 상자연(賞自然)에 비견되는데, 앞시대의 '풍류'와 비교해 볼 때 문사적 취향과 자연미의 감상이 산수유상과 결부되어 있다는 것을 짐작할 수가 있다. 따라서 정극인의 풍류는 치사 후 태인은거에 대한 심리적 만족이며, 산수경관으로부터 비롯되는 즐거운 자신의 심정에 대한 자각을 통한 미적 감정이며 산수친화의 심경이다. 자신의 감각이 산수경물의 대상에 대해 심정적으로 접근하고 있음을 스스로 깨닫고 즐거워하는 것이다. 그래서 불우헌은 자신의 풍류에 대하여서는 다음과 같이 노래하였다.

功名도날씌우고
富貴도날씌우니
淸風明月外예
엇던벗이잇ᄉᆞ올고
簞瓢陋巷에
흣튼혜음아니ᄒᆞᄂᆡ
아모타百年行樂어이만ᄒᆞᆫ들엇지ᄒᆞ리[71]

위의 시는 공명부귀를 버리고 청풍명월과 함께 산수에 은거하여 단표누항과 같은 간고한 삶을 지향하면서 허튼 생각에서 벗어나 자신이 추구하는 이상적 삶에 대한 만족을 노래하였다. "아모타百年行樂어이만ᄒᆞᆫ들엇지ᄒᆞ리"라며 스스로 만족해하였다.

71| 한국고전종합DB, 「賞春曲」.

이상과 같이 생각할 때 치사 후 정극인은 불우헌에서의 산수 생활 속에서 공명부귀를 벗어나고 청풍명월을 벗으로 삼은 단표누항의 가난한 삶 속에서도 "흣튼혜음"을 경계하며 느끼는 한가로움을 「상춘곡(賞春曲)」으로 형상화하였다. 그러나 맹사성이 「강호사시가」에서 보인 연군지정의 경우와 마찬가지로 경세학적 관인 지향 의식을 완전히 버리지는 못하였으며, 최상은의 다음 언급에서도 이를 짐작해 볼 수가 있다.

> 〈상춘곡〉 역시 안빈낙도하면서 백년행락을 누리고자 하는 표면적 의미이면에는 강렬한 관인 지향적 의식을 내포하고 있다. 즉, 〈상춘곡〉은 물러나 사는 사대부의 보편적인 명분 이면에 '산림'에서 진정한 안빈낙도를 하지 못하고 '홍진'을 향하여 강한 집념을 지니고 있었던 정극인의 고민을 내포하고 있는 은일가사이다. 수기치인修己治人의 이념을 충족하지 못한 유가 사대부 정극인의 고민과 오랜 은일문학의 전통이 만남으로써 조선조 가사의 시작을 은일가사로 할 수 있었던 것이다.[72]

최상은의 언급에서처럼 정극인은 「상춘곡」에서 표면적으로는 유가적 산수은거의 즐거움과 풍류를 노래하였으나, 경세학적 이상과 미련을 완전히 버리지 못하는 모습을 보여준다. 따라서 맹사성이나 정극인의 작품이 모두 산수시가의 효시적 성격을 지니면서 유학적 은거를 지향하였으나, 초기 은일문학으로서 지니는 과도기적 고민이 분명히 드러나는 것이다.

---

72) 최상은, 「조선 가사문학의 시작, 최초의 은일가사 〈상춘곡〉」, 『오늘의 가사문학』 6, 고요아침, 2015, 90면.

그러나 「상춘곡」은 순수 국문으로 창작된 최초의 가사이면서도 정극인의 산수생활을 문학적으로 형상화했다는 것은 문학사적으로 매우 중요하다. 「상춘곡」은 문학사적으로 볼 때 산수유기(山水遊記)의 양식에 속하는 최초의 순수 국문학 가사작품이라는 매우 중요한 의미를 지니며, 후대 산수유기의 효시적(嚆矢的) 작품이라는 의의가 있다.

맹사성과 정극인이 산수에 은거하면서도 버리지 못하였던 관리로서의 의식은 이현보에 이르러 더욱 희미해지며, 진정한 의미의 산수은거에 한 걸음 더 다가서게 된다.

2) 이현보의 귀거래와 산수유상(山水遊賞)

이현보(李賢輔, 세조 13~명종 10, 1467~1555)의 본관은 영천(永川)이고 호는 농암(聾巖)·설빈옹(雪鬢翁)이다. 농암은 연산군 3년(1498년, 32세)에 출사하여 여러 관직을 거쳐 중종 37년(1542년, 76세)때 지중추부사를 끝으로 치사(致仕)하고, 고향인 분천으로 돌아와 은거하였다. 연산조와 중종조에는 잦은 사화(士禍)로 많은 사림들이 화를 당하였으나, 농암은 연산군 10년에 2년간 안동으로 유배를 간 것을 제외하고는 만년까지(76세) 순탄한 관리생활을 영위하였다. 이것은 그가 중앙관직보다는 주로 외직을 선호하였고, 관리 생활 중에도 귀거래(歸去來)에 대한 이상을 꿈꾸며 치사(致仕)에 뜻을 두고 있었던 것에서 기인한 것이었다.[73]

당시의 사림들은 사회의 기득권에 대한 개혁을 주창하였으며,

73) 농암선생문집국역간행위원회, 國譯『聾巖先生文集』, 상원사, 1986, 345~362면, 『聾巖先生文集』 券之六 付祿「崇政大夫行知中樞府事聾巖李先生行狀」 참조.

왕권계승의 정통성이라는 가치를 국가 경영의 윤리성으로 확산시켜 일반화를 이끌었다. 그러나 연산조의 사화와 조광조로 대표되는 중종조의 개혁실패는 그들에게 좌절감을 안겨주었다. 세조 대부터 중종대까지는 극심한 정치적 대립에 의한 사회 혼란과 사화에 의한 선비의 수난시대였다. 사화는 정치적 권력에 의하여 선비들이 희생된 불행과 불운의 사건이었으나, 결국은 사림정신(士林精神)의 형성과 사림계층의 확대로 인한 사회개혁의 발전적 시대로 전개되는 계기가 되기도 하였다.

이런 사림정신을 유학적 이념의 실천과 학문환성을 최고의 목표요 가치로 제시하였는데, 이 이상적 가치는 이후 사대부계층의 이상적 삶의 전통으로 인식되엇다. 그래서 세조년간 사육신(死六臣)으로 대표되는 절의파(節義派)는 왕권계승과 충의정신의 실현을 통한 대의실현의 표상으로 존숭되었으며, 조선조 사회로 하여금 개인의 가치를 사회적 대의로 형상화하게 하여, 왕권계승과 충의정신의 실현이라는 이념적 가치를 최우선시하는 이념적 가치를 제시하였다.

그러므로 사림이란 선비계층을 일컫는 말로써 학문적으로는 성리학적 이념에 입각한 실천철학을 강조하였으며 문학적으로는 사장파(詞章派)에 대립하는 도학파(道學派)로서 기교 중심의 문풍을 혁신하여 도의 회복을 강조하였다.[74] 이와 같은 사림파의 주장

---

[74] 사림의 대두와 사장파와의 대립은 류승국의 언급 참조하였다. "의리학의 학풍을 세운 이러한 사림(士林)의 후계자들은 도학의 의리정신을 내세워 관료 정치인이나 사장학파(詞章學派)와 대립하였다. 세조의 찬위(簒位) 이후 이를 지지한 훈구 세력(勳舊勢力)에 대하여 단종에게 절의를 지킨 사육신·생육신을 비롯한 재야의 사림은 훈구 세력에 대하여 비판적 태도를 취하여 반목하게 되었다."(류승국, 앞의 책, 2009, 187면.)

은 문장에 있어 문학적 언어와 문장 구성의 기교적 표현을 억제하고 내용 중심의 주제성을 강조하는 방향으로 발전하게 하였다.

따라서 이 당시는 훈구파가 사림파로 전환되는 사회개혁의 역사적 시기였으며 문학적으로는 사장보다는 내용을 중요시 여겼다. 동시에 과거(科擧) 중심의 문풍(文風)을 비판하고 경세학(經世學)에서 학문 연구와 실천 중심의 도학(道學)으로 전환하는 시기였다.

이를 계기로 성리학은 한국철학으로 자리잡을 수 있는 계기를 마련하였으며, 이론보다는 실천을 중시하는 사회적 기풍을 선도하였다. 이런 경향은 사림들로 하여금 산수은거를 통한 실천과 학문 연구의 이상을 인생의 가장 가치있는 삶으로 인식되게 하였다. 그래서 사림들은 과거를 위한 학문의 기능성에서 벗어나, 수양과 실천 그리고 진리 탐구라는 형이상학적인 학문목표를 계층적 이념으로 받아들였다고 할 것이다.

농암의 산수은거(山水隱居)는 치사에 의한 것도 있지만 그 이면에는 농암이 항상 마음 속으로 산수은거에 대한 이상을 품고 있었던 점으로 보아, 내면적으로 그가 꿈꾸던 자아실현의 이상적 삶의 구현이라는 성격이 짙다. 따라서 그의 산수은거와 산수유상(山水遊賞)을 통한 산수락(山水樂)은 이상실현의 만족감과 아름다운 산수의 감상에 대한 서정의 영역으로 확대되고 있다.

따라서 농암의 분천은거는 이런 사회적 학문적 변혁의 과정에서 이루어졌다는 점에 의의가 있으며, 초기 사림의 선도적 역할을 하였다고 할 것이다. 여기에 농암 산수은거의 의의를 발견할 수 있으니, 그의 산수시가도 이런 이상과 이념이 반영된 시세계를 형상화하였다.

농암의 생애에서 산수문학과 직결되는 시기는 76세(1542) 되던 해 가을 벼슬을 그만두고 분천으로 귀향하면서 도연명(陶淵明)의 귀거래(歸去來)를 본떠서 「효빈가(效顰歌)」를 짓고 산수에 은거한 것이며 산수에 깊이 침잠하여 세속과 거리를 멀리 두고자 깊은 산속에 거처를 마련하고 영지산에 산당을 마련한 이후이다. 그때부터 농암 문학의 세계가 산수와 공간적 밀착과 정신적 동화에 의한 주관적 산수미(山水美)의 발견으로 발전하는 과정이다. 그래서 퇴계가 농암 행장에서 언급한 다음과 같은 말은 그의 산수와 문학에 대한 인식을 이해하는 중요한 기반과 근거가 된다.

> 벼슬에서 물러나 한가해진 후로는 더욱 계산 사이에 스스로 방랑하며 홍이 날때마다 문득 가서 놀면서 돌아오기를 잊고 나갈때는 반드시 산에서 노는 작은 기구를 스스로 가지며 혹 대(竹) 지팡이와 짚신으로 숲을 뚫고 언덕에 오르고 혹은 두 종(奴)에게 가마를 매게하며 냇물을 따라 순행하니 전부(田夫)와 목동(牧童)이 바라보고도 그가 재상임을 알지 못하였다.[75]

윗글을 살펴보면 농암의 산수유상과 산회(散懷)의 심경이 매우 시적인 표현으로 함축되어 형상화되어 있다. 그가 유학자임을 생각해 볼 때 정명도의 「방화수류과전천(訪花隨柳過前川)」을 연상케 하기도 한다. 따라서 유학을 배경으로 한 치사객(致仕客)의 품위 있고 여유 있는 노년의 삶이 산수와 어울려 한 폭의 그림과 같은 서경미를 연상케 하며, 그림 속의 주인공처럼 농암의 삶이 아름답고

---

75) 농암선생문집국역간행위원회, 앞의 책, 1986, 345~362면, 『聾巖先生文集』 卷之六 付祿 「崇政大夫行知中樞府事聾巖李先生行狀」, 退閒之後 尤自放於溪山間 每遇興到 輒縱游忘返 其出 必以遊山小具自隨 或竹杖芒鞋 穿林陟巘 或藍輿兩奴 傍野巡溪 自田夫牧豎見之 不知其爲宰相也

정겹고 고상한 정신의 경계를 찾아가고 있음을 느낄 수 있다.

따라서 조선조 산수문학사에서 농암의 치사(致仕)와 분천은거는 매우 중요한 의의를 시사한다. 조선 성종조에 이르면 조선의 유학이 착근기(着根期)를 지나 발전기(發展記)로 접어든다. 정치사회적으로도 세조찬위로 비롯된 절의파에서 서서히 초기 사림파로 이동해간다고 볼 수 있다. 이것은 유교의 도통관(道統觀)에 입각한 인의(仁義)와 도덕(道德)의 회복에 의하여 가능한 것이며 유교적 질서에 의한 국가의 통치가 기반을 형성해 나갔다.

이런 사회적 기풍에 발맞추어 초기 사림파는 경세학에서 서서히 성리학 중심의 실천위주로 학문적 경향이 옮겨갔다. 이런 정치사회적 배경과 학문적 경향에 의한 초기사림파의 선두에 농암이 있다고 할 것이다. 이는 분천 은거와 애일당을 중심으로 한 산수시가의 문학적 배경이 되었다. 이런 관점에서 농암이 치사의 동기와 목적을 노래한 「효빈가(效顰歌)」를 살펴보겠다.

> 歸去來 歸去來 말뿐이오 가리업싀
> 田園이 將蕪ᄒᆞ니 아니가고 엇뎰고
> 草堂에 淸風明月이 나명들명 기ᄃᆞ리ᄂᆞ니[76] <效嚬歌>

위의 시 초장과 중장은 도연명의 「귀거래사(歸去來辭)」를 그대로 인용하였다. 종장은 농암의 창작인데, 초장과 중장의 시상(詩想)이 종장으로 그대로 이어지고 있다. 초장은 단순한 인용이 아니라 내포된 의미가 있는데, 성호경의 "「효빈가」는 은퇴 귀향하는 도

76) 농암선생문집국역간행위원회, 앞의 책, 1986, 253~255면, 『聾巖先生文集』 券之四 歌詞 「效嚬歌 並序」.

중에 자신의 歸去田園의 정당성 또는 불가피한 이유를 말한 작품이다"[77]라는 언급에서 알 수 있듯, 귀거래에 대한 농암의 의도가 담긴 것이다. 따라서 농암은 초장에서 도연명의 「귀거래사」를 통하여 자신의 귀거래(歸去來)의 목적을 밝혔다고 보는 것이 타당하다. 또한 초장의 "말쌴이오 가리업싀"는 당시의 시대적 풍조로 보아 농암의 귀거래가 특별하였음을 보여준다.

맹사성의 「강호사시가」와 비교하면 농암의 치사귀은(致仕歸隱)은 그 성격이 더욱 분명해진다. 맹사성은 「강호사시가」에서 강호생활의 한가로움과 즐거움이 임금의 은혜(亦君恩)[78]에서 비롯된다고 하면서 감격해 하고 있다. 이는 맹사성이 현직관리로서의 삶에서 물러나 강호생활을 하고 있음에도 그 의식 속에서 관리로서의 직분과 이념을 완전히 버리지 못하고 있음을 보여준다.

그러나 농암의 치사는 자신의 의지에 의한 이상실현(理想實現)으로, 완전히 관리로서의 삶을 벗어나 자연에 은거하는 산수락(山水樂)을 추구하고 있다. 이는 농암이 관리생활 중에도 귀거래에 대한 이상을 꿈꾸며 명농당(明農堂)에 귀거래도(歸去來圖)를 그려 놓고[79] 항상 마음속에 분천(汾川)으로 돌아갈 것을 염원하였다는 점에서도 분명히 알 수가 있다.

따라서 당시의 사회적 풍조로 볼 때 농암의 귀거래는 맹사성의 경우와 다르게 관리로서의 삶을 떠나 산수(山水)에 은거(隱居)

---

77) 成昊慶, 앞의 논문, 2002, 231면.

78) 江湖生活을 春夏秋冬으로 나누어 읊은 連時調인 「江湖四時歌」는 각 수의 종장 마지막 구를 "역군은(亦君恩)이샷다"로 마무리 하면서 강호생활의 모든 즐거움이 임금의 은혜에서 비롯됨을 강조하고 있다.

79) 농암선생문집국역간행위원회, 앞의 책, 1986, 5~8면, 『聾巖先生文集』 卷之一 詩, 「題明農堂 並序」, 遂得隙地 鑿池而作堂其上 堂成 畫以淵明歸去來圖.

하여 도를 실천하는 도학 중심의 실천주의 학풍을 그 배경으로 하고 있다.

초장의 "말쌴이오 가리업싀"는 많은 관리들이 귀거래를 꿈꾸지만 실제로 실현하는 사람은 드물며 또한 시대적 풍조도 그렇지 못하였다는 점에서, 자신의 귀거래를 자임(自任)하는 심정적 고백이 함축되어 있다. 또한 농암 자신의 귀거래에 대한 생각을 유추해 보면, 자신의 귀거래에 대한 세간의 평가를 정확하게 인식하고, 분천산수생활의 규범과 표준을 제시하였다고 볼 수 있다.

그러므로 농암은 자신의 분천은거(汾川隱居)를 통해 유학자로서의 치사귀은(致仕歸隱)의 기준을 제시하고 있다. 이것은 곧 도학의 실천이니, 「효빈가(效嚬歌)」의 중장과 종장에서 확인할 수 있는 산수락(山水樂)이다. 중장 "田園이 將蕪ᄒᆞ니 아니가고 엇뎔고"에서는 도연명의 전원락(田園樂)을, 종장 "草堂애 淸風明月이 나명들명 기ᄃᆞ리ᄂᆞ니"는 농암 자신이 추구한 산수락을 제시하고 있다.

농암의 산수락은 도연명의 귀거래 효방을 노래하였으나, 앞에서 살펴본 시대적 배경 및 사림계층의 은거와 이상을 고려해 볼 때, 특히 맹사성에 비하여 훨씬 산수친화의 감정과 개인적 서정이 깊어지고 개성적인 특성을 보인다는 것을 발견할 수 있다. 또 정극인에서 찾아볼 수 있는 '봄 경치의 감상'에서 나아가 사대부의 유교적 이념과 이상이 분천은거를 통해 심화되고 개인적 삶의 방향을 자연에 심입하게 하여 농암 산수시가의 시세계를 형성하였다.

그래서 농암의 치사 후 이상실현으로서의 산수생활은 많은 선비들에게 모범이었다. 회재 이언적 또한 농암과의 작별을 아쉬워하면서 부러워하고 있다. 농암이 치사 후 세운 애일당에 회재 이언적은 시를 지었으며, 이 시에 많은 문인들이 차운하였다. 다음 시를 살펴보자.

애일당에 이회재 운을 미루어 차운하다(愛日堂追次李晦齋韻)

삼조에 벼슬하고 팔순을 누려서
급류에 용퇴는 세상에 잘 없다
산림에 높은 취지는 도홍경(陶弘景)이요
암학(巖壑)에 은거는 정자진(鄭子眞)이라
그대는 명홍(冥鴻)같이 날개를 펼치고
나는 마른 물 붕어같이 비늘을 씻기고
높은 정자 벽에 농(聾)이라 호(號)하다
문득 세상 소리 귀에 들리는 것이 두렵다

軒冕三朝享八旬　急流勇退世無人
山林高趣陶弘景　巖壑幽棲鄭子眞
君似冥鴻搏逸翮　我如涸鮒曝枯鱗
亭高翠壁聾爲號　却怕塵囂入耳頻[80]

위 시는 이현보가 중건한 애일당에 회재가 지은 시를 채소권(蔡紹權, 성종 11~명종 31, 480~1548)이 차운한 것이다. 채소권은 홍문관부제학, 경기도관찰사, 대사헌, 형조판서 등의 고위 관직을 두루 지낸 인물로 현직에 있을 때는 농암과 주세붕 등과 친교하였으며 치사 후 고향에 돌아가서는 황준량 등과 친교하였다.

위 시의 3구에서 채소권은 농암의 치사에 대하여 산림의 높은 취지가 있다고 하면서 도홍경을 닮았다고 말하고 있다. 도홍경은 중국 남조 때 양나라 사람으로 벼슬의 권유에도 은거생활을 지킨 인물로 유명하다. 채소권은 산수친화의 생활을 '높은 뜻(高趣)'이라고 치켜세우면서 은거의 모범으로 여겨지는 도홍경에 빗대고 있

80) 농암선생문집국역간행위원회, 앞의 책, 1986, 457면, 『聾巖先生文集』 卷之七 附錄之二.

는 것이다. 또한 농암의 분천생활의 암학(巖壑) 은거를 정자진(鄭子眞) 은거와 같다 하고 있는데, 정자진은 중국 곡구현 사람으로 세인들이 그의 은거 수양의 고귀함에 감복하였다고 전해진다.

채소권은 농암의 은거를 정자진의 고결한 은거의 뜻과 비교하며 높이 사고 있는 것이다. 또한 이현보의 호가 농암(聾巖)인 것을 언급하며 농암의 은거가 진세의 소리에 귀 기울이지 않는 유학자적 삶을 목표로 하고 있다고 말하고 있다.

따라서 채소권은 농암의 분천은거가 도홍경과 정자진의 뜻과 같으며, 유학적 산수친화의 실현을 목적으로 함을 인식하고 있는 것이니, 「효빈가 서」에서 농암은 다음과 같이 말한다.

> 가정(嘉靖) 임인년 가을에 농암옹이 비로소 벼슬을 그만 두고 국문(國門)을 나와 돌아오는 배를 세 내어 한강가에서 작별하고 배 위에 취해 누우니 달이 동산에서 뜨고 가는 바람이 불었다. 도연명의 "배는 흔들리어 가볍게 날리고 바람은 불어 옷깃을 나부낀다(舟搖搖以輕颺 風飄飄而吹衣)"의 구절을 읊으니 돌아갈 흥이 더욱 짙어 즐거이 웃고 이 노래를 지으니 이 노래는 본래 도연명의 귀거래사로 지은 까닭으로 효빈이라 한다.[81]

효빈(效顰)은 월(越)나라 미인 서시(西施)의 고사에서 비롯된 것이다. 이는 농암 자신의 치사귀은이 도연명의 전원락(田園樂)을 모범으로 하고 있지만, 타인에게 자신이 비춰질 때 효빈(效顰)과 같

81 | 농암선생문집국역간행위원회, 앞의 책, 1986, 253~254면, 『聾巖先生文集』 卷之四 歌詞, 「效顰歌 并序」, 嘉靖壬寅秋 聾巖翁始解圭組出 國門賃歸船 飮餞于漢江 醉臥舟上 月出東山 微風乍起 詠陶彭澤舟搖搖以輕颺 風飄飄而吹衣之句 歸興益濃 怡然自笑 乃作此歌 歌本淵明歸去來辭而作 故稱效嚬.

이 평가되어질지도 모른다는 염려의 마음과, 스스로 자부심을 느끼는 겸손함이 혼용되어 있다고 할 것이다. 따라서 윗글에서 '돌아가는 흥겨움'은 치사귀은의 즐거움과 자기만족의 기쁨을 의미한다.

그 당시 대부분의 사림들은 자신의 의지가 아닌 정치적 상황으로 말미암아 어쩔 수 없이 벼슬에서 물러나 자연에 묻힐 수밖에 없었던 경우가 많았다. 그럼에도 불구하고 농암은 40여 년의 벼슬살이를 무난히 마치고 스스로의 의지와 결정에 의해 고향인 분천으로 귀향하여 산수를 즐기며 새로운 노년의 삶을 개척하였다.

농암의 치사귀은은 농암 자신에게나 그를 바라보는 주변 사대부들에게나 이상적인 것이었고, 당시의 시속(時俗)에서 보았을 때 매우 드문 일이었다. 이것은 그의 시가문학에 직접적 영향을 끼쳤는데, 매우 긍정적이고 적극적인 현실관과 즐겁고 자신의 삶에 만족하는 긍정적 서정의 영역을 확장하게 되는 출발점이 된 것이다.

농암은 치사 후 고향인 분천(汾川)으로 내려와 농암(聾巖)바위 위에 애일당(愛日堂)을 짓고 산수생활을 시작하였다. 이 애일당은 인공 건조물로서 사람의 창조물에 속하는데, 농암은 사람의 건조물에 애일당이라는 이름을 부여함으로써 자신의 관념적 의지를 의상으로 표현하였다.

안동 예안지방 낙동강 상류가 흐르는 분천리(汾川里)에는 귀머거리 바위라 불리는 농암(聾巖)이 있는데 농암은 이 분천(汾川)의 경치를 사랑하여 부모님을 위해 이곳에 애일당을 짓고 그곳에서 산수생활의 즐거움을 노래하였다. 그래서 「애일당중신기」에서는 다음과 같이 말하였다.

聾巖바위를 항간에서는 耳塞岩이라고 불렀는데, 이는 농암바위

뒤로 급속한 여울이 흘러서 큰 물소리로 말미암아 사람의 소리가 귀에 들리지 않았기 때문이다. 이런 연유로 隱遁黜陟을 不聞하는 사람이 살기에 합당하여 바위 이름을 聾巖이라 하였고, 이를 농암이 자신의 字號로 삼았다.[82]

애일(愛日)이란 효자가 부모를 봉양할 날이 많지 않음을 안타까워하여 날을 아껴 효도를 다한다는 뜻이며,[83] 이처럼 농암은 자신의 호를 통해 치사의 동기를 함께 밝히고 있다. 또한 별당을 지어 긍구당(肯構堂)[84]이라고 이름 붙이고, 시를 지어 어버이를 위한 효성을 노래하였다. 이처럼 농암은 건조물의 이름짓기를 통해 유교적 관념과 실천의지를 구현하고 있다. 따라서 분천은 농암의 귀거래 이후의 이상실현을 위한 공간적 환경이자 농암이 그 중심이며, 치사귀은을 상징하는 의상(意象)으로 형상화되었다.

애일당에서의 생활은 퇴직한 관리로서의 어떤 공리성이나 개인적 이해관계에서 벗어나 있다. 그러므로 농암은 산수와의 객관적 거리를 유지하면서도 그 서정의 세계에 있어서 현실적 공리성을 떠나 매우 밀접한 심리적 거리를 유지하였다. 이는 곧 농암의 산수감상의 미적 태도이며 산수미 발견과 산수락의 초기적 동기로 작용하여 산수락을 자각하고 있다.

그리고 그의 산수락은 농암과 점석이라는 자연물에서 서정으

82| 농암선생문집국역간행위원회, 앞의 책, 1986, 231~233면, 『聾巖先生文集』 卷之三 雜著, 「愛日堂重新記」, 巖舊無名 諺傳耳塞巖 前臨大川 上有急灘 灘鳴響應 聵塞人聽 耳塞之名 其必以此 宜乎隱遯黜陟不聞者之居 因謂之聾巖而翁自號焉.

83| 농암선생문집국역간행위원회, 위의 책, 1986, 231~233면, 『聾巖先生文集』 卷之三 雜著, 「愛日堂重新記」, 而親年日深 喜懼之情 自不能無乎其中 扁其堂額曰愛日.

84| 긍구당은 아버지가 이룩한 일을 아들이 잘 이어받았음을 뜻하는 당호(堂號)이다. (『書經』, 「大誥」, 若考作室 旣底法 厥子乃不肯堂 矧肯構.)

로 옮겨가게 되며, 산수와의 교융 속에서 농암의 창조적 의상이 형성된다. 결론적으로 농암 시가에서 산수경물과 융화됨으로써 산수미로 발전한다. 「농암가」에서는 다음과 같이 노래한다.

> 聾巖애 올라 보니 老眼이 猶明이로다
> 人事이 變흔들 山川이뜬 가실가
> 巖前에 某水某丘이 어제 본듯 ᄒᆞ예라[85] <聾巖歌>

농암바위 위 애일당에 오르니 노안이 밝아진다. 세상 모든 것이 변했는데 산천은 변하지 않아 옛적 놀던 산과 언덕이 어제 본 듯하다. 「농암가」는 이처럼 산수에 대한 회화적인 묘사가 돋보인다. 그러나 「농암가」에 드러난 회화적 표현은 1차원적인 산수경물의 묘사라기보다는 농암의 내적 서정이 이입되어 시적 존재로서 의미를 함축하고 있다. 즉 농암의 치사 후 현실의 권력과 명예로부터 멀어진 자신의 삶에 대한 만족과 즐거움을 농암바위 위에서 바라본 풍경에 기탁하여 표현한 것이다.

농암은 퇴계와 시와 서신을 주고받으며 활발한 교류를 하였는데,[86] 퇴계가 「어부가」에 비상한 관심을 가진 점과 자신이 직접 국문시가를 창작하여 시동들로 하여금 노래 부르게 하고, 농암의 사후 도산서당의 앞 강 한가운데 드리워있는 '점석'과 흡사한 '반타석(盤陀石)'을 사랑하는 모습[87]은 퇴계의 학문과 문학이 농암과의 교

85| 『고시조대전』, 1084.1, 232면.

86| 『聾巖先生文集』 卷之三 書에는 농암이 보낸 서신 18편이 실려 있는데 이 중 퇴계와 주고받은 것이 17편이다.

87| 李性源, 「聾巖과 退溪의 文學的 交遊樣相」, 安東文化硏究所 編, 『聾巖 李賢輔의 文學과 思想』, 安東大學校, 1992, 285면.

류에 큰 영향을 받았음을 짐작케 한다.

우리나라 어부가계 시가로는 먼저 『악장가사(樂章歌詞)』에 수록된 「어부가(漁父歌)」를 들 수 있다. 12장으로 된 「악장어부가(樂章漁父歌)」[88]는 4구 7언 한시(漢詩)에 우리말 토를 달고, 거기에다 「어부사(漁父辭)」 특유의 행주과정을 나타내는 조흥구와 노젓는 소리의 의성어로 된 후렴구가 더해진 형태를 취하고 있다.[89]

이 「악장어부가」는 고려시대에 창작되고 향유되었으며, 려말 사대부의 산수에 대한 인식을 보여준다. "一片明月이 亦君恩이샷다"에서 일편명월은 산수경물로서의 대상이 아니라 특정 관념의 비유물로서 존재한다.[90] 여기서 "일편명월"이라는 산수경물은 단순히 하나의 자연물이 아니라 산수생활 그 자체를 의미하는 것이다. 또한 "亦君恩이샷다"에서 보듯이 "一片明月"은 서정의 대상이라기보다는 군은이라는 관념을 비유하기 위한 소재로서 사용되고 있다.

그래서 농암의 「어부가」는 현실정치를 벗어나 현실초탈의 감정에서 산수에 은거하는 삶을 실천하였다는 점에서 「강호사시가」의 주제의식에 접근하여 그 전통적 맥락을 잇고 있다. 그러나 맹사성은 고관대작으로서 명예로운 관직생활을 마친 후에 치사하여 여유로운 산수생활을 하는 모든 것이 임금의 은혜로부터 비롯된다고 생각하는 것에 반해, 농암은 임금의 은혜를 완전히 벗어나서 세속을 잊고 자연 속에 은거하는 자연친화적인 삶은 즐기는 한 사람으로 돌아왔다는 점이 다르다.

88| 聾巖의 「漁父歌」와 구분하는 의미로 『樂章歌詞』 수록 「漁父歌」는 「樂章漁父歌」로 부르도록 하겠다.

89| 박규홍, 『어부가의 변별적 자질과 전승양상』, 보고사, 2011, 79면.

90| 여기현, 「어부가의 표상성 연구」, 성균관대학교 박사학위논문, 1989, 45면.

그러므로 「어부가」는 자연에 몰입하여 자연친화적 서정이 확대되고 심화된 농암의 독창적 산수락을 형상화하고 있다. 그러면서도 농암 「어부가」의 산수락은 현실초월적 이상향을 지향하는 시적 경향을 극복하고 유교적 이념에 입각한 실천유학적 이념을 함축하고 있다. 양희찬이 「어부가」를 두고 "이 작품의 성격을 겉으로는 개인 서정을 표현하면서, 속으로는 조정 관료들에게 치세의 자세를 경계한 작품이라고 규정하였다"[91]는 언급에서처럼 「어부가」에는 치사 후 산수생활에서의 서정과 함께 유학적 세계가 함축되어 있는 것이다.

이는 농암이 많은 유학자들과 교류하면서 얻은 유교적 이념의 세계가 시에 반영되었기 때문인데 특히 퇴계와 어부가 찬정에 대한 의견을 교환함으로써 유교적 이념의 보편성을 획득하게 되었다.

「어부가」는 「어부장가(漁父長歌)」와 「어부단가(漁父短歌)」로 이루어졌는데 그 중 「어부단가(漁父短歌)」가 농암의 개인적 창작의 성격이 짙으며, 순수국문학장르인 완전한 시조형식을 갖추었기 때문에 농암의 산수문학적 세계관을 파악할 수 있다. 그리고 「어부가」의 시세계와 의경에 대하여 농암은 「어부가 발」에서 다음과 같이 말하였다.

> 내가 보기에 사어(詞語)가 한적하고 의미가 심원하여 음영(吟詠)을 하던 나머지에 사람으로 하여금 공명에 벗어나고 표현히 세속 티끌 밖에 나가듯하였으나 이것을 얻은 후로는 전에 보던 가사는 다 버리고 오로지 이것을 뜻에 두고 손수 써서 꽃핀아침 달뜬 저녁에 술(酒)을 잡고 벗을 불러 분강의 배 위에서 읊게하니 홍미가 더욱 진진하였다.[92]

---

91) 양희찬, 앞의 논문, 203면.

위의 인용문을 볼 때 「어부가」의 내용은 사어한적(詞語閒適)과 진외지의(塵外之意)라고 할 수가 있다. 「어부가」를 통한 농암의 분천생활에 대하여 퇴계는 「어부가 발문(漁父歌 跋文)」에서 다음과 같이 말하였다.

> 오직 우리 농암선생이 七十을 넘어 벼슬을 그만두고 분수(汾水)의 물가에 물러와 여러번 왕명(王命)으로 부르셔도 아니가시고 부귀를 부운같이 여기고 아담한 회포를 물외(物外)에 부쳐서 항상 작은 배와 짧은 삿대로 연파(煙波) 속에서 구속이 없이 자유로히 노닐고 낚시 놓던 바위 위에서 배회하며 갈매기를 벗하여 고기 보기를 즐겨 강호의 낙을 참으로 얻으셨다.93)

위 글에서 퇴계가 말한 농암의 강호지락은 곧 산수락이며 치사 이후 분천에 은거하며 감정적 산수친화에 의한 서정성을 확대시켰다. 그리고 「어부가」를 통하여 농암은 자신의 산수락을 문학적으로 형상화하였다. 그래서 「어부가」에 등장하는 산수경물은 각각이 하나의 의상을 형성하였다. 구체적 작품에서 살펴보기로 하자.

이 듕에 시름 업스니 漁父의 生涯이로다

---

92) 농암선생문집국역간행위원회, 앞의 책, 1986, 262~264면, 『聾巖先生文集』 券之四 歌詞 「附漁父短歌五章」, 余觀其詞語閒適 意味深遠 吟詠之餘 使人有脫略功名 飄飄遐擧塵外之意 得此之後 盡棄其前所玩悅歌詞 而專意于此 手自謄册 花朝月夕 把酒呼朋 使詠於汾江小艇之上 興味尤眞.

93) 농암선생문집국역간행위원회, 위의 책, 1986, 264~267면, 『聾巖先生文集』 券之四 歌詞 「附書漁父歌後」 惟我聾巖李先生 年踰七十 卽投紱高厲 退閒於汾水之曲 屢召不起 等富貴於浮雲 寄雅懷於物外 常以小舟短棹 嘯傲於烟波之裏 徘徊於釣石之上 狎鷗而忘機 觀魚而知樂 則其於江湖之樂 可謂得其眞矣.

一葉扁舟를 萬頃波애 띄워 두고
人世를 다 니젯거니 날 가는 줄를 안가[94] <漁父歌, 一>

구버는 千尋綠水 도라보니 萬疊靑山
十丈紅塵이 언매나 ᄀᆞ롓는고
江湖애 月白ᄒᆞ거든 더옥 無心ᄒᆞ애라[95] <漁父歌, 二>

위 시는 농암의 어부단가 1~2수이다. 농암이 「어부가(漁父歌)」를 노래할 수 있었던 것은 분천이라는 지리적 환경이 있었기 때문이다. 이 분천을 중심으로 한 농암바위와 점석 등의 산수경물들은 농암의 「어부가」가 관념적 어부의 생활이 아니라 실천적 생활 속의 경험할 수 있는 산수락(山水樂)을 구성하는 필수적 요건이었다.

그래서 「어부가」를 보면 농암의 벼슬로부터 떠나 산수에 은거하면서 산수생활에 대하여 만족해하며 세속에 일에 대하여 벗어나 있다. 이와 같은 농암의 산수락은 과거의 전통을 이으면서도 새로운 창의의 시적 세계를 다음 세대에게 전승시켰다는 점에서 시가사적으로 중요한 의의가 있다. 다음 시를 살펴보자.

靑荷애 바블 ᄡᆞ고 綠柳에 고기 ᄢᅦ여
蘆荻花叢애 ᄇᆡ ᄆᆡ야 두고
一般淸意味를 어니 부니 아ᄅᆞ실고[96] <漁父歌, 三>

따라서 위에 인용한 「어부가」에는 "일반청의미(一般淸意味)"

---

94) 『고시조대전』, 3892.1, 823면.
95) 『고시조대전』, 0451.1, 95면.
96) 『고시조대전』, 4850.1, 1057면.

와 "무심(無心)"에 그 시상의 핵심이 집약적으로 형상화되어 있으며, 「어부가」의 기반을 이루는 서정으로 산수락의 핵심을 이룬다. 이 "일반청의미"에 대하여 손오규는 다음과 같이 말하였다.

> 어석적으로 '일반청의미'는 '일반'+'청의'+'미'로 구성되었다고 전제한다. 이렇게 생각해 볼 때, '일반'은 산수시가의 소재이며 또한 산수시가가 형상화해 내고자 하는 궁극의 미적대상이다. '청의'는 그러한 미적 대상에서 시인이 발견한 내용으로서의 가치이며 '미'는 시인의 감각을 통하여 체험한 미감으로서 서정이다. (중략) 일반인생사, 즉 평범한 인간의 삶을 의미한다. 조선조 사대부로서의 평범한 인간의 삶이란 벼슬을 버린 생활로서 위의 시에서는 어부로 대변된다. (중략) 평범한 인간의 삶을 대변하는 어부는 이러한 외재적 요소를 추구하는 사회활동의 정지와 자아의 삶의 목적에 대한 탐색과 삶의 본질을 깨달아 참된 인간완성으로 나아가는 새로운 삶의 방식을 선택한 의지의 실현을 상징한다. 이 의지는 욕망을 억제하여 이기적인 인간의 모습을 벗어나 궁극적으로는 욕망으로부터 초탈한 정신생활의 자유의식에 대한 지향이다. 인간의 내면에 잠재한 자유의식이 표면화되기 위해서는 먼저 현재의 현상적 삶과 현재적 삶의 모습에 대한 자각이 선행되어야만 한다. 이 자각의 계기가 산수문학에서는 은거로 나타난다.[97]

윗글을 참고로 할 때 농암의 은거의 집약적 표현은 어부의 일반의사와 무심의 자각에 함축되어 형상화되었음을 알 수가 있다. 따라서 농암의 은거는 산수문학에 있어서 맹사성이나 정극인과 비교해 봐서도 훨씬 산수와의 지리적 환경이나 거리, 심리적 친밀도가 매우

97 손오규, 앞의 책, 2006, 58~59면.

긴밀하니, 곧 산수애호의 정신이 산수친화의 감정으로 발전하고 그 정신의 세계가 대자연 속으로 확산되고 있다고 할 것이다. 이것은 곧 문학이라는 예술의 형식과 만날 때 미적 의식으로 승화되어 자신만의 시적 세계를 구축하는 기반이며 배경이 될 것이다. 이상의 내용을 참고로 「어부가」를 분석해보면, 산수시가사적으로나 산수미학적으로 농암 시가의 매우 중요한 의의를 발견할 수가 있다.

2수의 초장 "구버ᄂᆞᆫ 千尋綠水 도라보니 萬疊靑山"과 4수의 초장 "山頭에 閑雲이 起ᄒᆞ고 水中에 白鷗이 飛이라"은 분천 산수의 아름다움에 대한 감상이다. 곧 농암은 분천에서 작은 배에 몸을 싣고 주변 산수경물의 아름다움을 감상하였다. 농암 「어부가」의 현실성과 서정성이 실재적 미적 감정으로 「어부가」 속에 형상화되어 있다.

그래서 첫째, 「어부가」에 형상화된 산수락은 분천이라는 산수에 은거하며 주변산수경물로부터 비롯된 감정이다. 특히 이때의 감정은 산수로부터 받은 인상이자 느낌인 1차적 감정이며 이 감정이 시상이 깊어지면서 서정의 영역으로 발전하게 된다. 1수의 종장 "人世를 다니젓거니 날가ᄂᆞᆫ주를 알랴"와 2수의 종장 "江湖애 月白ᄒᆞ거든 더옥 無心ᄒᆞ애라" 3수의 종장 "一般淸意味를 어늬부니 아ᄅᆞ실고"의 시상은 4수에서도 이어진다.

山頭에 閑雲이 起ᄒᆞ고 水中에 白鷗이 飛이라
無心코 多情ᄒᆞ니 이 두 거시로다
一生애 시르믈 닛고 너를 조차 노로리라[98] <漁父歌, 四>

4수의 종장 "一生애 시르믈 닛고 너를 조차 노로리라"은 세속

98 『고시조대전』, 2300.1, 494면.

의 일에서 벗어난 심정을 노래한 부분인데, 현실초월적이거나 특히 현실도피적 허무주의에 입각한 비현실적 상상이 아닌 실재적 감정으로서 그의 「어부가」 속에 긍정적이며 밝고 즐거운 쾌의 감정을 유발하여 산회의 심정을 통해 시적 서정성으로 형상화되었다.

둘째, 「어부가」는 어부가계 시가의 전통적 산수락과 초탈적 서정을 수용하며 산수은거의 실재적 경험에 기반하여 창의적 작품 세계를 완성하였다. 다음 작품에 잘 나타나 있다.

長安을 도라보니 北闕이 千里로다
漁舟에 누어신둘 니즌 스치 이시랴
두어라 내 시름 안니라 濟世賢이 업스랴[99] <漁父歌, 五>

「어부가」의 5수를 보면, 농암은 벼슬로부터 떠난 산수생활에 만족하며 세속의 일로부터 벗어나 있다. 이와 같은 농암의 산수락은 과거의 전통을 계승하면서도 새로운 창의의 시적 세계를 다음 세대에게 전승시켰다는 점에서 시가사적으로 중요한 의의가 있다.

그러므로 조선 초기 맹사성, 정극인, 이현보로 대표되는 경세학파들은 경국제민의 이상을 실현하고 치사 후 산수에 은거하며 도연명의 귀거래를 효방한 삶의 여유와 즐거움을 산수락으로 형상화 하였다. 맹사성과 정극인, 이현보가 거처한 은거의 장소는 실제로 생활이 가능한 현실공간이며 그 속에서 느끼는 산수락도 체험적 감정의 승화된 서정이다. 하지만 그들의 산수시가 작품 속에서는 치사객의 의식이 잠재되어 있으며 산수가 현실초탈의 탈세속적 공간으로 인식되고 있다.

99| 『고시조대전』, 4212.1, 895면.

4. 독선산림(獨善山林)의 이념과 천석고황

연산군 이후 사화기의 사림과 산수문학은 정치적 요인에 의해 전 시대와는 확연히 구분되는 흐름이 있었다. 또한 성리학이 도학적 기풍으로 바뀌면서 이론지로서의 성리학보다는 실천경험적 이치의 실천이 생활 속에서 구현되도록 학풍이 변화하였다. 그리고 이런 학문적 기풍으로 사림계층이 폭넓게 형성되었으며, 산수문학의 완성과 더불어 형이상학적 시경을 개척해나가기 시작하였다. 따라서 산수의 형식미는 다양한 내용미를 함축함으로써 대자연의 미를 미적 이상으로 설정하였다.

당시 사대부들의 은거의 동기와 목적을 크게 두 가지로 나누어 설명해보면 첫 번째는, 정치적 불우에 의한 귀양이나 낙향으로 인해 자신이 원하지 않는 어쩔 수 없는 산수은거이다. 이 경우는 비록 몸은 산수에 은거할지라도 마음은 항상 벼슬길에 있었으며, 언제든 왕의 부름이나 정치적 상황의 변화로 인한 벼슬길로의 복귀를 꿈꾸고 있었으니, 산수자연은 일시적 정치적 불우의 피난처로서의 역할을 담당하였다. 이에 많은 시가문학작품이 탄생하였으니, 유배가사나 유배지에서의 시가문학 등이 이에 해당한다.

또한 비록 정치적 불우에 의해 산수에 은거하더라도 사대부로서의 본분을 잃지 않고 학문 연구와 도의 실천, 그리고 경세의 공업을 위해 수양의 삶을 견지하며 도학자로서의 실천적 삶을 영위한 경우이다.

따라서 첫 번째 경우가 정치현실에서 벗어나 산수에 은거하였으나, 그 시가문학작품은 자기위안적 현실초탈의 이상세계를 지향하였다면, 두 번째 경우는 도학자로서 학문연구와 실천을 우선하였으니, 곧 독선산림(獨善山林)에 의한 수양형(修養型)으로 유교의 현실주의적 세계관에 입각한 사실적 산수미와 서정으로서의 산수락을 형상화하였다.

그 대표적 인물로 퇴계 이황과 회재 이언적을 들 수가 있다. 그러나 이 두 사람의 산수은거의 동기와 궁극의 목적이 서로 상이하며, 산수문학의 세계가 각각의 특징을 유지하면서도 전체적으로는 전통적 맥락을 형성하였다. 더구나, 회재 이언적은 실재적으로 영남학파의 창시라고 일컬어지며, 퇴계는 한국철학의 학문적 체계를 완성하였다고 평가되니, 이 두 분의 산수문학의 세계는 상이하면서도 유사하고 공통점이 있으면서도 각각의 특색을 유지하였다. 이와 같은 면에서 두 사람의 시가는 산수시가사적으로 매우 완성된 시가문학의 세계를 창조하였다. 이 연구에서는 「도산십이곡」이라는 순수 국문학작품을 남긴 퇴계를 중심으로 살펴보겠다.

1) 이황의 천석고황과 왕래풍류

퇴계는 한국 산수문학의 백미인 「도산십이곡(陶山十二曲)」을 지었다. 「도산십이곡」은 도산 은거 이후 최만년기의 작품이기 때문에 「도산잡영(陶山雜詠)」과 함께 살펴볼 필요가 있다.

산수문학은 형식미와 내용미로 나누어 살펴볼 수 있다. 형식미는 서경이며 내용미를 형성하는 기반은 성리학이라 할 것이다. 이렇게 볼 때 퇴계의 도산은거는 매우 중요한 의미를 가진다. 퇴계는 치사에 의한 것도 아니고, 정치적 불우에 의한 것도 아닌 자신의 확고한 의지에 의해 스스로 산수에 은거하였다. 따라서 퇴계의 은거는 매우 현실주의적이다. 곧 퇴계가 산수에 묻힌 목적은 자신의 학문완성이었으며, 「도산십이곡」의 사상적 배경이요 기반이다. 이와 같은 학문 완성의 길에서 파생된 것이 퇴계의 산수문학이다. 그래서 퇴계의 은거는 한국 산수문학사에서 산수문학을 완성하였으며, 한국 산수의 아름다운 산수미를 창조해 냈다는 점에서 매우 중요한 의미를 가지게 되는 것이다.

퇴계는 산수를 적극적인 학문의 대상이자 아름다움의 대상으로 인식하였다. 학문의 대상은 철리적인 것이며, 아름다움의 대상은 문학적인 것이다.

퇴계의 「도산십이곡」은 12수 연시조 형식의 순수국문학작품으로 산수시가에서 최고의 예술성과 문학성을 가진 작품이다. 또한 조선전기 산수시가의 대표 작품으로 이후 육곡계 시가의 전통을 형성하였고 산수자연과 성리학을 교융시켜 내용미를 극대화하였다.

이에 대해 퇴계는 「도산십이곡 발(陶山十二曲 跋)」에서 자신의 전육곡을 언지(言志)라 하였고 후육곡을 언학(言學)이라 하였다. 따라서 이 언지언학(言志言學)은 「도산십이곡」의 주제를 이르는 말이면서도 퇴계의 문학관을 통틀어 암시하는 언급이기도 하다. 다음을 살펴보자.

> 노인(老人)은 평소 음률(音律)을 알지는 못하나 그래도 세속의 음악은 듣기를 싫어하였다. 한가히 살면서 병을 돌보는 여가에 무릇 정성(情性)에 감동이 있는 것을 매양 시로 나타내었다. 그러나 지금의 시는 옛날의 시와는 달라서 읊을 수는 있어도 노래하지는 못한다. 만약 노래하려면 반드시 시속말로 엮어야 되니, 대개 나라 풍속의 음절이 그렇게 하지 않을 수가 없는 것이다. 그래서 내가 일찍이 이씨의 노래를 모방하여 도산 6곡이란 것을 지은 것이 둘이니, 그 하나는 뜻을 말함이요, 그 하나는 학문을 말한 것이다.[100]

위에서 퇴계는 자신이 음율을 모르나 세속의 음악은 싫어하여 성정에 대한 느낌을 시로 나타냈다고 언급하였다. 이는 속(俗)의 음악보다는 아(雅)의 음악을 좋아했다는 언급이다. 그러면서도 옛 시에 비해 퇴계 시기의 한시는 노래 부를 수 없게 되었다는 한계에 대하여 언급하고 있다. 즉 속(俗), 아(雅), 가(歌)에 대한 자신의 시론을 함축적으로 드러내고 있는 것이다. 또한 「이별 육가」를 모방하여 지은 「도산십이곡」 전육곡의 주제를 '언지(言志)'로, 후육곡의 주제를 '언학(言學)'으로 자술하고 있다.

퇴계는 성리학자로서 주자학을 받아들여 한국철학을 완성하였다는 철학사적 의의가 있으며, 퇴계의 학문은 심성론에 그 창의적 체계가 완성되었다고 할 수 있다.101 경은 실천철학을 중심으로 전개되어지니 사림의 세계관과 현실주의적 처세관 및 벼슬에 관한 진퇴사수의 기준이요, 지침으로 그 전형성을 제시하였다고 할 것이다. 이렇게 볼 때 퇴계의 도산은거는 세속적 명예나 이욕을 벗어나 경을 실천한 사림으로서의 전형적 모습이며 학문완성을 위한 학자로서 이상실현의 전형이다. 다음 글에서 퇴계의 실천적 학문과 인생을 요약적으로 파악할 수 있다.

> '理'는 감각적 효용을 넘어서 궁극적 가치표준으로 추구되는 '내재성의 초월'이며, 그 실천의 '敬'은 표준을 지향하는 인간 삶의

---

100 한국고전종합DB, 『退溪集』 퇴계선생문집 제43권, 跋 「陶山十二曲跋」, 老人素不解音律 而猶知厭聞世俗之樂 閒居養疾之餘 凡有感於情性者 每發於詩 然今之詩異於古之詩 可詠而不可歌也 如欲歌之 必綴以俚俗之語 蓋國俗音節 所不得不然也 故嘗略倣李歌 而作爲陶山六曲者二焉 其一言志 其二言學.)

101 퇴계학에서의 심학의 중요성에 대한 논의는 퇴계학을 심학으로 규정하는 관점을 분석한 홍원식의 연구를 참조하였다. (홍원식, 「퇴계심학과 〈심경부주〉」, 『민족문화논총』 30, 영남대학교 민족문화연구소, 2004.)

과정과 양태를 섬세하게 갈고 다듬어 가는 '초월의 내재화과정'이라 할 수 있을 것이다.[102]

위의 글에서 언급하는 '리(理)'와 '경(敬)'은 퇴계 문학의 배경 사상이요, 미적 표현의 기준으로 적용되었다고 할 수 있으며, 그것은 구체적으로 퇴계의 「도산십이곡」을 통해 확인해 볼 수 있다. 퇴계 65세 최만년기(最晩年期)의 작품인 「도산십이곡」은 그의 학문과 인생이 순숙하고 도의 경계에 이르렀을 때 창작되었다.

이종호는 퇴계가 산수미, 혹은 자연산수, 산수자연이라는 구체적인 말을 쓴 적이 없다는 사실은 인정하면서도, '미(美)'라는 용어는 자주 사용하였으며, 그 가운데 자연의 미는 퇴계가 지향한 궁극의 지향점이라고 언급하였다.[103] 이종호의 언급은 퇴계가 자신의 철학을 자연에 녹여 산수시가의 내용미를 심화시키고 확대시켜 나갔다는 것을 의미하는 것이다.

퇴계는 도산생활기인 61세(1561년)에 「도산잡영」을 지었다. 다음의 「도산잡영」의 시를 살펴보면 「도산십이곡」의 의미가 더욱 뚜렷해진다. 그러면 도산서당에 은거한 퇴계의 생각을 살펴보자.

도산서당(陶山書堂)
순임금 친히 질그릇 구우니 즐겁고 또 편안하였으며
도연명 몸소 농사지으니 또한 얼굴에 기쁨 넘치네

102) 금장태, 『퇴계학파의 사상1』, 집문당, 2001, 27~28면.

103) 이상의 내용은 이종호의 다음의 언급을 참조하였다. "퇴계도 '미'(美, 155회)자를 즐겨 사용하였다. 퇴계는 '미'라는 낱말을 순수하게 미적인 범주에서만 사용한 것이 아니라 생산적이고 가치 있는 모든 대상이나 행위에 대해 폭넓게 사용하였다. (중략) 그 가운데 자연의 미는 모든 미의 원천이요 궁극의 지향점이다." (이종호, 앞의 논문, 2007, 222면.)

성인과 현인의 마음 쓰는 일 내 어찌 터득하리오만
흰머리 되어 돌아와 『시경』의 「고반시」 읊어 보네
大舜親陶樂且安　淵明躬稼亦歡顔
聖賢心事吾何得　白首歸來試考槃[104]

위 시의 1, 2구에서는 순임금과 도연명이 직접 질그릇을 굽고 농사를 지었다고 말하며, 그 모습을 "즐겁도 또 편안하였으며(樂且安)", "얼굴에 기쁨 넘치네(歡顔)"라고 표현하고 있다. 손오규는 위 시의 농사짓고 질그릇 굽는 모습에 대하여 퇴계가 도산은거에서 직접 채소밭을 가꾸기도 하였다는 점을 들어 "이것은 상징적 의미가 크다. 벼슬을 떠난 自然親和의 삶을 형상화한 것이다."[105]라고 언급하였는데, 이는 산수친화라는 퇴계의 이상이 도산은거를 통해 실현되는 일면을 알 수 있는 지적이다.

그런데 더 나아가 퇴계는 3, 4구에서 순임금과 도연명을 성인과 현인에 비유하며 『시경』과 「고반시」를 읊었다. 『시경』은 5경 중 하나로 유교의 경전이며, 「고반시」는 『시경』에 수록된 은거의 즐거움을 노래한 시이다. 따라서 위 시에서는 퇴계가 자신의 은거생활의 이상을 이 두 분에게 두고 있으며, 유학적 이상을 실현하려 하였다는 것을 알 수가 있다. 특히 퇴계는 위 시의 제목을 "도산서당(陶山書堂)"이라고 지음으로써 자신의 이상적 은거생활의 중심공간이 도산서당임을 분명하게 하고 있다.

이런들 엇다ᄒᆞ며 뎌런들 엇다ᄒᆞ료

104 「도산서당(陶山書堂)」 원문과 해석은 다음의 자료를 참조하였음. (이황 지음, 이장우·장세후 옮김, 『도산잡영』, 을유문화사, 2005, 67~68면.)
105 손오규, 『퇴계시와 미학』, 제주대학교출판부, 2012, 134면.

草野愚生이 이러타 엇다ᄒᆞ료
ᄒᆞᄆᆞᆯ며 泉石膏肓을 고텨 므슴 ᄒᆞ료[106] <陶山十二曲, 前一曲>

초장은 중장에서 말하는 초야우생의 삶을 말한 것이다. 이 초야우생은 퇴계 자신의 도산은거를 말하며 그 원인이 '천석고황'에서 비롯한다. 이 천석고황은 사림파로서 퇴계 산수은거의 원인과 목적을 알 수 있는 핵심이다. 천석은 물과 돌이며, 고황은 신체 내부의 장기에 병이 들어 고칠 수 없는 고질이다. 따라서 퇴계가 자신의 은거를 천석고황이라 함은 천성적으로 산수를 사랑하여 고칠 수 없는 체질적인 것이라는 뜻이다.

따라서 나아갈(出) 길과 물러남(處)의 길이라는 두 삶의 형태를 모두 긍정하면서도, 물러남의 길을 선택하여 자연과 더불어 갈아가는 삶을 앞으로도 고치지 않겠다는 자기 다짐의 노래라 할 수 있다. 이에 대한 황병익의 언급을 살펴보자.

> <도산십이곡> 언지1의 '이런ᄃᆞᆯ 엇다ᄒᆞ며'는 선비의 삶에서 '처(處), 퇴(退)', '뎌런ᄃᆞᆯ 엇디ᄒᆞ료'는 '출(出), 진(進)'을 의미한다. 학문을 하다가 남은 힘이 있으면 벼슬하고, 벼슬하다가 남은 힘이 있으면 학문한다는 공자의 가르침을 처신하는 절도로 삼아 의리에 만족한 바를 정밀하게 살펴야 한다는 생각과도 일맥상통한다.[107]

위 언급에서 황병익은 「도산십이곡」 전일곡 초장이 퇴계가 가지고 있던 벼슬의 출처(出處)에 관한 가치관임을 명확히 하였다. 특

---

[106] 『고시조대전』, 3766.1. 793면.
[107] 황병익, 「〈도산십이곡(陶山十二曲)의 의미 재고(再考)Ⅱ」, 『한국학』 36, 한국학중앙연구원, 2013, 275면.

히 이 출처에 대한 가치관은 퇴계 자신에게 하는 다짐이면서도, 당시의 선비들에게 자신의 다짐을 드러내고자 하는 의지가 반영되었다고 볼 수 있다. 특히 『근사록』 「출처류(出處類)」에는 선비가 벼슬에 나아감과 물러나는 자세에 대하여 그 대의가 도의 실천에 있음을 언급하였는데,[108] 퇴계 도산은거의 동기가 정치적 이유를 완전히 배제할 수는 없다고 하더라고 그 물러나는 대의(大義)와 이상이 매우 뚜렷하며 도(道)의 실천과 학문완성에 대한 이상을 확인해 볼 수 있다. 이에 대하여서는 다음 성기옥의 견해를 참고로 할 수 있다.

> 벼슬에서 물러나 도산에 서당을 짓고 자연을 즐기며 사는 삶의 길을 선택한 퇴계의 뜻이 이 짧은 한 수 안에 선명히 드러나 있는 셈이다. 그러나 이런 해석 역시 노래의 실상을 적실하게 밝힌 것으로 보기에는 아직 미진하다. 자기 다짐의 내면적 독백 형태가 아니라 자아의 자연 선택 의지를 외부 세계에 천명(?)하려는 대타적 발언의 형태를 띤 노래이기 때문이다. 이런 발언의 징표는 초·중·종장에 걸쳐 일관되게 반복되는 '~ᄒᆞ료'형의 의문형 서법에 담겨져 있다.[109]

성기옥은 「도산십이곡」의 '~ᄒᆞ료'형의 의문형 서법에 주목하여 이 시가 당시 선비들에게 천명하는 대타적 성격을 가지고 있다고 해석하였다. 특히 퇴계가 「도산십이곡」을 창작하기 3, 4년 전인

108| 朱熹 著, 成元慶 譯, 『近思錄』, 明文堂, 1989, 279면. (이천(伊川)선생이 말하기를 "현자(賢者)가 야(野)에 있음에 어찌 스스로 나아가 군주에게 벼슬을 구하겠는가? 만약에 스스로 구한다면 반드시 (군주는) 신용할 리가 없다. 옛사람들이 군주가 경의를 표하고 예의를 극진히 하기를 기다린 후에 관직에 나아가는 것은 자기를 높이고자 함이 아니니다. 대개 군주가 덕을 존경하고 도를 즐기는 마음이 이와 같지 못하면 (일을) 함께 할 수 있기에는 부족한 것이다."라고 하였다.)

109| 성기옥, 앞의 논문, 2001, 251면.

58세 때 왕에게 올린 사직소의 간곡함을 고려하면, 「언지」의 첫째 수는 퇴계 자신의 출처 문제를 둘러싸고 당시 조정에서 설왕설래하던 상황에서, 마침내 완공된 도산서당에서 남은 생을 보내려는 자신의 굳은 뜻을 내보여 간곡히 설득하고자 하는 의미를 담고 있음을 유추해 볼 수 있다.

이처럼 「도산십이곡」은 이황이 자신의 도산은거를 비난하는 당시인들에게 전하는 은거 이유에 대한 자기변명의 성격이 있으며, 그 내용은 도산은거의 동인과 목적이 정치적 이유와 관리로서의 치사 등에 의한 것이 아니라 자신의 체질에 의한 자기 결단이라는 것이다.

따라서 위 시를 통해 퇴계는 자신의 은거가 매우 주관적 의지의 결행임을 명백히 하였다. 이와 관련하여 「도산십이곡」 전이곡을 살펴보자. 전이곡에서는 은거 후 자연친화적 삶에 대하여 구체적으로 형상화되고 있다.

> 烟霞로 집을 삼고 風月로 벗을 사마
> 太平聖代에 病으로 늘거 가뇌
> 이 듕에 ᄇᆞ라ᄂᆞᆫ 일은 허믈이나 업고쟈110)
>
> <陶山十二曲, 前二曲>

초장은 자연적인 삶의 모습을 형상화하였다. 안개로 집을 삼으니 깊고도 한적한 산을 연상한다. 또 풍월로 벗을 삼았다. 이는 자연친화의 심정적 공감에 대한 자기고백이다. 위 시의 중장에 대하여 나정순은 "지은이가 '조월경운'의 삶 속에 놓여 있지만 정작

---

110) 『고시조대전』, 3339.1. 708면.

'태평성대'에 병으로 늙어가는 자신의 염원은 '치군택민'의 현실이 무탈하기를 바라는 것이다."[111]라고 해석하였다.

그러나 나정순의 해석은 '조월경운'의 시상을 「도산십이곡」 전체의 흐름 속에서 살펴본 해석이며, 앞서 살펴본 전일곡의 해석을 유지한다면, 오히려 중장의 "病"은 실제로 퇴계가 병으로 늙어가고 있다는 것이 아니라 천석고황을 의미하며, 종장의 허물은 자신이 다른 뜻을 위해 은거한다는 오해를 받지 않을까 하는 염려의 마음이 내재되어 있다고 볼 수 있다.

이와 같은 시상을 이어간다면 종장에서는 학문완성의 결의가 녹아 있다고 보아야 한다. 또한 이 장의 초반에서 언급하였듯이, 퇴계의 학문이 '경(敬)'에 집중되어 있음을 고려하면, 전이곡은 물러남의 길을 택한 퇴계가 자연 속에 노닐며 추구하고자 한 뜻, 곧 독선기신(獨善其身)이다. 겸선천하(兼善天下)가 벼슬에 나아가 관리로서 국가에 공헌하는 것을 목표로 한다면 독선은 산수에 은거하여 도의 실천과 학문완성의 삶을 사는 것을 표상한다. 당시 과거를 통한 관리로서의 삶에서 벗어나 독선의삶을 살아간다는 것은 매우 희귀하며 사림의 표상으로 존경받았음을 의미한다. 그래서 율곡은 퇴계 사후 「곡퇴계선생」에서 퇴계의 삶을 산림독선(山林獨善)[112]이라고 하였다.

그렇기 때문에 "허므리나 업고자"하는 뜻을 단순히 남에게 비난받을 행동을 하지 않겠다는 현대어식의 소극적 의미로 이해해서

111| 나정순, 앞의 논문, 2008, 84면.

112| 한국고전종합DB, 栗谷先生全書 詩「哭退溪先生」.(良玉精金稟氣純 眞源分派自關閩 民希上下同流澤 迹作山林獨善身 虎逝龍亡人事變 瀾回路闢簡編新 南天渺渺幽明隔 淚盡腸摧西海濱.)

는 안된다. 그것은 퇴계가 강조한 거경궁리(居敬窮理), 곧 실천으로서의 수양(修養)과 배움으로서의 위기지학(爲己之學)을 동시에 행하여 나가고자 하는 자기완성의 뜻이다.

幽蘭이 在谷ᄒᆞ니 自然이 듣디 됴해
白雲이 在山하니 自然이 보디 됴해
이 듕에 彼美一人를 더옥 닛디 몯ᄒᆞ얘[113]

<陶山十二曲, 前四曲>

위 시의 초장과 중장은 도산서원 근처 산수자연에 대한 시경과 감상이며, 따라서 「도산십이곡」 전사곡 초장과 중장은 모두 도산의 실경이다. 이 실경은 매우 단순하게 묘사되어 있지만, 모두 자연의 존재와 당위의 원리가 재현되어 있다. 초장을 구체적으로 살펴보면 도산 근처 골짜기에 그윽히 피어 있는 난초는 자기가 있어야 할 자연 속에서 자신의 삶을 대자연의 원리에 맞게 꽃을 피우면서 자라고 있다. 또한 그 평범의 이치를 발견하여 저절로 마음이 흡족하다. 그리고 중장에서는 저 산위 흰 구름이 한가로이 떠 있는 광경을 보니 마음이 두둥실 떠오르는 듯 모든 근심에서 벗어나 가벼워진다. 자연의 존재와 당위의 원리가 이상적으로 표현되고 있는 것이다.

이와 같은 시상의 연장선에서 종장의 "彼美一人"을 해석해 볼 수가 있다. 이 '피미일인'은 그 해석이 중의적이며 가변적이다. 일례로, 성기옥은 '피미일인'을 "자연 속의 자족적 즐거움 가운데 일어나는 자연스러운 君恩의 표현"[114]으로 보았지만, 초장과 중장의

[113] 『고시조대전』, 3679.1, 777면.

시상을 고려할 때, '피미일인'은 임금이 아니라 퇴계가 이상향으로 삼은 추상적 개념으로 보아야 한다. 이 '피미일인'에 대한 신연우의 언급에 이와 같은 견해가 잘 드러나 있다.

> 자연의 자연스러움을 이해하는 것은 종장의 '피미일인'을 생각하고 있기 때문이다. '그 고운 한 님'은 난초가 골짜기에 있어 유란이, 구름이 산에 있어 백운이 되게 하는 원리이다. 이 님을 임금으로 보는 견해는 이 시의 진정성을 감소시킨다고 생각된다. 이 연이 "도산 내경의 上下 遠近이 조성하는 자연스러운 아름다움, 도산의 고즈넉한 정취"를 나타내는 것이고, 임은 그 속에서도 "왕을 잊지 못하는 사대부 지식인으로서의 겸선의식"으로 볼 수 있지만, 그것은 이황을 사대부 일반의 통념으로 파악해도 무방하게 한다.[115]

신연우는 「도산십이곡」의 '피미일인'을 임금으로 볼 수도 있지만, 그것은 퇴계를 일반론적으로 이해하는 것이라 지적하며 '피미일인'의 중의적이며 가변적인 의미에 대해 강조하였다. 따라서 위 시의 종장은 초장과 중장과의 연속성을 염두에 두고 해석할 때 그 문학적 의미가 두드러지게 되는 것이다.

이와 같은 시각을 견지할 때, 위 시조의 초장과 중장은 자연지성을 노래한 것이다. "幽蘭이 在谷"하고 "白雲이 在山"함은 모두 각자가 있어야 할 자리를 지킨다는 의미이다. 곧 당위로서 각득기소(各得基所)하는 무위적(無爲的) 유란(幽蘭)이며 백운(白雲)인 것이다. 이는 성리학적으로 이기(理氣)의 관점에서 보면, 퇴계가 자연과의 합일에서 각각의 사물에 내재하는 이치를 궁구함으로써 느낄

114| 성기옥, 앞의 논문, 2001, 260면.
115| 신연우, 앞의 논문, 2004, 169면.

수 있는 것이라고 확대해석해 볼 수 있다.

따라서 자연지성의 삶을 살고자 하는 의지라는 초중장의 의미와 연결해 보면, 종장의 '피미일인'은 유학자가 이상적으로 생각하는 성인(聖人)을 뜻하기도 한다. 이와 같이 생각할 때 전사곡은 대자연의 근원적 원리를 상징적으로 노래하고 있다. 그리고 다음 시에서는 이와 같은 자연의 원리에 대한 퇴계의 인식이 잘 나타나 있다.

春風에 花滿山ᄒᆞ고 秋夜애 月滿臺라
四時佳興ㅣ 사ᄅᆞᆷ과 ᄒᆞᆫ가지라
ᄒᆞᄆᆞᆯ며 魚躍鳶飛 雲影天光이ᄯᆞ 어늬 그지 이슬고[116]

<陶山十二曲, 前六曲>

「도산십이곡」 전육곡에서는 전일곡-전오곡에 이르는 시상이 극대화된다. 초장은 춘하추동 사계절의 아름다움을 축약하여 노래하고 있다. 곧 초장에서 춘풍과 추야는 계절의 흐름을 뜻하며, 이 계절의 흐름은 꽃이 가득하고 달이 가득차는 조화로운 모습을 만들어낸다. 신연우는 위 시 중장의 "四時佳興"에 대하여 "온 세상이 하나의 질서와 조화로 이루어져 있음을 경험하는 것은 더없는 즐거움이다"[117]라고 언급하였는데, 이는 초장에 자연의 조화라는 성리학적 관점이 녹아들어 있다는 관점에서 시를 해석한 것이다. 이 조화로운 모습은 계절의 자연스러운 흐름으로 인한 것이니, 중장에서 계절의 흐름(四時)은 멋진 흥(佳興)이 되는 것이다.

다시 말하면, 초장은 도산서원에서 변화하는 사계절의 경치에

116) 『고시조대전』, 5012.1. 1089면.
117) 신연우, 앞의 논문, 2004, 170~171면.

대한 압축적 묘사이며, 곧 서경이다. 이 서경은 중장 "四時佳興"의 원인이 된다. 그리고 초장의 산수에 대한 묘사는 자연경관으로서 서경이며 중장의 "四時佳興"은 그 경관에서 비롯되는 '서정'이다. 이어서 종장은 서경과 서정이 어우러진 아름다운 시세계에 대한 정신적 만족과 감동을 형상화하게 된다. 종장의 "魚躍鳶飛 雲影天光"에 대하여 나정순은 "'어약연비 운영천광'이라는 천지의 조화 역시 자연과의 합일을 극대화하는 표현"[118]이라고 하였는데, 이것은 전육곡의 종장이 전일곡-전육곡에 이르는 시상을 집약하는 성격을 가졌다는 점을 지적한 견해이다.

물론 위 시의 종장은 도산서원 앞 운영천광대(雲影天光臺)의 주변 실경에서 촉발된 것이지만, "魚躍鳶飛 雲影天光"의 시어를 보았을 때, 종장에서 보여주는 퇴계의 인식은 단순히 실경에 대한 묘사가 아니다.[119] "魚躍鳶飛"는 『시경』에서 따온 말인데[120], 솔개가 하늘을 날고 물고기가 연못에서 뛰고 있는 모습을 통해 대자연의 순리에 맞게 움직이는 세상을 표현한 것으로 천지의 조화를 집약하고 있는 시어이다. 이것은 퇴계가 도산의 산수를 감각적으로 묘사한 것이라기보다는 유교적 이념과 리(理)의 세계를 사유하는 것에 의한 상상적 표현이다. 그러므로 「도산십이곡」을 실제 체험의 관점에서 이해하기에는 실경이 뚜렷하게 떠오르지 않는다. 그러니 퇴계는 자신이 직접 보고 있는 도산의 어떤 산수를 감각적 표현으로 묘사하기보다는 이념적 세계와 연결하여 자신의 감흥을 추

118| 나정순, 앞의 논문, 2008, 84면.

119| 「도산십이곡」 전육곡 종장에서 보여주는 퇴계의 철학적 인식에 대하여서는 다수의 연구자들이 그 의미를 고찰한 바 있다. 이에 논자는 신연우의 견해에 동의하면서 종장을 풀이하였음을 밝힌다. (신연우, 앞의 논문, 2004, 171~173면.)

120| 『詩經』 大雅 旱麓. 鳶飛戾天 魚躍于淵 豈弟君子 遐不作人.

상화 하였다고 이해할 수 있다.

또한 "雲影天光"도 마찬가지이다. 이 말은 주자의 시 「관서유감(觀書有感)」의 구절에서 따온 말로[121], 독서의 즐거움과 학문의 근원을 자연에 빗대여 표현한 시어이다. 따라서 전체적인 시상의 전개로 볼 때 종장의 "魚躍鳶飛 雲影天光"은 각자의 성향에 맞는 자연스러운 삶과 학문하는 즐거움을 말함이니, 자연합일의 형상화이다.

이처럼 「도산십이곡」 전육곡은 서로 유기적 짜임을 갖추면서 '자연의 조화와 내면완성'이라는 주제로 종결된다. 그리고 후육곡에서는 전육곡에서 형상화하였던 '자연의 조화를 통한 내면완성'을 위한 학문하는 태도를 드러내고 있다.

天雲臺 도라드러 玩樂齋 蕭洒ᄒᆞᆫ듸
萬卷生涯로 樂事ㅣ 無窮ᄒᆞ얘라
이 듕에 往來風流ᄅᆞᆯ 닐어 므슴 ᄒᆞᆯ고[122] <陶山十二曲, 後一曲>

「도산십이곡」 후일곡의 초장은 도산서원 주위 환경과 산수경이다. 천운대를 돌아 들어오면 완락재의 기운이 맑고 깨끗하다. 도산서원 경내로 들어서면 입구 부근에서 '천연대'와 '운영대'를 만날 수 있는데[123], 이 둘을 함께 '천운대'라 하였다. 당시 퇴계는 '완락재'와 '암서헌'을 합쳐 '도산서당'이라 편액하였는데, 그 중 '완락재'는 제자들을 가르치며 거처하던 방이다.[124]

121| 『朱子大全』, 卷二 詩 觀書有感二首. 反畝方塘一鑑開 天光雲影共徘徊 問渠那得淸如許 爲有源頭活水來.

122| 『고시조대전』, 4629.1. 999면.

123| 유천근 글, 김복영 사진, 『퇴계선생과 도산서원』, 지식산업사, 1999, 38면.

따라서 초장은 도산서원의 실경이다. 또한 천운대가 도산서당 주변에 있고 완락재는 도산서당 안에 있는 공간임을 고려하면, 초장은 퇴계가 완락재에서 공부를 하다가 답답할 때면 주변 산수를 유람하곤 하는 일상을 노래한 것이다. 그 광경은 다음에 잘 나타나 있다.

> 나는 항상 오랜 병의 시달림에 괴로워하기 때문에, 비록 산에서 살더라도 마음을 다해 책을 읽지 못한다. 깊은 시름에 잠겼다가 조식(調息)한 뒤 때로 몸이 가뿐하고 마음이 상쾌하여, 우주(宇宙)를 굽어보고 우러러보아 감개(感慨)가 생기면, 책을 덮고 지팡이를 짚고 뜰마루에 나가 연못을 구경하기도 하고 단에 올라 사(社 절우사(節友社))를 찾기도 하며, 밭을 돌면서 약초를 심기도 하고 숲을 헤치며 꽃을 따기도 한다.
>
> 또 혹은 돌에 앉아 샘물을 구경도 하고 대에 올라 구름을 바라보며, 여울에서 고기를 구경하고 배에서 갈매기와 친하면서 마음대로 시름없이 노닐다가, 좋은 경치 만나면 흥취가 절로 일어, 한껏 즐기다가 집으로 돌아오면 고요한 방 안에 쌓인 책이 가득하다.[125]

위의 「도산잡영 병기」의 기록을 살펴보면 퇴계가 공부하며 시름에 잠길 때면 도산서원 주변 산수를 돌아보며 기분을 상쾌하게 하였음을 알 수 있다. 또한 위 인용문의 뒷부분 "좋은 경치 만나면 흥취가 절로 일어, 한껏 즐기다가 집으로 돌아오면 고요한 방 안에

---

124) 유천근 글, 김복영 사진, 위의 책, 1999, 52면.

125) 민족문화추진회, 국역『퇴계집(退溪集) I』, 경인문화사, 1966, 37면, 471면.『退溪集』卷之三 詩「陶山雜詠 并記」, 余恆苦積病纏繞 雖山居 不能極意讀書 幽憂調息之餘 有時身體輕安 心神灑醒 俛仰宇宙 感慨係之 則撥書攜笻而出 臨軒玩塘 陟壇尋社 巡圃蒔藥 搜林擷芳 或坐石弄泉 登臺望雲 或磯上觀魚 舟中狎鷗 隨意所適 逍遙徜徉 觸目發興 遇景成趣 至興極而返 則一室岑寂 圖書滿壁.

쌓인 책이 가득하다(遇景成趣 至興極而返 則一室岑寂 圖書滿壁)"는 「도산십이곡」 후일곡 중장 "萬卷生涯로 樂事ㅣ 無窮ᄒᆞ애라"와도 매우 유사한 감상을 형상화하고 있음을 알 수 있다. 즉 도산서원 주변 산수를 완상(玩賞)한 후 학문하는 생활의 즐거움을 노래하고 있는 것이다.

물론 단순히 초장과 중장이 산수완상과 학문하는 즐거움만을 노래하는 것은 아니다. 나정순은 후육곡의 제목 "言學"의 의미에 주목하여 후일곡을 "'만권생애'라 하여 학문적 추구의 태도를 지니겠다는 포괄적 의미를 제시한다"[126]고 분석하였다. 따라서 퇴계는 위 시에서 학문하는 생활의 즐거움과 함께 학문 추구를 다짐하는 심경을 드러내고 있는 것이다.

특히 이 산수완상과 학문하는 생활의 즐거움은 종장의 시어 "往來風流"에서 다시 한 번 강조된다. 이 '왕래풍류'에 대하여 성기옥은 "종장의 왕래풍류는 완락재에서 독서로 생활을 일삼는 무궁한 즐거움에 덧붙여 누리는 계산풍류의 즐거움"[127]이라고 정의하였는데, 이는 '왕래풍류'가 단순한 산수완상의 즐거움을 의미하는 것이 아니라 '독서하는 생활' 속에서 산수완상하는 즐거움이라는 의미가 덧붙여진다는 지적이며, 초장과 중장의 시상과 함께 볼 때 더욱 그 감상이 짙어진다. 퇴계의 '왕래풍류' 관한 다음 이종호의 언급도 위의 견해와 동일하다.

> 퇴계의 산수미학은 크게는 계산풍류(溪山風流)를 중심으로 하여 산생된 산수시와 산수유기, 산수유록을 통해 실천되었다. 계산풍류

126| 나정순, 앞의 논문, 2008, 87면.
127| 성기옥, 앞의 논문, 2001, 265면.

는 유산(遊山)을 통한 독서와 강학 공간을 거점으로 이루어진 왕래풍류가 주된 활동이다. 만년에 조성된 도산서당과 그 주변이 계산풍류의 무대이다.[128]

이종호의 해석에서도 왕래풍류는 "독서와 강학 공간을 거점으로" 이루어진다고 말하고 있다. 이는 '계산풍류'의 의미에 학문생활의 의미가 더해져 '왕래풍류'라는 시어에 집약되고 있다는 의미이며, 이런 해석은 위 시 초장과 중장의 시상 전개와도 그 흐름이 일치한다. 계산풍류는 계산서당에서의 풍류를 의미한다. 퇴계는 도산서당에 오기 전 계산서당을 경영하였으며, 여기에서도 제자들과 학문하여 산수를 즐겼다. 따라서 '왕래풍류'는 도산서원에서 학문하며 주변산수를 유람하는 학문생활에 대한 긍정적 의미를 부여하고 있으며 퇴계의 도산생활과 학문연구의 즐거움을 표현하였다고 할 수 있다. 이것을 산수시가의 미적 측면에서는 산수락이라 할 것이다.

古人도 날 몯 보고 나도 古人 몯 뵈
古人를 몯 봐도 녀던 길 알핀 잇닉
녀던 길 알핀 잇거든 아니 녀고 엇뎔고[129] <陶山十二曲, 後三曲>

「도산십이곡」 후삼곡의 초장에서 "古人"은 퇴계 앞 세대의 학자들이며, 성현들이다.[130] 퇴계는 초장에서 이 "古人"을 볼 수 없다고

128| 이종호, 앞의 논문, 2007, 259면.

129| 『고시조대전』, 0292.1. 60면.

130| 대다수의 논의에서 "古人"을 성현으로, "녀든 길"을 성현의 학문적 자취로 해석하였다. 논자도 이에 동의하면서 논의를 진행하였음을 밝힌다. (성기옥, 앞의 논문, 2001, 267면. 나정순, 앞의 논문, 2007, 87면. 추제협, 「성학(聖學)의 노래, 이황의 「도산십이곡(陶山十二曲)」 -공부론(工夫論)의 관점에서-」, 『유교사상문화연구』

말하면서 성현께 직접 학문을 배우지 못하는 아쉬움을 노래하였다.

그러면 퇴계의 고인(古人)은 누구일까. 추정하면 아마도 주자, 정명도, 정이천, 장재, 주돈이, 그리고 더 거슬러 올라가면 공자, 맹자에 잇닿을 것이다. 이와 같은 퇴계의 고인을 못보는 아쉬움은 중장에서 그 해답을 찾아 극복하고 즐거움과 만족감을 느낀다. 곧 "녀던 길 알ᄑᆡ 잇ᄂᆡ"이다. 이것은 성현들의 학문저술을 말하는 것이니 "黃卷中에 聖賢을 모신다"는 심경과 동일한 것이다.

따라서 퇴계는 자신의 나아갈 학문의 지향점을 분명히 하여 성현이 제시하는 학문의 길로 정진하는 의지를 종장에서 "아니 녀고 엇뎔고"라고 당위의 행위로 제시하고 있다고 볼 수 있다. 그 이유는 후사곡에 잘 나타나 있으며, 그간 벼슬길에서 방황하고 또 현실적 이유로 주저하며 늦어진 학문 연구를 반성함으로써 더욱 확실하게 굳어진 자신의 의지와 목표를 발견하게 된 것이다.

當時에 녀던 길흘 몃 ᄒᆡ를 ᄇᆞ려두고
어듸 가 ᄃᆞ니다가 이제ᅀᅡ 도라온고
이제나 도라오나니 년 듸 ᄆᆞ슴 마로리[131] <陶山十二曲, 後四曲>

위 시에서는 도산은거를 실행하기까지 벼슬살이에 몰두하며 학문연구를 소홀히 했던 지난날을 되돌아보며 아쉬움을 노래한 것이다. 그러면서 학문완성의 이상과 현실의 상황에서 주저하며 번민하던 심적 갈등에 대한 인간적 후회가 녹아져 있다.

이것은 퇴계의 실제 경험이 형상화되었다고 볼 수 있는데, 「도

76, 2019, 26면.)

131 『고시조대전』, 1256.1. 268면.

산십이곡」 후사곡을 성기옥이 "결국 퇴계 자신의 이야기이다"[132] 라고 언급한 것이나 추제협의 "이황의 실제적인 경험에 근거하고 있다. 기회가 있어 벼슬길에 나아갔지만 오히려 허비한 시간이 너무나 아쉽고 이제라도 늦지 않았다 생각하여 학문에 정진하기를 다짐하는 내용"[133]이라는 견해에서 보듯이 「도산십이곡」의 전체적인 시상의 흐름에서 후사곡이 퇴계의 체험적 서술이라고 보는 데 큰 무리가 없다.

중장에서는 도산은거 실현이 늦기는 하였으나 다행스러우며 또한 만족스러움을 노래하였으니, '이제ᅀᅡ'라는 부사어의 사용이 특이롭다. '이제ᅀᅡ'는 현대어로 '이제야'로 해석된다. 그 뒤의 동사 '도라온고'는 감탄형 의문종결어미로서 '늦게 돌아왔지 않느냐'하는 의미의 강조이다. 내심 후회하고 있는 퇴계의 심정적 고백을 느낄 수 있다. 그러므로 종장에서 "년 ᄃᆡ ᄆᆞᅀᆞᆷ 마로리"라는 결의에 찬 마음과 의지를 노래하고 있는 것이다.

愚夫도 알며 ᄒᆞ거니 긔 아니 쉬운가
聖人도 몯다 ᄒᆞ시니 긔 아니 어려운가
쉽거나 어렵거낫 듕에 늙ᄂᆞᆫ 주를 몰래라[134]

<陶山十二曲, 後六曲>

언학(言學)의 마지막 수인 후육곡 역시 배움의 영속성을 노래하고 있다는 점에서 앞 연의 주제를 그대로 이어받고 있다. 종장의 "늙ᄂᆞᆫ 주를 몰래라"에 함의된 뜻 역시 배움의 영속성이기 때문이

132 성기옥, 앞의 논문, 2001, 268면.
133 추제협, 앞의 논문, 2019, 26면.
134 『고시조대전』, 3580.1. 757면.

다. 쉬운 것은 쉬운 대로 어려운 것은 어려운 대로 익히고 탐구하는 데 몰두하느라 늙는 줄도 모른다는 데서, 우리는 배움의 영속성을 넘어 진리 탐구에 시간 가는 줄 모르는 배움의 즐거움까지 함께 표현되고 있음을 본다.

이 배움에 관하여 나정순은 후육곡이 "'앎'이라는 제재를 제시하면서 자신의 삶을 살아가겠다는 표명으로 마무리된다"[135]며 후일곡-후육곡 전체가 "'앎'의 '세계'를 추구하는 퇴계의 삶을 집약적으로 보여 주는 유기적 구조를 이루고 있다"[136]고 하였는데, 이 견해에 동의한다면, 퇴계에게 있어 이 '앎'이 무엇이며, '앎'의 '세계'는 무엇인지 생각해 볼 필요가 있다. 이에 대하여 추제협은좀 더 구체적으로 서술한다.

> 결국 후육곡인 '언학'에서 '학'는 성학을 의미하며, 경전을 통해 성현의 길을 따라가는 이른바 도문학의 독서사물공부에 대해 말하고 있는 것이라고 하겠다. 이상의 내용을 정리해 보면, 전육곡은 천리의 묘용인 자연을 벗하며 수기의 하나로 존덕성의 마음공부를, 후육곡은 경전을 통한 학문의 정진으로 또하나의 수기인 도문학의 독서사물공부를 실천하자는 내용이다. 물론 여기에는 어려움이 따른다. 전자는 치인을 위해 현실에 대한 올바른 직시가 전제되며, 후자는 벼슬길에 나아가고자 하는 유혹이 없지 않다. 결국 「도산십이곡」은 주자학의 두 가지 공부법을 기반으로 한 성학을 알기 쉽게 표현하여 어린이를 비롯한 이 노래를 부르고 듣는 모든 사람들을 감발하고 융통하고자 하는 의도가 아닌가 한다.[137]

135 나정순, 앞의 논문, 2007, 87~88면.
136 나정순, 위의 논문, 2007, 88면.
137 추제협, 앞의 논문, 2019, 27~28면.

추제협의 언급에서처럼 퇴계의 '앎'은 성학이며, '앎'의 '세계'는 성현의 길을 따라가는 삶이다. 따라서 퇴계에게 학문하는 목적은 도덕적인 인격을 갖춘 훌륭한 성인이 되는 것이다. 이를 위한 공부에는 지(知)와 행(行)의 공부가 있는데, 이 둘을 병립시키는 것이 퇴계의 경(敬)이다. 따라서 퇴계에게 경은 인격을 수양하는 기반이자 마음을 바르게 하는 바탕이 된다.

나아가 퇴계는 산수경물의 감상과 형상화에 있어 서정과 서경 그리고 감정과 이치의 문제를 구분하여 논의하고 있다. 왜냐하면 퇴계의 논리적이고 분석적인 학문의 출발점은 종합에 의한 결과의 도달에 이르기까지 매우 이성적이며 합리적인 관점을 유지하고 있기 때문이다.

이런 관점에서 「도산십이곡」은 산수경물의 현상적 아름다움에 대한 감상을 사실적 서경미로 형상화하면서 그 이면에는 철학적 내용미가 미적 이념으로 융화하고 있다. 또한 이 각각 작품 속의 의상은 그 종합적 결합에 의하여 도를 표상하는 철리적 의경을 시세계로 창출하고 있다.

그래서 퇴계의 「도산십이곡」은 대자연의 근원에 대한 깨달음과 내적 성찰의 기쁨을 산수락으로 표상하고 있다고 할 것이다. 곧 퇴계의 산수시가는 표면적으로는 산수경물을 노래하고 있으나, 그 이면에 함축되어 있는 의미는 형이상학적인 정신성이 강조되어 있다. 다시 말해 퇴계의 「도산십이곡」을 그의 이기이원론의 측면에서 분석한다면, 도산산수의 사계절과 서경은 기의 측면에서 보는 자연의 현상적 아름다움이다. 또한 퇴계가 감각적으로 느끼며 감상하는 산수미이며, 그 자연의 현상을 통해 사유하고 사색한 결과 발견하게 되는 대자연의 원리와 순환의 조화로움은 정신적 자각에 의한 형이상학적 이념에 속한다. 그러므로 퇴계의 산수시가에 형상화된 산수미는 현상적 감각미와 정신적 이념미가 혼융된 시세계를 노래하고 있다.

퇴계의 산수생활과 학문은 권호문의 산수시가에서 그 전통을 잇고 있다. 그런데 권호문의 한거는 퇴계와 같은 학문수양의 계통을 가지고 있으면서도 처사문학적 성격을 지향한다. 곧 권호문은 유학적 이념인 도의 실천을 일생의 목적이요 표준으로 삼고 있다. 이것은 권호문 산수시가의 특징이면서도, 이념미에 경도되어 대자연의 현상적 아름다움과 산수미를 깊게 이해하지 못한 원인이 되었다. 다음 장에서 송암 산수시가의 특징을 자세히 살펴보기로 하겠다.

2) 권호문의 한거(閑居)와 은구구지(隱居求志)

권호문(權好文, 중종 27~선조 20, 1532~1587년)의 본관은 안동이며 자는 장중(章仲), 호는 송암(松巖)이다. 1561년(명종 16) 진사시(進士試)에 합격하고, 청성산(靑城山) 기슭에 무민재(無悶齋)를 짓고 유유히 살았다. 시가(詩歌)에도 관심을 가져 경기체가(景幾體歌)를 본뜬 「독락팔곡(獨樂八曲)」과 시조 「한거십팔곡(閑居十八曲)」을 지었다. 문집에 『송암집(松巖集)』이 있다.[138]

송암은 퇴계의 학맥을 이었으며, 송암의 한거와 독락도 퇴계에게 맥이 닿아 있다. 권호문은 일찍이 퇴계문하에 들어왔는데 퇴계가 그를 일러서 유자의 기상이 있고 산림처사의 가풍이 있다고 평하였다. 송암은 23세 때 어머니 상을 마치고는 "녹녹하게 과장에

138) 한국고전종합DB, 『松巖集』, 「松巖先生世系」.

나간 것은 어머니를 위해서였는데 이제 무엇 때문에 과업에 힘쓰리오"[139] 하고 청성산하에 무민재를 짓고 조용히 학문에만 전념하였다. 이에 대해 김병국은 다음과 같이 말한다.

> 은거는 공간적으로 산수를 의미하는데, 따라서 송암의 은거는 구체적으로 그가 벼슬을 멀리하고 생활하였던 靑城山下 無悶齋를 의미한다. "獨樂은 퇴계의 寬裕溫柔를 계승한 것으로 宦路에 대한 마음을 잊고 학문연구를 통해 인의를 추구하며 마음의 自得을 얻어 그 뜻을 즐기는 모습을 말한다."[140]

따라서 송암의 은거는, 이론보다는 생활을 통한 행위로서의 진리구현을 강조한 실천중심의 수양이었다. 특히 처사(處士)라는 신분은, 독선기신(獨善其身)이라는 개인적 수양의 질서와 인간완성을 최고의 가치로 인식한다. 이렇게 볼 때, 송암이 은거한 산수는 생활공간이면서 벼슬을 떠나 진리구현의 삶을 실천하는 공간이다. 또한 독락(獨樂)은 환로(宦路)에 대한 마음을 잊고 학문연구를 통해 인의를 추구하며 이를 통해 마음의 자득(自得)을 얻어 그 뜻을 즐기는 모습을 의미하니, 송암 시가에서 독락은 은거를 통한 생활의 자기만족과 즐거운 심정을 시적으로 형상화한 것이라 할 수 있다.

송암은 과거에 급제하지 못한 실망과 좌절을 극복하고, 무민재에서 도(道)를 실천하는 삶을 살며 이에 대해 자부심을 가지고 있었다. 장수(藏修)의 사전적 의미는 선비가 세속을 떠나 산수에 묻혀

---

139) 이동영, 『조선조 영남시가의 연구』, 螢雪出版社, 1984, 104면.

140) 김병국, 「松巖 權好文의 〈獨樂八曲〉 硏究」, 『한국사상과 문화』 3, 한국사상문화학회, 2006, 68면.

성현의 학문을 익혀서 스스로 수신하는 것이고, 학문을 익히는 여가에도 산수를 유람하며 책 속에서 깨닫지 못한 이치의 세계를 산수경물을 통하여 깊이 사색하고 그 이치를 탐구하는 것은 곧 유식(游息)의 모습이다.

따라서 송암이 말하는 장수구학[141]은 청성산 은거를 의미한다. 무민재는 과거의 낙방으로 인한 인간적 좌절과 실망감을 극복하고 이지적(理智的)인 판단에 의해 자신의 새로운 인생목표를 실천하는 생활환경이다.

그래서 「송암팔경(松巖八景)」과 「청성잡제(靑城雜題)」를 통해 무민재의 원림적 구성을 살펴볼 때, 인공구조물로는 수심촌(水深村), 운와헌(雲臥軒), 시노실(詩奴室) 등이 있고 그 인공구조물을 둘러싼 자연환경은 인지암(仁智庵), 성산연(星散淵), 이화탄(梨花灘), 앙앙곡(泱泱谷), 백사장(白沙場) 등이 있다. 송암은 이와 같은 산수경물을 보면서 자신의 미적 경험을 형상화하고 있다.

송암의 청성산 은거에 대해 살펴보자. 산수시가에서는 은거의 동기와 목적에 따라 여러 유형으로 은사의 산수생활을 나누어 볼 수 있다. 정치적 이유에서 비롯된 경우와, 사상을 배경으로 하여 입산한 경우로 은거를 나누어 볼 수 있는데, 산수문학에서 주목하는 은거의 유형은 사상적 배경에 의한 산수생활이다. 이를 구체적으로 나누어보면, 노장사상에 의한 현실초월적이며 염세적인 은둔과 유가적 실천생활로서의 은거로 나누어 볼 수 있다.

141| 장수는 장수유식(藏修遊息)을 의미하는데, 장수는 학문을 정과(正課)로서 수습(修習)하는 일이며, 유식은 정과 이외의 휴식 시간에도 학문에 마음을 두는 일이니, 군자가 학문을 배우는데 마음이 항상 학문에서 떠나지 않는다는 뜻이다. (李相殷 監修, 『漢韓大字典』, 民衆書林, 1992, 1081면.)

유가적 은거는 조선조 시대에 들어와 구체적으로 실현되었으며, 사대부 계층을 중심으로 확산되기 시작하였다. 조선조 초기 사대부들은 경세학의 영향으로 겸선천하(兼善天下)에 뜻을 두고 관리로서의 삶을 통하여 백성과 더불어 지선(至善)의 삶을 실천하고자 하였다. 따라서 그들은 관리로서의 청렴성과 행정의 공평성을 통한 유교 국가의 정치적 이상을 실현하고자 하였다.

퇴계의 직계제자인 송암의 경우, 도남 조윤제는 "그는 退溪門下에 배웠으면서 그의 詩歌는 充分히 배우지 못한 듯하다"[142]라고 평하기도 하였다. 이 평가는 송암시가에 대한 부정적 평가로 볼 수도 있지만 퇴계의 학풍이 송암에 이르러 변화의 기미가 있었음을 알 수가 있는 중요한 지적이라고도 할 수 있다. 송암이 이처럼 산수에 묻혀 심성수양에 힘쓸 수 있었던 배경은 무엇인가.

> 나는 어린 시절부터 과거시험 공부에 게을렀고 산수를 탐닉하는 데에 뜻이 치우쳐 산과 물을 찾아다니며 낙을 삼지 않은 적이 없었고 노을과 구름 낀 산골에서 살면서 편안하지 않은 곳이 없었다.[143]

위 글은 송암의 「한거록(閒居錄)」의 일부인데, 한거록은 송암의 동문인 구봉령이 송암에게 출사를 권유하자 이를 물리치기 위해 송암이 1584년(53세)에 지어 보낸 글이다.

여기에서 '한거(閒居)'란 벼슬길에 초연한 처사가 자연을 관조하며 격물궁리(格物窮理)함으로써 자연의 순수성을 체득할 수 있는

---

142) 조윤제, 『朝鮮詩歌史綱』, 東光堂書店, 1937, 278면.

143) 한국고전종합DB, 『松巖集』 卷五 錄, 「閒居錄」, 余自蚤歲, 學懶科程, 志癖溪山, 尋山訪水, 無所不樂, 棲霞臥雲, 無處不安.

가장 좋은 조건을 의미한다. 즉 처사적 삶이 지니는 도학적 지향점을 분명히 하여 출사 권유의 대응 논리로 활용하였다. 그래서 송암은 「한거록」에서 일찍부터 자신이 산수유상을 통해 심리적 만족과 평안함을 느꼈다는 것을 고백하였다. 이는 다음 글에 잘 나타나 있다.

> 멀리 초야로 가서 숨어 왕후를 섬기지 않고 몸을 깨끗하게 하여 세상을 가소로이 보면서 산속에서 자신의 몸만 선하게 하는 것이 성현이 행한 것과 다른 듯하지만, 그 역시 숨어서 도를 구하는 낙을 스스로 체득한 것이다.(중략) 도홍경(陶弘景)의 풍치(風致)는 모산(茅山)에서 소를 그렸고, 화정(和靖)의 은일(隱逸)은 서호에 학을 풀어 길렀다 하였다.[144]

위의 글을 살펴볼 때, 송암은 '한거'를 산수에 묻혀 도를 구하는 즐거움을 스스로 체득하는 것이라고 밝히고 있다. 또한 송암은 자신의 산수생활을 은거(隱居)나 은둔(隱遁)이 아닌 한거(閒居)라고 표현하고 있다. 그 이유는 조선조 유학자들이 과욕(寡慾)의 상태를 지향하는 현실생활의 실천적 수양을 강조했기 때문인데, 노장의 신선사상에 매료된 현실초월적 산수은둔과 비교해 볼 때 두 사상적 경향의 차이를 분명히 알 수 있다. 따라서 송암의 무민재는 그의 의식 속에 있는 현실의 공간이며 도의 실천적 생활공간이었다.

결국 송암의 한거는 정치적인 이유의 명철보신이나 치사객의 한적이 아니라, 퇴계의 학문수양의 전통을 계승하면서도 은거를 통한 수양의 실천적 삶이라는 처사문학적 성격을 가지고 있다.

---

144) 한국고전종합DB, 『松巖集』 卷五 錄, 「閒居錄」. (若夫遠引長往, 不事王侯, 潔身傲世, 獨善山林者, 雖似異於聖賢之事, 亦自得其隱求之樂也(중략)弘景之風致, 畫牛茅山 ; 和靖之隱逸, 放鶴西湖.)

그런데 조선 전기 경세학 위주의 유학은 사림파를 통하여 점차 실천철학적 윤리 규범을 강조하게 되어, 『소학(小學)』의 중요성이 강조되었다. 이것은 학문의 진리를 생활 속 실천을 통해 증명하고 인격수양(人格修養)의 기본으로 삼고자 한 도학적 학풍으로 계승되었다. 그래서 성리학의 이론철학과 실천철학의 양면은 분리될 수 없는 사림의 이념이었으며, 도학의 기본을 형성하는 학문적 기반이었다.

그런데 송암과 같이 과거를 통한 관리로서 경국제민(經國濟民)의 이상을 접고, 오로지 산수에 은거하여 생활 속의 실천을 통하여 성리학적 진리를 실현하고자 한 사림계층은 정치적 관심에서 완전히 벗어나지는 못하였으나, 그럼에도 불구하고 산수은거의 목적을 성리학의 학문적 연구와 실천적 가치의 구현으로 삼았다. 이러한 독특한 삶의 자세를 규정한다면 처사라고 할 것이고, 이 사림계층을 처사계층(處士階層)이라고 일컫는다.

처사라는 것은 선비로서 산수에 거처하는 것이다. 처사(處士)는 일종의 은사계열(隱士系列)에 속하는 특수한 계층의 지식인이다. 엄밀히 말해 은사(隱士)는 역사상에 언제나 있었는데, 우리나라의 경우 신라시대 물계자(勿稽子)를 대표적인 인물로 거론할 수 있다. 그런데 동양문학에서 은사는 주로 노장적(老莊的) 계열이 대부분이었으나, 조선시대의 처사는 이 은사계열의 일종이면서도 사림계층이었다는 것이 특징이다.

처사는 조선조 정치문화적인 면에 많은 영향을 끼쳤는데, 그들은 공식적인 사회적 지위를 가지고 있지는 않았으나 문화적으로는 대단한 명망과 지위를 향유하였다. 다시 말해 조선조 처사는 선비 계층에 속하였는데, 비록 처사라는 신분이 인위적으로나 정치적인 이유에 의하여 획득되는 사회적 신분은 아니었다. 그러나 이들은 산수에 은거하고 있을지라도 언제나 임금의 부름을 받고 관리로서 경국제민의 이상을 실현할 기회가 열려 있었다.

그래서 처사를 사회 신분의 한 가지라고 말하는 것은 개인으로서 사회에 존재했을 뿐만 아니라, 하나의 사회 세력으로서 자신의 생존 의의를 가지고 있음을 뜻한다.

> 은사는 장주莊周처럼 관리가 되려고 하지 않는 사람들이고 벼슬을 하지 않으려 했기 때문에 또 다른 칭호를 갖게 되었다. 즉, 처사處士가 그것이다. (중략) 은사는 여러 가지 사회적 신분 가운데 하나이며 (중략) 은사는 벼슬을 하지 않는 것을 특징으로 삼고, 정신의 독립과 세속의 초탈이라는 이상적인 세계를 추구한다. 동시에 은사는 하나의 형상形象이다.[145]

위의 언급에서 살펴보면 처사가 하나의 사회 세력으로 인정받고 있었음을 유추해 볼 수 있다. 그래서 위 글의 내용은 송암시가를 이해하는 데 중요한 의미를 제공한다. 다음은 「한거십팔곡」의 열아홉번째 작품이다.

江干애 누어셔 江水 보ᄂᆞᆫ 뜨든
逝者如斯ᄒᆞ니 百歲ㄴ들 몃 근이료
十年前 塵世 一念이 어름 녹듯 ᄒᆞ다[146]　　<閑居十八曲, 十九>

송암은 초장에서 강물이 흐르는 모습을 감각적으로 지각하고

---

[145] 馬華·陳正宏 共著, 姜炅範·千賢耕 共譯, 『중국은사문화』, 동문선, 1997, 15~17면.
[146] 『고시조대전』, 0118.1, 28면.

경험한다. 중장에서는 이에 그치지 않고 상상을 통해 세월의 덧없음을 느끼게 되며, 종장에서는 중장에서의 경험이 미적 체험으로 확대되고 있다.

속세의 집착에서 벗어난 자신의 삶에 대해 매우 즐거워하고 있는 것이다. 김병국은 「한거십팔곡」 십구수에 대하여 "초장과 중장은 앞에서 깨달은 '(天理)流行의 妙' 곧 '道體의 本然'을 때때로 살펴 조금의 그침도 없도록 하겠다는 의지의 표명이며, 종장은 그러한 깨달음을 얻은 후의 마음의 상태를 나타낸 것"[147]이라 하였는데, 이것은 수양에의 의지와 깨달음에 대한 즐거움을 말하는 것이다. 곧 송암이 처사로서의 삶을 돌아보았을 때, 이것은 경험에 의한 상상으로 자신의 이상적 삶에 대한 만족을 노래한 것이라 할 수 있다.

따라서 송암이 한거를 통해 시에 형상화한 독락은 산수자연 속에서의 실천적 삶을 통해 자각된 미적 체험의 시적 경계이다. 고독의 세계에서 도(道)의 수양과 리(理)의 세계 추구라는 즐거움을 표상하고 있는 것이다. 이와 같은 산수락이 성리학적 도의 세계를 지향하게 될 때, 독락의 시경은 형이상학적 서정의 영역을 개척하게 된다.

송암의 독락은 단순히 '홀로 즐기는 즐거움'이라고 해석해서는 안된다. 권근이 말한 독락의 개념을 보완하여 송암의 독락을 설명한 "마음에 자득(自得)한 즐거움"[148]이라는 김병국의 개념이 이와 같은 맥락이다. 곧 송암시가는 이성적 인식에 의한 대아의식을 깨닫게 되는 데서 오는 즐거움을 형상화하며, 송암시가의 '마음에 자득한 즐거움(獨樂)'은 단순한 육체적 쾌락이 아니라 자의식의 인

147| 김병국, 「松巖 權好文 시가의 미적 특질」, 『한국시가연구』 19, 한국시가학회, 2005, 9~10면.

148| 김병국, 앞의 논문, 2006, 53면.

식으로 인한 깨달음의 순간에서 오는 즐거움이다.

곧 송암은 산수생활의 이상과 실천적 삶을 통해 은구지락을 경험하고 상상력을 북돋아 주변 산수경물로 하여금 미적 대상으로 현전하게 하였으니, 무민재라는 은거의 공간을 미적 대상으로 인식하고 그 아름다움을 시가라는 예술형식 속에 형상화하였다.

송암은 경륜을 갖추고 천자를 보필할 수 있는 사람 즉, 성현도 처사의 세계를 추구하는 것을 보면, 자신과 같은 처사는 당연히 도체(道體)를 추구하며 '안분지족(安分知足)'하는 것이 마땅하다고 생각했을 것이다. 도리어 그가 '근심하는 것'은 출사와 관련한 문제가 아니라 도체에 이르지 못한 수양과 학문의 미흡함에 있다고 했다. 또한 '즐기는 것' 또한 세속적인 것이 아닌, 자연합일을 통한 보편적 가치의 체득과 관련되어 있다. 다음을 살펴보자.

生平애 願ᄒᆞᄂᆞ니 다ᄆᆞᆫ 忠孝ᄲᅮᆫ이로다
이 두 일 말면 禽獸ㅣ나 다라리야
ᄆᆞᄋᆞᆷ애 ᄒᆞ고져 ᄒᆞ야 十載遑遑ᄒᆞ노라[149] <閑居十八曲, 一>

計校 이ᄅᆞ터니 功名이 느저셰라
負笈東南ᄒᆞ야 如恐不及ᄒᆞᄂᆞᆫ ᄠᅳᆮ을
歲月이 물 흘ᄋᆞ둣 ᄒᆞ니 못 이롤가 ᄒᆞ야라[150] <閑居十八曲, 二>

비록 못 일워두 林泉이 됴ᄒᆞ니라
無心魚鳥ᄂᆞᆫ 自閒閒ᄒᆞ얏ᄂᆞ니
早晩애 世事 닛고 너를 조ᄎᆞ려 ᄒᆞ노라[151] <閑居十八曲, 三>

149 『고시조대전』, 2504.1, 533면.
150 『고시조대전』, 0255.1, 53면.

「한거십팔곡」의 첫째 수에는 송암이 시를 쓴 의도가 함축되어 있으니, 초장의 "忠孝"와 종장의 "十載遑遑"으로 대표되는 이념의 실천궁행이다. 두 번째 수 초장에서는 자신의 공명이 늦었음을 안타까워하고 있다. 최현재는 「한거십팔곡」 일, 2수에 대하여 "연거푸 과거 시험에 낙방한 작자는 물 흐르듯 빨리 지나가는 세월이 야속할 뿐이며 평생의 願인 충효 역시 이루지 못하리라는 것을 예감하고서 좌절감을 느끼기 시작한다"[152]고 하였으나, 「한거십팔곡」 3수를 보았을 때 1수와 2이수는 단순히 과거의 낙방에 의한 좌절만이 표현된 것은 아니다.

「한거십팔곡」 1, 2, 3수의 시상을 연결지어 보면, 삼수 초장에서는 "비록 못 일워두 林泉이 됴ᄒᆞ니라"라며 비록 벼슬에 오르지 못하더라도 숲과 시내가 좋다고 말하고 있으니, 두 번째 수에서 드러난 벼슬에 오르지 못한 안타까움은 좌절로 인한 비애가 아니다. 오히려 벼슬하는 것보다 궁벽한 산골에서 산수를 벗하고 도를 성취하는 것이 좋다는 것을 표현하기 위한 전제라고 할 것이다. 그것은 종장에서 자신의 은거에 대해 "世事 닛고 너를 조ᄎᆞ려 ᄒᆞ노라"라고 한 점에서 잘 알 수가 있다. 이와 같은 당시의 산수은거는 도(道)의 실천을 목표로 삼는 것에 기인한다. 김상진의 다음 언급에서 이를 잘 알 수가 있다.

> <한거십팔곡>은 조선 중기 강호시조 가운데 한 작품이다. 이 시기의 사림파 문인들은 정치적 상황에 따라 출처를 거듭하게 되고 이는

---

151 『고시조대전』, 2169.1, 468면.

152 최현재, 「權好文 詩歌의 情緒的 特徵과 文學史的 意義」, 『우리말글』 35, 우리말글학회, 2005, 11면.

곧 강호시조를 배태하는 동인이 되었다. (중략) 유교적 출처관에 따라, 비록 세상에 나아가지 않더라도 강호에 머물러 독선기신하며 성정을 기리는 것 또한 道의 실현이라고 생각하였다. 출처에 대해 이렇듯 유연한 사고를 지닌 이들이지만 사대부로서 마땅히 지향해야 할 것은 겸선이기에 강호의 생활에 갈등조차 없었던 것은 아니다. 따라서 사림파 문인들이 시조를 창작하는 것이 표면적으로는 자신들의 갈등하는 심경을 진정시키려던 의도도 담겨 있었을 것으로 파악된다.153)

김상진의 언급처럼, 송암은 산수에 은거하는 것 또한 도(道)를 실천하는 것이라고 생각하면서도, 겸선에 대한 미련을 가지고 있다. 그러나 송암은 자신의 마음을 다잡는 심경에서 마음과 정신이 산수와의 친밀한 교류를 하였으며, 주변 환경과 자신의 생활을 되돌아보게 되고 다음과 같이 노래한다. 다음 시에서는 송암의 유학적 이상 실천으로서의 한거를 잘 알 수가 있다.

聖賢의 가신 길히 萬古애 ᄒᆞᆫ가지라
隱커나 見커나 道ㅣ 엇디 다ᄅᆞ리
一道ㅣ오 다ᄅᆞ디 아니커니 아ᄆᆞ딘들 엇더리154)

<閑居十八曲, 一七>

위의 시는 선비의 출처(出處)의 목적을 말하였는데, "隱", 곧 산수에 은거하거나, "見", 곧 벼슬에 나아가거나 모두가 그 목적이 동일하며, 그 목적은 바로 도(道)의 실천에 있다는 것이다. 다만 벼슬하여(見) 도를 실천하는 것은 겸선천하에 뜻을 둔 것이며, 산수

153) 김상진, 앞의 논문, 2007, 7면.
154) 『고시조대전』, 2619.1, 553면.

은거하여(隱) 도를 실천하는 것은 독선기신(獨善其身)에 뜻을 둔 실천이라는 것에서 구별될 뿐이다. 결국 종장의 송암은 자신의 산수은거와 도의 실천에 대하여 처사로서의 자기위안과 자긍심을 노래하였다.

月色溪聲 어섯겨 虛亭의 오나늘
月色을 眼屬ᄒᆞ고 溪聲을 耳屬히
드ᄅᆞ며 보며 ᄒᆞ니 一體淸明ᄒᆞ야라[155] <閑居十八曲, 十四>

결국 송암에게 한거의 목표는 유학적 이상의 실천인데, 「한거십팔곡」 14수에서는 이 실천에 관한 심리적 갈등의 모습인 듯도 하다. 왜냐하면 15수는 십사수에 대한 부연인데, 15수의 중장에서 "行道도 어렵고 隱處도 定티 아냣다"라고 수양과 은거의 어려움을 말하고 있기 때문이다.

또 17수의 종장에서는 "어지게 엊그제 ᄒᆞ던 일이 다 왼 줄 알과라"라며 도연명의 「귀거래사」 일부를 차용하고 있는 점에서 "月色溪聲"을 보고 들으면서도, 내적으로는 "一體淸明"이 암시하듯 갈등적 요소를 느끼게 하기 때문이다. 송암이 은거의 어려움을 말하면서 도연명의 「귀거래사」를 차용한 것은 도연명의 은거를 흠모하고 따르려 하는 의지이다. 다음 시를 살펴보자.

靑山이 碧溪臨ᄒᆞ고 溪上애 煙村이라
草堂 心事를 白鷗ㅣ난들 제 알랴
竹窓靜 夜月明ᄒᆞᆫᄃᆡ 一張琴이 잇ᄂᆞ니라[156] <閑居十八曲, 九>

---

[155] 『고시조대전』, 3648.1, 770면.

窮達 浮雲ᄀᆞ치 보아 世事 이저 두고
好山 佳水의 노ᄂᆞᆫ ᄠᅳᆮ을
猿鶴이 내 벋 아니어든 어ᄂᆡ 분이 아ᄅᆞ실고[157] <閑居十八曲, 十>

9수는 "靑山이 碧溪臨ᄒᆞ고 溪上애 煙村이라"라고 하여 서경에 대한 묘사가 나오고 있다. 이것은 8수까지의 산수에 대한 관념적 인식이 상상에 의해 구체적 산수경물로 옮겨지면서, 눈에 보이는 현상적 아름다움을 지각하게 되는 것이다. 그리고 9수의 중장에서는 초당으로 상징되는 자신의 심사를 백구인들 알겠느냐고 스스로 묻고 있다. 이 중장은 최현재의 언급처럼 "속세 초탈의 상징으로 빈번하게 읊어진 '백구'도 자신의 심사를 모른다는 것은 자신의 은거생활에 대한 자부심의 발로"[158]라고 할 수 있다.

이 지각과 자부심을 통해 10수에서는 "窮達 浮雲 ᄀᆞ치 보아 世事 이저두고"라며 세사를 잊고 심정적 즐거움에 이르게 되면서 산수락이 심화되고 있다. 결국에는 14수의 "世上애 ᄠᅳᆺ글 ᄆᆞ음이 一毫末도 업다"에서 말하는 것처럼 세사(世事)를 잊고 은거의 진정한 즐거움을 깨닫게 되는 것이다.

이상을 살펴볼 때, 첫째 「한거십팔곡」의 서수에는 충효의 실현과 윤리적 인격 완성과 실천이라는 작자의 창작 의도와 한거의 목적이 함축되어 있다.

둘째, 5~7수에서는 한거에 이르기까지의 심적 갈등과 은거를 결정하고 난 후, 자신의 내적 자아와의 조화에 의한 산수은거의 확

156) 『고시조대전』, 4776.1, 1035면.
157) 『고시조대전』, 0454.1, 96면.
158) 최현재, 앞의 논문, 2005, 13면.

신을 말하고 있다.

셋째, 9수부터는 자신이 은거하고 있는 장소에 대한 서경미를 말한다. 그리고 10수부터는 서경미를 통해 느껴지는 감정과 산수락이 나타나 있다.

넷째, 17수에서는 자신의 산수은거 또한 성현의 도를 행하는 여러 방법 중에 하나임을 말하면서, 자기위안과 자신의 행위에 대한 신념과 결의의 모습을 보이고 있다.

그러므로, 「한거십팔곡」은 처사문학으로서 다음과 같은 성격을 지니고 있다. 첫째, 「한거십팔곡」의 지리적 공간은 청성산하 무민재라는 깊은 산속이다. 이 깊은 산속은 인간세속과 떨어진 공간으로 고립되고 외진 독립의 공간이다. 따라서 이 공간에서는 자신의 삶에 외부적 요소가 개입되거나 영향을 미칠 수 없으며, 모든 행위의 기준은 자신의 주관에 의해서만 선택되고 결정된다. 이 은거의 공간인 무민재는 홀로 자신을 수신하고 자기만족이 극대화되는 공간적 배경이 되며, 세속의 모든 이욕으로부터 벗어날 수 있는 지리적 환경이 되는 것이다.

둘째, 송암이 깊은 산수로 들어오게 된 동기가 「한거십팔곡」에 잘 나타나 있다. 송암은 은거 이전에 과거로 대표되는 현실적 이상과 꿈이 좌절되었다. 산수은거는 이 실망과 좌절을 극복하기 위한 하나의 방법이며, 그 방법은 서수에서 볼 수 있듯 충효로 대표되는 인격수양을 통한 인간완성과 자기화해를 시도한 것이다.

셋째, 「한거십팔곡」의 시적 화자는 1인칭을 유지하고 있으며, 이는 자기고백적인 분위기를 자아낸다. 「한거십팔곡」에서는 농암의 분천은거에서 볼 수 있는 주변인물과의 교유의 모습은 전혀 나타나고 있지 않으며, 자신이 생각하는 관념적 세계에 대한 주관적 기준을 1인칭 고백적 화법으로 서술하고 있다. 그리고 그 내용이 반복적으로 이루어진다. 이것은 송암이 은거에 대한 자기확신을 끊임없이 되뇌임으로써 자신이 지향하는 가치를 흔들림 없이 추구하고자 하는 의지와 결의의 표현이다. 또한 이 자기확신의 반복은 송암이 자신의 은거에 대하여 끊임없는 내적 갈등을 겪고 있다는 반증이기도 하다. 그래서 송암은 「한거십팔곡」을 통해 자신의 내적갈등을 학문수양과 인격완성이라는 이상적 가치 추구를 통해서 극복하고자 시도하였다.

넷째, 「한거십팔곡」에서 송암이 추구하고자 하는 충효나 행도와 같은 이상은 실천적 경험의 결과로서 생활의 일부로 체험되기 보다는 오히려 관념적 사유에 경도된 성격을 보인다. 그 근거로 「한거십팔곡」에서는 현실적 생활의 모습이 전혀 묘사되고 있지 않다는 점을 들 수 있다.

왜냐하면 「한거십팔곡」에서는 의식주와 관련된 것이나 산골생활의 어려움, 구체적 산수경물에 대한 관찰과 산수미가 구체화되고 있지 않다. 오히려 산수경물에 대한 묘사가 추상적이고 선험적이라는 느낌을 준다. 또한 송암은 「한거십팔곡」에서 도연명 귀거래사의 일부를 차용하고 있는데, 도연명은 아주 먼 과거의 역사속에 존재하는 관념적 이상존재이지, 송암이 살고 있는 현실과 관계된 인물이 아니며, 송암의 갈등을 이야기하고 나눌 수 있는 대상도 아니다. 다만, 송암 스스로 생각하는 이상적인 관념을 구체화시키는 과정에서 거론하는 대상이며, 따라서 실제 역사 속 인물임에도 굉장히 관념적 존재로 그려지고 있는 것이다.

다섯째, 청성산하에서의 산수은거 생활은 현실주의적 세계관에 의한 사실성이 부족하다. 그래서 산수경물의 현상적 특징과 그 아름다움에 대한 미적 감상이나 미적 태도에서 비롯되는 산수미와 산수락에 대한 감정들이 시적 서정으로까지는 충분히 형상화되지 못하였다.

따라서 송암의 청성산 은거는 성리학자로서의 학리탐구와 학문완성이라는 이상실현의 추구이지, 산수를 통하여 열린 의식 속에서 지각되고 수용되는 서정으로서의 산수락과 산수미가 구체적으로 형상화되는 것에는 부족하다.

결론적으로 「한거십팔곡」에서 살펴본 송암의 산수은거는 충효와 행도로 대변되는 윤리적 인격완성과 실천을 지향하는 처사문학으로서의 전형성을 제시하였다.

그리고 「독락팔곡」은 송암 산수시가의 정점이요, 핵심이다. 이 「독락팔곡」의 의미에 대하여 최재남은 "함께 누리는 즐거움인 공락(共樂)의 대립적 의미로 사용"[159]되었다고 하였고, 김병국은 "퇴계(退溪)의 관유온유(寬裕溫柔)를 계승한 것으로 환로(宦路)에 대한 마음을 잊고 학문연구를 통해 인의를 추구하며 이를 통해 마음의 자득(自得)을 얻어 그 뜻을 즐기는 모습"[160]이라고 언급하였다. 최재남은 독락을 함께 벼슬하면서 느끼는 즐거움(共樂)에 대비시켜 정의하였고, 김병국은 송암의 수양론적 삶이라는 측면에서 독락을 바라보았다. 두 연구자의 견해는 서로 비슷하면서도 상이한 면이 있지만, 이 논문에서 다룬 송암의 삶과 학문을 고려했을 때 김병국의 견해가 논자의 견해와 같은 맥락이라고 볼 수 있다.

이처럼 「독락팔곡」은 송암 시가의 산수시가적 성격과 시적 경계를 구체적으로 짐작해 볼 수 있는 작품이다.

---

159) 최재남, 「〈독락팔곡〉과 〈한거십팔곡〉의 정서적 연관」, 『한국문학논총』 16, 한국문학회, 1995, 331~339면.

160) 김병국, 앞의 논문, 2006, 68면.

太平聖代 田野逸民

再唱 耕雲 麓釣煙江이 이밧긔 일이업다

窮通이 在天ᄒᆞ니 貧賤을 시름ᄒᆞ랴

玉堂金馬는 내의願이 아니로다

泉石이 壽域이오 草屋이 春臺라

於斯臥於斯眠 俯仰宇宙 流觀品物ᄒᆞ야

居居然浩浩然 開襟獨酌 岸幘長嘯景긔 엇다ᄒᆞ니잇고[161]

<獨樂八曲, 一>

위 시의 1구에서 송암은 자신을 "田野逸民"이라고 하며, 2구에서는 "耕雲"과 "麓釣煙江"하고 있다고 말하였으니, 전야일민은 세속적인 삶을 벗어난 삶이며, 구름을 갈고 안개 낀 강에서 낚시함은 세속적 희노애락에서 벗어난 선경(仙境)에 대한 동경이다. 즉 1, 2구에서 송암은 전원에 은거하는 처사의 한가로운 삶을 세속에 대한 초월적 경계(境界)로 형상화하고 있는 것이다.

3구에서는 "窮通이 在天ᄒᆞ니 貧賤을 시름ᄒᆞ랴"라고 하며 궁함과 영달이 모두 하늘의 뜻이라고 하고 있다. 결국 산수에 은거한 운명적 삶에서 오는 빈천을 걱정하지 않고 따르는 것이 자연적이며 순리적인 삶임을 읊은 것이다. 그래서 4구에서는 옥당(玉堂)이라는 명예로운 홍문관 관리의 삶도, 금으로 치장된 화려한 말(金馬)도 자신이 원하는 바가 아니게 되는 것이다.

5구의 천석(泉石)과 초옥(草屋)은 샘과 바위, 초가집이지만 대유법으로서 소박한 산수생활을 상징하며, 4구에서의 옥당금마(玉堂金馬)와 대비되는 삶이다. 그런데 송암은 천석과 초옥이 수성(壽

161| 한국고전종합DB, 『松巖集』 松巖集獨樂曲 「獨樂八曲」.

城)과 춘대(春臺)와 같은 화려한 곳이라 말한다. 또한 자신이 살고 있는 소박한 산수환경이 곧 옥당금마의 화려한 삶과 같다고 하며 만족감을 드러내고 있다.

그래서 송암은 6구에서 부앙우주(俯仰宇宙)하고 유관품물(流觀品物)한다며 우주 속 대자연의 구성물들을 감상하고 있음이니, 송암은 대자연의 이치와 원리 속으로 들어가 깨달음과 감동을 얻고 있다. 7구에서는 이 깨달음의 기쁨을 개금독작(開襟獨酌)이라고 하며 홀로 술을 마시면서 소리내어 읊조리니, 산수친화의 감정에서 느끼는 산수락을 서정적으로 형상화하였다.

이진규는 「독락팔곡」 1곡에 대하여 "태평스럽고 성스러운 시대에 학문과 덕행이 있으면서도 세상에 나서지 않는 선비가 전원생활을 즐기며 빈천을 걱정하고 않고 홀로 즐기는 모습"[162]을 노래하고 있다고 언급하였다. 이것은 송암이 산수 속의 소박하고 외로운 삶에서도 쓸쓸해하거나 괴로워하는 것이 아니라 만족감과 감동을 느끼고 있음을 말한다. 이 감동의 이유는 송암이 산수 속에서 대자연의 깨달음을 얻었기 때문이다. 최현재가 「독락팔곡」 일수를 두고 "자연에 은거하며 성리학 수양에 힘쓰고 있는 자신의 처지를 "居居然浩浩然 開襟獨酌 岸幘長嘯景긔 엇다ᄒᆞ니잇고"라고 호기롭게 읊고 있다"[163]고 언급한 것도 송암이 산수에 은거하여 학문을 수양하는 자부심과 즐거움을 느끼고 있다는 핵심을 지적한 것이다.

송암은 이처럼 산수에서 학문하는 고독의 감정을 통해 승화된 세계로 나아가고 있다. 그러면서도 송암은 선비로서 산수 속에만 빠지지 아니하고 유학자로서의 가치관이나 세계관, 삶의 자세를

162) 이진규, 앞의 논문, 2016, 162면.
163) 최현재, 앞의 논문, 2005, 14면.

분명히 하고 있으니, 다음 시에 잘 나타나 있다.

士何事乎尚志而已 再唱
科名損志ᄒᆞ고 利達害德이라
모ᄅᆞ미黃卷中聖賢을 뫼압고
言語精神日夜애頤養ᄒᆞ야
一身이正ᄒᆞ면 어ᄃᆡ러로못가리오
俯仰恢恢ᄒᆞ고 往來平平ᄒᆞ니 갈길를알오立志를 아니ᄒᆞ랴
壁立萬仞 磊落不變ᄒᆞ야 嘐嘐然尚友千古 景 긔 엇다ᄒᆞ니잇고[164]

<獨樂八曲, 三>

위 시에서 송암은 선비란 뜻을 높게 가져야 한다고 하면서, 과거의 명예는 자신의 뜻을 손상시키고, 이익과 출세가 덕을 해친다고 노래하고 있다. 그러면서 성현을 뫼시고, 언어와 정신을 맑게 가다듬어 수양하고 몸을 바르게 하는 것을 자신의 산수생활의 이상적 모습으로 제시하고 있다. 그 첫째가 선비는 자신의 뜻을 숭상하기 위하여 과거를 위한 학문을 하지 않는다는 것이다. 왜냐하면 과거를 통한 높은 벼슬을 구하는 것은 선비가 가고자 하는 자신의 이상(志)을 손상시키기 때문이다.

둘째로 이익을 멀리해야 한다(利達害德)는 것이다. 지(志)가 이성적으로 사고하는 정신적 표준이나 기준이라면 덕(德)은 선비의 실천적 삶에 대한 평가요, 그 결과이기 때문이다. 이 성현의 가르침은 과거의 것이 아닌 현재의 공간에서 실재하는 인물처럼 내면적 대화를 통한 가르침이다.

164| 한국고전종합DB, 『松巖集』, 松巖集獨樂曲 「獨樂八曲」.

그래서 송암은 독서하는 선비로서의 도의 실천을 은거의 목표로 제시하였다. 따라서 송암의 시가는 비록 현실초탈적 산수은거를 노래하고 있지만 노장류의 현실초월적 은일사상이 형상화되지는 않았다. 오히려 증점씨욕기풍우(曾點氏浴沂風雩)와 정명도방화수류(程明道傍花隨柳)를 이야기함으로써 도의 실천궁행을 노래하여 유가적 현실주의에 입각한 산수관과 은거의 실천성을 강조하였다. 이것이 처사문학으로서 송암시가에 형상화된 유가적 이념의 시경이다. 이것은 다음의 시에도 잘 나타나 있다.

入山恐不深 入林恐不密
寬閒之野 寂寞之濱에 卜居를 定ᄒᆞ니
野服黃冠이 魚鳥外버디업다
芳郊애雨晴ᄒᆞ고 萬樹애花落後에
靑藜杖뷔집고 十里溪頭애 閒往閒來ᄒᆞᄂᆞᆫ쁘든
曾點氏浴沂風雩와 程明道傍花隨柳도 이러턴가엇다턴고
暖日光風이 불써니블거니 興滿前ᄒᆞ니
悠然胸次ㅣ與天地萬物上下同 景 긔 엇다ᄒᆞ니잇고[165]

<獨樂八曲, 四>

위의 시 "靑藜杖뷔집고 十里溪頭애 閒往閒來ᄒᆞᄂᆞᆫ쁘든 曾點氏浴沂風雩와 程明道傍花隨柳도 이러턴가엇다턴고"는 산수유상을 형상화하였다. 원래 산수유상은 산수의 아름다운 서경미 감상과 유락(遊樂)을 의미하니, 송암은 위 시를 통해 처사로서의 삶을 충분히 형상화하고 있다고 할 것이다. 그리고 "興滿前"에서 알 수 있듯이 송

165| 한국고전종합DB, 『松巖集』, 松巖集獨樂曲 「獨樂八曲」.

암은 이 산수유상을 통하여 매우 흥겨운 쾌의 감정을 느끼고 있다. 산수유상을 통한 이 쾌의 감정은 매우 특별하다고 할 것이다. 왜냐하면 증점씨(曾點氏)와 정명도(程明道)로 대표되는 유학자의 윤리적 삶을 모방한 것이 아니라 오히려 자신의 즐거운 쾌의 감정에 주목하고 있기 때문이다. 따라서 이것은 취미판단에 속하며 곧 미적 감정이요, 시가 속의 서정성을 형성하고 있는 것이다. 이것이 처사문학으로서 송암시가에 형상화된 산수유상과 미적 감정에 입각한 시경이다.

一屛一榻 左箴右銘
再唱 神目如電이라 暗室을 欺心ᄒᆞ며
天聽如雷라 私語山들 妄發ᄒᆞ랴
戒愼恐懼를 隱微間애 닛디마새
坐如尸儼若思 終日乾乾夕惕若ᄒᆞᄂᆞᆫ뜯든
尊事天君ᄒᆞ고 攘除外累ᄒᆞ 百體從令 五常不斁ᄒᆞ야
治平事業을 다이루려 ᄒᆞ엿더니
時也命也인디 迄無成功 歲不我與ᄒᆞ니
白首林泉의 ᄒᆞ올일이 다시업다 우읍다
山之南水之北애 斂藏蹤跡ᄒᆞ야 百年閒老 景긔엇다ᄒᆞ니잇고[166]

<獨樂八曲, 七>

위 시에서는 2, 3구에서는 "神目如電"하고 "天聽如雷"하여 "欺心"이며 "妄發"한다고 하며 혹악(或惡)의 상태를 먼저 말하고 있다. 신(神)과 천(天)의 눈과 귀는 전(電)와 뢰(雷) 같아서 작은 잘못도 모두 보고 듣는다는 것이다. 그래서 4구에서는 혹악(或惡)의 상태인 기심망발(欺心妄發)을 항상 계신공구(戒愼恐懼)하여야 함을 강조

166 한국고전종합DB, 『松巖集』, 松巖集獨樂曲 「獨樂八曲」.

함이며, 이 계신공구는 산중처사로서 경(敬)의 수양적 자세이다.

따라서 송암은 수양적인 자세로 삼가고 경계해야 하는 중요성을 말하고 있다. 어두운 방안이나 작은 말소리로도 모두 하늘을 속일 수 없음이니, 참된 산수생활과 순수함을 유지해야만이 도(道)의 마음과 독락(獨樂)의 즐거움이 생기게 되는 것이다.

6구의 "天君"은 사람의 마음을 이르니, 사람의 마음을 지켜야 양제외루(攘除外累), 세속의 번뇌를 물리칠 수 있는 것이다. 오상(五常)은 인(仁)·의(義)·예(禮)·지(智)·신(信)을 말함이니 오상이 부두(不斁), 섞이지 않았다는 것은 '마음의 상(常惺惺)'을 이른다. 7구에서는 자신의 원래 뜻이 치평사업(治平事業)에 있었다고 말하며, 벼슬에 올라 세상을 이롭게 하려는 현실적인 이상과 꿈이 있었음을 상기하고 있다.

그리고 9구에서는 "白首林泉의 ᄒᆞ올일이 다시업다 우읍다"라고 하며 치평사업을 하지 못하고 은거하게 된 자신의 처지를 한탄한다. 그러나 10구에서는 산수에 은거하여 발자취를 감추고, 한가한 삶을 사는 자신의 모습을 어떠하냐며 찬양하고 있으니, 비록 백수임천이라고 할지라도 학문을 수양하는 선비의 본 모습을 잃지 않는 처사의 자부심이 나타나 있다.

7~9구에서 나타나는 치평사업에 대한 미련과 10구에서 나타나는 산수은거에의 찬양은 서로 갈등을 이루고 있다. 송암의 이와 같은 세상에 대한 미련과 자기 갈등에 대하여 김병국은 다음과 같이 말하였다.

> 송암은 "山之南 水之北애 斂藏蹤跡ᄒᆞ야 百年閒老景 긔엇다ᄒᆞ니잇고"라고 '百年閒老'의 생활을 노래하고 있다. 이것은 '隱者'의

일반적인 생활이요 표방이다. 그러나 이것이 송암의 본래 뜻은 아니니, "尊事天君ᄒᆞ고 攘除外累ᄒᆞ야/ 百體從令 五常不斁ᄒᆞ야/ 治平事業을 다이루려 ᄒᆞ엿더니"에서 처럼 '治平事業'이 하고자 하는 바였다. 그런데 젊은 시절 계속되는 과거의 실패로 송암의 이 뜻을 이루지 못한다. 그래서 '마음의 不平'이 생기게 된다.[167]

김병국의 해석에서도 볼 수 있듯이 송암은 「독락팔곡」에서 세상에 대한 미련과 자기갈등을 노래한다. 그러나 송암이 「독락팔곡」에서 세상에 대한 미련을 계속해서 이야기하는 것은 세속으로 돌아가고자 하는 욕구를 드러내는 것이 아니라 "여전히 떨쳐버리지 못한 불평·우사를 드러내어 노래 부름으로써 해소하기 위해서"[168] 라고 보는 것이 더 적절할 것이다. 이것이 송암의 세상과 단절되어 있으면서 세상에 대한 미련을 버리고 학문적 깨달음을 얻고자 하는 의지이자, 산수공간 속에서 느끼는 고독의 세계로서의 산수락이다. 다음 시를 살펴보자.

초당에서 바로 읊다(草堂卽事 二絶)
초가의 사립문 닫고 낮에도 열지 않으니
봄이 와도 누가 술병 차고 오겠는나
세상일이 내 귀를 번거롭게 할까 두려운데
거친 계단에 이끼 푸르러도 아깝지 않네
手掩蓬扉晝不開　春回誰佩一壺來
恐將世事煩吾耳　不惜荒階破綠苔[169]

---

[167] 김병국, 앞의 논문, 2005, 10면.
[168] 최현재, 앞의 논문, 2005, 19면.
[169] 한국고전종합DB,『松巖先生文集』卷之一,「草堂卽事二絶」.

위 시의 1구에서 초가의 사립문을 닫고 낮에도 열지 않는 것은 상당히 자기폐쇄적인 산수생활을 말한다. 이것은 아주 의도적인 세상과의 단절이니, 2구에서도 봄이 와도 벗을 찾아가지도, 벗이 찾아오지도 않는 단절된 환경이 계속된다. 송암이 이렇게 세상과 단절된 삶을 사는 이유를 3구에서 알아볼 수 있으니, 세상의 번거로운 일들과 미련이 자신의 계신공구한 존사천군의 마음을 어지럽게 할까 두려워함이다. 그래서 4구에서는 사람의 왕래가 없어 거칠고 이끼 푸르른 자신의 초당 속 계단이 아쉽지 않고 아름답게 보이며 자기만족의 즐거움을 얻게 되는 것이다.

따라서 독락은 한거 이후이며, 한거는 보편적인 것이다. 또한 독락은 특수한 것이며 한거는 생활의 모습이다. 은거는 그것에서 느끼는 서정의 세계이며 그 정신적 경계가 독락이다. 송암에게 있어 산수는 독락의 표상이며, 상징이다.

송암의 한거는 명철보신이나 치사객의 한정이 아닌 퇴계와 같은 학문수양 계통을 따르고 있으면서도 처사문학적 성격을 가지고 있다. 처사라는 것은 선비로써 산수에 거처하는 것이며, 한의 공간이라는 것은 현실적 목적을 가지고 있는 것이 아니라 「한거록」에서 말하는 것처럼 번거로운 벼슬과 세속적 공명을 떠난 삶이다. 따라서 학문적 목적이 인간완성이라는 자기수양에 있으며 한거는 그 공간을 말하는 것이다. 이것은 처사로서 송암의 삶을 대변하는 것이며 처사문학으로서의 특징을 말하는 것이다.

그러므로 송암은 도의 실천을 일생의 목적이요 표준으로 삼고 있으며, 이것은 송암 산수시가의 특징이다. 그러나 이 도의 실천적 삶은 이념미에 경도되어 대자연의 현상적 아름다움과 산수미를 깊게 이해하지 못한 원인을 제공하기도 하였다.

5. 도학실천의 자성과 전원회귀

1) 김광욱의 율리은거와 한적

「율리유곡(栗里遺曲)」은 조선 중기 김광욱(金光煜, 선조 13~효종 7, 1580~1656)이 지은 연시조이다. 모두 14수로, 『청구영언(靑丘永言)』·『해동가요(海東歌謠)』 등의 가집에 수록되어 있으며, 전원시가(田園詩歌) 계열의 산수시가이다. 도남의 율리유곡에 대한 다음의 언급을 살펴보자.

> "「栗里遺曲」은 江湖歌道 계열의 田園詩歌이다. 朝鮮時代의 田園詩歌는 이렇듯 農村生活의 素朴을 동경하였으며, 그리하여 閒寂의 美를 추구하였다. 관념적인 말이 없고, 소재도 농촌의 생활에서 취하여, 형상이 소박에 맞추어졌다. 특히 보리술·풋죽·쑥달임·꽃달임·닭찜·게찜 등의 소재를 통하여 농촌생활의 담박함을 나타내었다."170)

윗글에서, "江湖歌道 계열의 田園詩歌"라는 규정을 새롭게 해석해 봄으로써 「율리유곡」의 산수시가로서의 특성을 잘 살펴볼 수가 있다. 그래서 도남이 말한 "江湖歌道 계열의 田園詩歌"라는 말은 산수시가이면서 농촌과 산촌을 배경으로 살아가는 생활의 즐거운 서정과 산수미가 형상화되어 있는 시가작품이라고 재해석 할 때 「율리유곡」의 시세계가 더욱 명확해 질 것이다. 김창원의 다음 언급에서 「율리유곡」의 시세계에 대하여 더 자세히 알 수 있다.

---

170) 조윤제, 앞의 책, 1994.

김광욱의 「율리유곡」에는 전원시조와 함께 강호시조가 공존하고 있다. 김광욱은 자신의 행주 별서에 머물며 자신의 삶을 어부에 빗대어 몇 수 시조로 남겨 놓았다. 그렇다면 이같은 강호시조의 어부 형상과 전원시조의 자영농 형상 사이에는 어떤 근원적인 미적 차이가 내재하는 것일까? (중략) 결론을 먼저 말하면, 양자 사이에는 아무런 차이가 없다는 것이다. 양자는 모두 근원적으로 볼 때, 중앙으로서의 서울을 고수하려는 사회의식의 소산이기 때문이다.[171]

김창원은 「율리유곡」이 "중앙으로서의 서울을 고수하려는 사회의식의 소산"이라는 점에서 강호시조와 근원적으로 같다고 말하고 있다. 결국 「율리유곡」이 농촌과 산촌을 배경으로 하고 있지만, 산수와 마찬가지로 서울과 물리적·심리적으로 떨어진 공간이라는 특성이 같기 때문에 그 미의식도 동일하다고 보는 것이다.

우선 「율리유곡」이란 제목부터 살펴보면, 율리(栗里)는 도연명이 팽택령을 그만두고 은거한 마을 이름이다. 유곡(遺曲)은 도연명이 율리에 은거하면서 창작하여 남겨 둔 시가라는 의미가 아니라, 김광욱이 도연명의 은거를 흠모하고 효방하여 고향으로 돌아가 은거하며 산수생활과 산수락을 노래한 시라는 의미이다. 따라서 「율리유곡」은 김광욱이 스스로 도연명의 은거를 효방하여 자신의 산수생활을 노래한 시가라는 뜻으로 해석해야 마땅하다. 이것은 「율리유곡」 일수에서 분명하게 드러난다.

陶淵明 주근 後에 또 淵明이 나닷 말이
밤ᄆᆞ을 녜 일홈이 마초와 ᄀᆞ틀시고
도라와 守拙田園이야 긔오 내오 다르랴[172] <栗里遺曲, 一>

---

[171] 김창원, 앞의 논문, 2008, 70~71면.

위 시의 종장 "守拙田園"에서 도연명이 전원에 은거한 뜻을 이어 자신의 산수은거를 전원이라고 명명하였다는 것을 알 수 있다. 여기에서 김광욱이 느끼는 산수은거의 한가로운 심경을 다음과 같이 노래하였다.

功名도 니젓노라 富貴도 니젓노라
世上 번우한 일 다 주어 니젓노라
내 몸을 내ᄆᆞ자 니즈니 ᄂᆞᆷ이 아니 니즈랴[173] <栗里遺曲, 二>

위 시를 살펴보면 김광욱의 심경은 첫째, 공명과 부귀를 잊었다는 것이다. 이것은 관념적인 것이 아니라 이수의 종장에서 "내몸을 내ᄆᆞ자 니즈니 ᄂᆞᆷ이아니 니즈랴"라고 노래하여 세상으로부터 벗어나 산수에 묻혀 살아가는 욕심 없는 심경을 노래하였다. 그러니 저절로 삼수의 초장과 같이 가난하지만 인정이 넘치는 소박하고 평범한 일상의 즐거움을 느끼게 된다.

뒷집의 술ᄡᆞᆯ을 ᄭᅮ니 거츤 보리 말 못 ᄎᆞ다
즈는 것 마고 ᄯᅵ허 쥐비저 괴아 내니
여러 날 주렷ᄃᆞᆫ 입이니 ᄃᆞ나 ᄡᅳ나 어이리[174] <栗里遺曲, 三>

위 시의 초장에서 술빚은 쌀을 꾸었더니 거칠은 보리였으며, 그것 조차도 충분치 못해 그 양이 한 말에도 미치지 못한다. 그것은 가난하고 여유 없는 생활이나, 그 생활 속에서도 술을 빚는다는 것은 가난함 속에서도 풍류를 느끼고 있음을 알 수 있으며, 도남이 말

172) 『고시조대전』, 1349.1, 294면.
173) 『고시조대전』, 0318.1, 67면.
174) 『고시조대전』, 4181.1, 319면.

한 '한적(閒寂)의 미(美)'가 이에 해당한다고 볼 수 있다. 또한 종장에서는 "주렷ᄃᆞᆫ 입"과 "ᄃᆞ나 ᄡᅳ나" 등의 매우 개인적이고 인간적인 면을 묘사하여 자신의 삶에 대한 만족과 가난을 수용하는 마음의 여유가 느껴진다.

江山 閑雅ᄒᆞᆫ 風景 다 주어 맛다이셔
내 혼자 님자여니 뉘라셔 ᄃᆞ톨소니
ᄂᆞᆷ이야 숨ᄭᅮ지 너긴들 ᄂᆞᆫ화 볼 줄 이시랴[175]　　<栗里遺曲, 四>

사수의 초장과 중장에서 화자는 강산의 풍경 모두가 자신의 것이라고 말하고 있다. 그래서 사수의 종장에서는 "ᄂᆞᆫ화 볼 줄 이시랴"라는 감탄형의 표현을 통해서 다른 사람이 어떻게 여기든 자신의 삶에 자부심을 느끼는 모습을 찾아볼 수 있다. 권순회는 「율리유곡」의 이와 같은 심상에 대하여 "낙관적 풍류"라고 하였는데, 김광욱이 전가 생활의 자족적 흥취를 노래한 다른 시조에서도 이 낙관적 풍류 양상이 나타난다[176]고 언급한 것으로 볼 때, 김광욱의 이와 같은 낙천적이고 즐거운 전원생활에 대한 심상은 김광욱 시가의 전반적인 분위기이다. 따라서 사수는 주변 산수풍경과 그로부터 비롯되는 즐거운 심경에 대한 자각을 노래하게 된다.

딜가마 조히 싯고 바회 아래 ᄉᆡᆷ물 기러
픗쥭 ᄃᆞᆯ게 ᄡᅮ고 저리지이 ᄭᅳ어내니
世上에 이 두 마시야 ᄂᆞᆷ이 알가 ᄒᆞ노라[177]　　<栗里遺曲, 五>

---

175) 『고시조대전』, 0139.1, 31면.

176) 권순회, 「〈율리유곡〉의 창작 기반과 시적 지향」, 『우리문학연구』 12, 우리문학회, 1999, 168면.

위 시의 초장에서 질가마는 흙으로 빚어 만든 솥이다. 이것은 쇠로 만든 문명적이고 화려하며 부유한 느낌의 솥과는 그 의미하는 내용이 다르다. 그러므로 질가마는 천연적 재료에 의한 소박하고 자연적인 것이다. 따라서 이 질가마는 바위 아래 샘물을 생각해 볼 때 깊은 산골의 가난하고 소박한 은자의 삶을 상징적으로 암시한다.

중장을 고려해보면 시적 자아는 은자라기보다는 깊은 산골 생활의 일상적 즐거움에 젖어 있는 평범한 삶을 지향한다. 그러나 이 시의 작자는 고관대작이면서 유학자이다. 그러니, 위 시에 형상화된 산골 생활은 산수에 은거하는 가난하면서 편안한 삶이며, 세속을 초월한 맑은 정신의 세계를 표상한다. 그러니 수졸전원(守拙田園)의 순박함이다. 이는 7수에서 "낙시"와 8수에서 "淸興", 구수의 "一聲漁笛"으로 시적 의상을 형상화하였다.

茅簷 기나긴 ᄒᆡ에 ᄒᆡ올 일이 아조 업서
蒲團에 낫좀 드러 夕陽에 지자 ᄭᆡ니
門밧긔 뉘 ᄋᆞ흠 ᄒᆞ며 낙시 가쟈 ᄒᆞᄂᆞ니[178] <栗里遺曲, 七>

초장에서는 띠풀로 이음을 지은 은자의 집과 그곳에 은거하며 세상사를 잊은 한가한 심경을 "ᄒᆡ올 일이 아조 업서"라고 하였다. 그리고 그 느긋한 심경의 여유와 게으름마저 즐거움을 주어 "낫좀 드러 夕陽에 지자 ᄭᆡ니"에서 극대화된다. 그래서 소박한 삶에서의 한가한 일상이 묘사되고 있으며, 이 한가함도 관리생활을 회상하면 고맙고 즐겁다. 그러나 중장에서 긴 낮잠에서 깨어나니 무료함이 문득 몰려온다. 그때 마침 이웃이 찾아와 낚시를 가자고 하니, 반갑

177) 『고시조대전』, 4500.1, 967면.
178) 『고시조대전』, 1655.1, 358면.

고 즐겁다. 이 즐거움은 한가한 생활에서의 소박한 즐거움이다.

三公이 貴타 흔들 이 江山과 밧골소냐
扁舟에 ᄃᆞᆯ을 싯고 낙대를 흣더질 제
이 몸이 이 淸興 가지고 萬戶候ㅣㄴ들 부르랴[179] <栗里遺曲, 八>

그래서 8수에서는 삼공의 높은 벼슬도 산수생활의 즐거움과는 바꿀 수 없다고 말하고 있는 것이다. 8수에서 송암은 청흥(淸興)을 자각하며 세상 부귀영화보다 즐겁고 행복한 자족의 심경을 "扁舟에 ᄃᆞᆯ을 싯고 낙대를 흣더질 제"라는 자연합일의 산수친화의 삶을 노래한다. 자신의 생활이 자연에서 오는 청흥(淸興)임을 자각하게 되는 것이다. 또한 종장에서 "萬戶候ㅣㄴ들 부르랴"라고 자신의 산수생활을 스스로 만족해하는데, 이는 곧 산수락을 생활 속 삶을 통해 자각하는 순간의 만족스러운 심경을 형상화하고 있다고 하겠다.

이런 의상은 다음 시에서 관념적 개념으로 직접적으로 자신의 생각과 심경을 서술한다. 다음 작품을 살펴보자.

헛글고 싯근 文書 다 주어 후리치고
匹馬 秋風에 채를 쳐 도라오니
아므리 ᄆᆡ인 새 노히다 이대도록 싀훤ᄒᆞ랴[180] <栗里遺曲, 十>

10의 초장에서 "文書"는 화자가 버리고 가는 부정적인 것으로 표현되는데, 허왕욱의 의견처럼 이 '문서'는 "자아가 서 있던 자리를 중심으로 그려지는 현실 정치 상황의 동심원이 자아에게 부정적인

179] 『고시조대전』, 2393.1, 512면.
180] 『고시조대전』, 5398.1, 1170면.

경험으로 다가오는 것"[181]으로 현실 정치를 상징하는 상징물이다. 따라서 화자는 세속 정치라는 부정적인 것들에 대한 미련과 생각을 버린 전원생활의 즐거움을 매우 낙천적으로 노래하고 있는 것이다.

따라서 10수의 초장 "헛글고 싯근 文書 다 주어 후리치고"는 관리로서의 삶을 그만두고 산수에 은거하는 평범한 선비로 돌아온 마음의 평안함과 정신적 홀가분함을 노래하였다. 그리고 십일수 "대막대 너를보니 有信ᄒᆞ고 반갑괴야"에서는 어린 시절 추억이 어린 고향과 그리운 옛 시절에 대한 감회를 노래하였으니, 죽마고우의 고사를 연상케 한다. 그리고 종장에서 어린 시절의 죽마는 노인이 되어 율리로 돌아온 이후부터는 지팡이가 되어 어린 시절의 추억의 장소를 찾아가는 회고의 삶을 돕는다. 순간 시적 전개가 급속하게 변화되며 어린 시절 추억과 노년의 자신을 되돌아보며 세월의 유수같은 변화와 인생을 반추하고 있는 듯하다. 그 심경은 즐거우면서도 아쉬울 것이라 짐작된다.

> 대막대 너를 보니 有信ᄒᆞ고 반갑괴야
> 나니 아힛 적의 너를 ᄐᆞ고 ᄃᆞᆫ니더니
> 이제란 窓 뒤헤 셧다가 날 뒤셰고 ᄃᆞᆫ녀라[182] <栗里遺曲, 十一>

그래서 11수에서도 화자는 자신의 노쇠함을 "대막대"와의 대화 상황을 통해 재치 있고 낙천적으로 표현하고 있다. 이러한 낙관적 풍류에서는 세사(世事)와 관련된 무엇도 찾을 수 없으며, 오직 산수생활의 즐겁고 낙천적인 풍류만이 읽힐 뿐이다. 다음 시에서는 세상사

181] 허왕욱, 앞의 논문, 2011, 453~453면.
182] 『고시조대전』, 1283.1, 273면.

번거로움을 잊고 살아가는 한적한 삶을 잘 형상화하고 있다.

世上 사룸들이 다 쁘러 어리더라
죽을 줄 알면셔 놀 줄란 모로드라
우리는 그런 줄 알모로 長日醉로 노노라[183]　　<栗里遺曲, 十二>

黃河水 묽단말가 聖人이 나셔도다
草野 群賢이 다 니러나닷 말가
어즈버 江山風月을 눌을 주고 갈소니[184]　　<栗里遺曲, 十三>

십수와 십일수의 시적 의상은 십이수와 특히 십삼에서 그 즐거운 심경이 심화되면서 스스로의 만족과 자각의 기쁨을 노래하였다. 곧 "長日醉", "江山風月을 눌을 주고 갈소니" 등에서 산수를 사랑하는 마음이 매우 심화된 심경임을 노래하였으며, 이 심경은 자신의 생활에 대한 자족(自足)의 경계(境界)이다. 이와 같은 시적 자아의 심적 만족과 자각의 기쁨은 전원 생활의 경험이 자연친화의 심경에서 산수락과 산수유상의 심경으로 승화된다.

특히 「율리유곡」 십이수는 사설시조로 파생되어 불렸을[185] 정도이니, 그 솔직하고 즐거운 정서가 후대에도 계속 이어지고 있음을 알 수 있다. 십삼수 또한 자신의 노쇠함도, 세사의 번민도 전혀 나타나지 않고 오직 전원생활의 즐거움을 노래하고 있을 뿐이니 대단히 만족스러운 심경이 계속 이어지고 있다.

---

183 『고시조대전』, 2647.1, 559면.

184 『고시조대전』, 5506.1, 1191면.

185 김학성, 「시조의 텍스트 파생 양상과 그 의미」, 『고전문학연구』 23, 한국고전문학회, 2003, 21면.

이상을 살펴볼 때 김광욱의 「율리유곡」에 형상화된 산수은거와 산수유상을 통한 산수락은 탈속적이지만 인간의 세상을 벗어나지 않았으며 은거의 공간이 세속과 멀어져 있지만 단절되어 있지도 않다. 그 뿐만 아니라 시적 자아는 세속적 욕망과 명예로부터 멀어졌으나, 인간이 가진 적절한 욕망이 오히려 산수은거의 삶을 평화롭고 아름다우며 만족스럽게 만든다.

따라서 권호문의 시세계와 비교해 볼 때 김광욱의 「율리유곡」이 훨씬 더 반문명적이며 자연친화적이고 탈속적인 시세계를 형상화하였다고 볼 수 있으며, 김광욱의 「율리유곡」에서는 유교적 이념에 경도된 권호문의 한거에서 벗어나 그 정신적 경계가 자유로우며 산수친화의 심경이 수졸전원과 한적의 미로 자연스럽게 형상화되었다고 할 수 있다.

2) 박인로의 생활공간과 전원궁경(田園躬耕)

박인로(明宗 16~仁祖 20, 1561~1642)의 본관은 밀양이며 자는 덕옹(德翁), 호는 노계(蘆溪)이다. 영천(永川) 출생으로 승의부위(承議副尉) 석(碩)의 아들이다. 어려서부터 시재(詩才)에 뛰어났으며, 1592년(宣祖 25) 임진왜란 때 의병장 정세아(鄭世雅)의 막하에서 별시위(別侍衛)가 되어 무공을 세우고 종군, 1598년 왜군이 퇴각하자 사졸(士卒)들의 노고를 위로하는 가사 「태평사(太平詞)」를 지었다. 이듬해 무과에 급제하여 수문장·선전관을 지내고 이어 조라포수군만호(助羅浦水軍萬戶)로 군비(軍備)를 증강하는 한편 선정을 베풀어 선정비가 세워졌다.

퇴관 후 고향에 은거하며 독서와 시작(詩作)에 전념하여 많은 걸작을 남기고, 1630년(仁祖 8) 노령으로 용양위 부호군이 되었다. 문집에 『노계집(蘆溪集)』, 작품에 「태평사(太平詞)」, 「사제곡(莎堤曲)」, 「누항사(陋巷詞)」 등이 있다.[186]

박인로는 조선조 명종·선조·광해군·인조 때의 인물이다. 당시는 많은 당쟁과 임병양란이 있었던 혼란기였다. 그는 국가적 난리를 직접 겪으며 조선 사회의 참담한 환경 속에서 일생을 마쳤다. 그러나 '노래를 잘짓는 이(善歌者)'로서 수많은 가사와 시조를 남겨 놓음으로써 한국문학사에 큰 자취 남겼다. 그의 스승이 누구인지는 분명치 않으나 13세 때 지은 한시 「대승음(戴勝吟)」이 사람들을 놀라게 했다고 하니, 어릴 때부터 글재주가 뛰어났음을 짐작해 볼 수 있다. 다음 시를 살펴보자.

대승음(戴勝吟)
낮잠 자주 깨우는 오디새 소리
어찌하여 들사람의 마음 보채나
저 서울 화려한 집 처마에 울어
발 갈라 권하는 새 있다 알려라
午睡頻驚戴勝吟　　如何偏促野人心
啼彼洛陽華屋角　　令人知有勸耕禽[187]

위 시에서처럼 노계가 한가롭게 자라던 때가 노계의 삶에서 제일기(第一期, 成長期: 1~31세)이며, 임란을 맞아 의병으로 종군하고, 무과에 급제하여 무관으로 종군하던 시기는 제이기(第二期,

---

186) 노계의 행적은 鄭葵陽, 「行狀」을 통하여 논자가 재구성하였음을 밝힌다. 원문은 한국고전종합DB, 『蘆溪先生文集』 卷之二, 「附錄 行狀」.

187) 한국고전종합DB, 『蘆溪集』 蘆溪先生文集 卷之一 詩○七言絕句 「戴勝吟 十三歲作」.

出仕期: 32~50세)라 할 수 있다.[188]

선조(宣祖) 25년(1592) 임란이 발발하자 노계는 영천에서 의병장 정세아(鄭世雅)의 별사위(別侍衛)로 참전하였다. 노계는 그때부터 싸움터에 몸을 던져 무부(武夫)로 지내면서 선조 31년(1598) 늦겨울에 가사 「태평사(太平辭)」를 짓고, 선조 34년(1601)에는 시조 「조홍시가(早紅柿歌)」를 지었으며, 선조 38년(1605)에 가사 「선상탄(船上嘆)」을 지었다.

노계는 선조 32년(1599)에 무과에 급제해 벼슬이 조라포수군만호(助羅浦水軍萬戶)에 이르렀으나 임기를 마치고 돌아갈 때 그의 행색은 몹시 초라하였다. 그래서 사졸들이 그의 청렴결백하고 높은 뜻을 기리고자 송덕비를 세워 기념했던 것이다.

제삼기(第三期, 隱退期: 51~82살)는 그가 무부(武夫)로서의 삶을 청산하고, 고향에 돌아가 사서삼경과 성리학에 마음을 쓰던 산수생활의 시기이다. 그는 본래 선비였으나 국난에 임해 무부로서 충성을 다하였다.

광해군(光海君) 3년(1611) 그의 나이 51세 때 경기도 용진(龍津)에 은퇴하고 있는 한음 이덕형(李德馨)을 찾아가 노닐면서 가사 「사제곡(莎堤曲)」과 「누항사(陋巷詞)」를 짓고, 이듬해 3월에는 안동의 도산서원에 참례하여 퇴계의 학풍을 흠모하기도 하였다.

광해군 9년(1617)경에는 한강 정구(鄭逑, 1543~1620)를 모시고 가사 「소유정가(小有亭歌)」를 지었으며, 경주 옥산 독락당을 찾아가서 회재 이언적(李彦迪)의 도학을 흠모하며 가사 「독락당(獨

---

188) 노계의 삶을 제일기(성장기:1~31살), 제이기(출사기:32~50살), 제삼기(은퇴기: 51~82살)로 나눈 것은 이상보의 논의를 참조하였다. (이상보, 「박인로론」, 한국시조학회 편, 『고시조작가론』, 백산출판사, 1986, 212~215면.)

樂堂)」을 짓기도 했다.

인조(仁祖) 7년(1629) 그의 나이 69살 때에는 여헌 장현광(張顯光, 1554년~1637년)을 입암(立巖)으로 찾아가 뵙고 선생을 종유하여 시조 「입암이십구곡(立巖二十九曲)」과 가사 「입암별곡(立巖別曲)」[189]을 지었으며, 인조 13년(1635)에 75살로 가사 「영남가(嶺南歌)」를 지었다. 그 이듬해에는 가사 「노계가(蘆溪歌)」와 시조 「오륜가(五倫歌)」 25수 등을 지었다. 그밖에 한시와 국문시조들도 거의 제삼기에 창작한 작품이다.

노계의 작품 중 산수문학에서 우선 주목되는 작품은 「누항사(陋巷詞)」이다. 누항사는 노계가 노계는 51세 때(1611년, 광해군3) 관직을 사임하고 고향인 경기도 용진에 돌아가 생활하던 중 지었는데, 한음 이덕형이 그에게 두메 살림의 어려운 형편을 묻자 이에 대한 답으로 「누항사」를 지었다고 전한다.

여기서 누항은 자신의 거처를 의미하는데, 산수문학의 입장에서 이 '누항'이라는 말은 매우 주목되는 용어이다. 노계 이전의 선비들은 산수를 풍류의 장소나 수양의 장소로 보았는데, 누항이란 용어에서 보이는 노계의 산수관은 현실적 삶의 생활의 공간이기 때문이다. 「누항사」에서 노계는 자신의 거처와 생활의 간고함에 대하여 다음과 같이 묘사하고 있다.

> 陋巷깁픈곳의草幕을지어두고風朝雨夕에석은딥히셥히되야셔 홉밥닷홉粥에煙氣도하도할샤설데인熟冷애뷘빅쇡일쌘이로다[190]

[189] 「立巖歌」이라고도 일컫는다. (『蘆溪集』 蘆溪先生文集卷之三 歌 「立巖歌 二十二章」)
[190] 한국고전종합DB, 『蘆溪集』, 蘆溪先生文集卷之三 歌 「陋巷詞 公從遊漢陰相公 相

위 작품 "草幕을 지어두고 風朝雨夕에 석은딥히 셥히되야셔 홉밥닷홉 粥에煙氣도 하도할샤"에서 누항은 초라한 초막과 끼니까지 걱정해야 할 정도의 장소로 표현된다. 이 초막은 은사나 은거하는 선비의 거처가 아닌 단순히 간고한 살림살이를 상징적으로 함축하고 있다.

위와 같은 「누항사」에 묘사된 가난이 박인로가 직접 경험한 것인가에 대한 반론이 없는 것은 아니다. 대표적으로 최현재는 박인로의 정치적 지위나 경제적 처지에 대해 정치하게 논의하면서, 박인로가 실제로는 가난한 삶을 살지는 않았다고 주장하였다.[19] 그러나 박현숙은 박인로와 관계된 사람들의 진술을 토대로 「누항사」에 형상화된 가난이 노계의 경험이었다고 밝히고 있으며[20] 이종문 또한 노계가 사회로부터 소외당하고 있었다는 근거를 크게 다섯 가지로 들어 밝히고, 노계가 재지사족이었다는 주장에 대해 반박하였다.[21] 이 논문에서는 「누항사」의 가난이 노계 자신의 경험이었다는 박현숙과 이종문의 논의에 동의를 하면서 논지를 이어나가고자 한다.

위 가사를 보면, 노계가 처한 초막에서의 현실적 삶은 첫째, 썩은 짚을 연료로 하여 서홉밥과 다섯홉의 죽을 요리하느라 그 연기로 인한 고통이 많은 것을 알 수 있으며 식량과 땔감이 부족하여 그저 덜 데운 차가운 숭늉을 마시며 끼니를 해결하고 있는 가난한 형

公問公山居窮苦之狀 公乃述己懷作此曲」.

19| 최현재, 「재지사족으로서의 박인로의 삶과 〈누항사〉」, 『국문학연구』 9, 국문학회, 2003, 192~193면.

20| 박현숙, 「박인로 〈누항사〉 연구」, 『국어국문학』 157, 국어국문학회, 2011, 94~96면.

21| 이종문, 「蘆溪 朴仁老의 社會的 位相에 대한 再檢討」, 『어문논집』 82, 민족어문학회, 2018.

편을 알 수가 있다.

따라서 이 누항에서의 삶은 현실적 생활의 어려움과 배고픔의 고초가 실제적이며 경험적으로 영위되고 있음을 알 수 있다. 이것은 노계로 하여금 선비로서의 사회적 지위나 이상마저 망각하게 할 정도로 극심한 상황임을 의미한다. 다음 부분을 살펴보자.

> 丈夫뜻을옴길넌가安貧一念을젹을망졍품고이셔隨宜로살려ᄒᆞ니날로조차齟齬ᄒᆞ다ᄀᆞ올히不足거든봄이라有餘ᄒᆞ며주머니뷔엿거든甁의라담겨시랴貧困ᄒᆞᆫ人生이天地間의나ᄲᅮᆫ이라飢寒이切身ᄒᆞ다一丹心을이질ᄂᆞᆫ가奮義忘身ᄒᆞ야죽어야말녀너겨于橐于囊의줌줌이모와녀코兵戈五載예敢死心을가져이셔履尸涉血ᄒᆞ야몃百戰을지ᄂᆡ연고一身이餘暇잇사一家를도라보랴 (중략) 人間어ᄂᆡ일이命밧긔삼겨시리貧而無怨을어렵다ᄒᆞ건마ᄂᆞᆫᄂᆡ生涯이러호ᄃᆡ설온뜻은업노왜라簞食瓢飮을이도足히너기로라平生ᄒᆞᆫ뜻이溫飽애ᄂᆞᆫ업노왜라太平天下애忠孝를일을삼아和兄弟信朋友외다ᄒᆞ리뉘이시리그밧긔남은일이야삼긴ᄃᆡ로살렷노라194)

"丈夫뜻을 옴길넌가 安貧 一念을 젹을망졍 품고이셔 隨宜로 살려ᄒᆞ니 날로조차 齟齬ᄒᆞ다"에서 노계는 가난한 생활 속에서도 장부의 뜻을 품고 안빈일념의 삶을 살려 하지만, 현실적으로 매우 지난하고 어려움을 이야기한다.

또 농우를 빌리러가는 저간의 사정을 "쇼업ᄉᆞᆫ 窮家애 혜염만하 왓삽노라 공ᄒᆞ니 나갑시나 주엄즉도 ᄒᆞ다마ᄂᆞᆫ 다만 어제밤의 거빈집져 사람이 목불근수기雉을 玉脂泣게 ᄭᅮ어ᄂᆡ고 간이근 三亥

194) 한국고전종합DB, 「陋巷詞」.

酒을 醉토록 勸ᄒᆞ거든 이러한 恩惠을 어이아니 갑흘넌고 來日로 주마ᄒᆞ고 큰言約 ᄒᆞ야거든 失約이 未便ᄒᆞ니 사셜이 어려왜라”라고 함으로써 가난한 농부의 현실적 고충을 실감 있게 묘사하였다.

그리고 “農歌도 興업서 들리ᄂᆞ다 世情모ᄅᆞᆫ 한숨은 그칠줄을 모ᄅᆞᄂᆞ다”에서는 생의 의욕을 상실한 농촌의 당시 현실을 처절히 묘사하였다. 이에 관하여서는 다음 박영주의 연구에서 언급한 시가사적 흐름을 참고해 볼 수 있다.

> 17세기 초 이전의 사대부 가사가 주로 자연을 대상으로 관조적 심미성을 존중하는 태도를 보였다면, 17세기 초 이후의 사대부 가사는 주로 현실적인 문제에 관심을 두면서 체험의 구체성을 중시하는 방향으로 변모되어 갔다고 할 수 있다. 그 전환기적 변모 양상의 단면을 우리는 노계 박인로에게서 확인할 수 있다. 그는 가사 작가로서는 드물게 11편의 작품을 통해 자연(전원), 전란, 이념, 교훈, 생활상, 풍류 등을 제재로 다채로우면서도 복합적인 작품론적 성향을 보여준다.[195]

박영주의 언급처럼 노계의 가사는 자연에 대한 심미관에서 체험의 구체성을 중시해나가는 전환기적 위치에 있었다. 그래서 노계의 산수생활이 현실적 생활과 이상추구라는 두가지 측면의 모습을 보여주게 되는 것이다. 따라서 노계의 「누항사」는 자신의 궁핍한 생활을 구체적이고도 사실적으로 형상화함으로써 가사의 역사적 흐름에서 새로운 경지를 개척한 작품이라 할 수 있다.

이런 생활의 고통으로 말미암은 삶의 피폐는 개선될 여지가

---

195 박영주, 「사대부 가사의 전환점에 위치한 노계 박인로」, 『오늘의 가사문학』 17, 한국가사문학관, 2018, 42면.

없다는 절망적 의식으로까지 발전하게 되니, "ᄀᆞ올히不足거든봄이라有餘ᄒᆞ며주머니뷔엿거든甁의라담겨시랴貧困ᄒᆞᆫ人生이天地間의나ᄲᅮᆫ이라"라고 노래하고 있다.

그리고 그 원인이 전쟁으로 인한 피폐에서 가정을 돌볼 수 없었던 국가적 전란이었음을 "兵戈五載예敢死心을가져이셔履尸涉血ᄒᆞ야몃百戰을지ᄂᆡ연고一身이餘暇잇사一家를도라보랴"라고 노래하였다.

그러나 노계는 양반으로서의 도리와 이상을 결코 잊지 않았으며, 위와 같은 상황에서도 "丈夫ᄠᅳᆺ을 옴길넌가 安貧一念을 적을망경 품고이셔"라고 노래하면서 작품을 마무리하였다. "安分一念"은 당시 성리학자들의 전통적 인식인 '안분지족'과 관계가 깊은데, 박현숙은 이에 대하여 노계가 장현광·정구 등과 교류하였다는 점을 들어 "〈누항사〉에 표출된 '안빈낙도'의 의미가 위에서 살펴본 성리학자들의 전통적 견해에서 크게 벗어나지 않았다는 것을 의미한다"[196]고 하였다.

따라서 노계가 자신의 가난을 원망하지 않고 수용하는 것은 당시 성리학자들의 '안빈낙도(安貧樂道)'의 경향과 관련이 깊다. 그래서 다음의 구절에서 이와 같이 말하고 있는 것이다.

> 人間어ᄂᆡ일이命밧긔삼겨시리貧而無怨을어렵다ᄒᆞ건마ᄂᆞᆫᄂᆡ生涯이러호ᄃᆡ설온ᄠᅳᆺ은업노왜라簞食瓢飮을이도足히너기로라平生ᄒᆞᆫᄠᅳᆺ이溫飽애ᄂᆞᆫ업노왜라太平天下애忠孝를일을삼아和兄弟信朋友외다ᄒᆞ리뉘이시리그밧긔남은일이야삼긴ᄃᆡ로살렷노라[197]

---

[196] 박현숙, 앞의 논문, 2011, 107면.

[197] 한국고전종합DB, 「陋巷詞」.

위에서 노계는 선비로서 가난을 원망하지 않고 자신의 사명이 '충효'와 '화형제신붕우'로 대표되는 유교적 윤리의 실천에 있음을 강조하였다. 노계가 품고 있는 성리학적 이상이 그대로 형상화되고 있는 것이다. 이런 노계의 현실상황과 이상은 「사제곡(莎堤曲)」에서 더욱 강조된다.

「사제곡」은 누항사와 같은 해에 지어졌다. 사제(莎堤)는 용진(龍津)에 있는 이덕형의 휴양처로, 「사제곡」은 노계가 '사제'의 아름다운 경치와 이덕형의 소요자적(逍遙自適)하는 모습을 읊고 있는데, 충효실현과 산수생활의 동경을 "萱堂老親은八旬이거의거든湯藥을그치며定省을뷔울넌가이ᄌᆡ야어ᄂᆡᄉᆞ예이山밧긔날오소냐許由의시슨귀예老萊子의오ᄉᆞᆯ입고압뫼예져솔이풀은쇠되도록함긔뫼셔늘그리라"라고 구체화하였다.

그리고 사제의 아름다운 산수와 은거의 동경에 대한 심정을 다음과 같이 노래하고 있다.

> 莎堤안도라드니第一江山이임ᄌᆡ업시ᄇᆞ려ᄂᆞ다平生夢想이오라ᄒᆞ야그러턴지水光山色이녯ᄂᆞᆺ출다시본ᄃᆞᆺ無情ᄒᆞᆫ山水도有情ᄒᆞ야보이ᄂᆞ다白沙汀畔의落霞을빗기씌고三三五五히섯거노ᄂᆞᆫ뎌白鷗야너ᄃᆞ려말뭇자놀ᄂᆡ디마라ᄉᆞ라이名區勝地을어ᄃᆡ라드러썬다碧波ㅣ洋洋ᄒᆞ니渭水伊川아닌게오層巒이兀兀ᄒᆞ니富春箕山아닌게오林深路黑ᄒᆞ니晦翁雲谷아닌게오泉甘土肥ᄒᆞ니李愿盤谷아닌게오徘徊思憶호ᄃᆡ아모된줄내몰내라岸芝汀蘭은淸香이郁郁ᄒᆞ야遠近에이어잇고南澗東溪예落花ㅣᄀᆞ득ᄌᆞᆷ겨거ᄂᆞᆯ荊棘을헤혀드러草屋數間지어두고鶴髮을뫼지고終孝를ᄒᆞ려너겨爰居爰處ᄒᆞ니此江山之임재로다三公不換此江山을오ᄂᆞᆯᄉᆞ아라고야[198]

윗글에 나오는 "渭水伊川"은 이천 정이를 암시하며 "富春箕山"은 부춘산에 은거한 처사 엄자릉을 가리키는 것이다. 그리고 특히 "晦翁雲谷"은 주자를 말하니 노계의 이상은 아름다운 산수에서 세속을 초월한 한가한 심정과 학문의 수련에 있음을 밝히고 있다.

더불어 '鶴髮을 뫼지고 終孝를 ᄒᆞ려너겨'에서 알 수 있듯 부모님께 효를 실천하는 유학자적 삶의 구현이 "三公不換此江山"이라 하였으니, 벼슬에 욕심이 없음을 알 수가 있다.

그래서 노계의 이러한 이상은 안동의 도산서원에 참례하여 퇴계의 학풍을 흠모하고 고향으로 돌아와 회재 이언적의 독락당을 방문하고 그에 대한 경모와 정신을 이어받고자 하는 행동으로 나타났다. 그 심경이 「독락당(獨樂堂)」에 잘 나타나 있으며, 이 작품에서 노계는 독락당을 찾은 동기와 첫인상에 대하여 다음과 같이 노래하였다.

> 紫玉山名勝地예獨樂堂이蕭灑홈을들런디오래로ᄃᆡ이몸이武夫로서海邊事ㅣ孔棘거ᄂᆞᆯ一片丹心에奮義를못내ᄒᆞ야金鎗鐵馬로餘暇업시奔走터가中心景仰이白首에더옥깁허竹杖芒鞋로오날사ᄎᆞ자오니峯巒은秀麗ᄒᆞ야武夷山이되여잇고流水ᄂᆞᆫ盤回ᄒᆞ야後伊川이되엿ᄂᆞ다이러ᄒᆞᆫ名區에임ᄌᆡ어이업도썬고一千年新羅와五百載高麗에賢人君子들이만히도지닌마ᄂᆞᆫ[199]

위 시에서 노계는 독락당을 주자(朱子)가 살던 무이산(武夷山)과 정이(程頤)가 살던 이천(伊川)에 비유하면서, 자옥산의 유구한

198) 한국고전종합DB, 『蘆溪集』, 蘆溪先生文集卷之三 歌 「莎堤曲 莎堤 地名 在龍津江東距五里許 卽漢陰李相公江亭所在處也 公代相公作此曲」.

199) 한국고전종합DB, 『蘆溪集』, 蘆溪先生文集卷之三 歌 「獨樂堂 在慶州玉山 卽晦齋李先生所居堂也 公往尋遺躅 因作此歌」.

표현하고 있다.

중장에서는, 성현과 같이 학문을 이루고 공부하는 일이 매우 어려우니 자신도 공부에 힘쓸 것을 다짐하면서, 종장에서는 구인봉의 고사를 다시 인용하면서 학문에 대한 자신의 굳은 의지를 반어적으로 노래하였다. 이런 의지는 곧 노계로 하여금 세속의 이욕과 벼슬에 대한 미련을 떨치고 산수은거의 이상향을 찾아 나서게 하였으며, 다음과 같이 노래하였다.

> 名利에 뜨지업서 뵈오식 막딕집고
> 訪水 尋山ᄒᆞ야 避世臺예 드러오니
> 어즈버 武陵桃源도 여긔런가 ᄒᆞ로라[210] <避世臺>

명리(名利)는 명성과 이익을 말하니, 자신의 이름을 세상에 널리 드러내고 부귀를 쌓기를 바라는 마음이다. 베옷을 입고 막대를 짚는 것은, 아주 소박한 선비의 모습이다. 마치 정명도의 '방화수류(訪花水流)'의 시경을 연상케 한다. 방수 심산(訪水 尋山)한다는 것은 자신의 이상에 맞는 산수를 찾아다닌다는 의미이다. 그래서 여헌이 피세대(避世臺)라는 이름을 명명한 것과 실재적 자연환경과 지리적 특성을 살펴볼 때, 피세대는 정말 속세를 피해 은자가 숨어 살기에 알맞은 곳이다.

곧 피세대는 장현광이 산수에 은거하며 학문하는 일재당을 주변 산수인 입암의 중심에 있다고 할 것이다. 박인로는 이곳을 찾아 속세를 떠난 한가롭고 무심한 입암의 산수경관 산회의 심정 뿐만 아니라 장현광의 은거를 통한 학문완성의 이상을 존경하고 흠모하

---

210) 한국고전종합DB, 「避世臺」『蘆溪先生文集卷之三』歌 立巖歌 二十二章.

여 이곳을 무릉도원에 비유하였으며, 그 속에 자신의 이상도 함축하여 형상화하였다.

따라서 노계는 초장에서 세상의 명예와 이익에 집착하지 않는 소박한 선비의 삶을 "비오시 막디집고"로 비유하였다. 중장에서는 산수를 찾아 속세를 떠난 은자의 삶을 동경하고, 종장에서는 이러한 산수생활이 자신이 말한 이상적인 선비의 삶이자 낙원임을 "여 긔런가 ᄒᆞ로라"라고 표현하고 있다.

沮溺의 가던 밧치 千年을 묵어거늘
구룸을 허혀 드러 두세 니렁 가라 두고
生涯를 足다사 ᄒᆞᆯ가마ᄂᆞᆫ 부ᄅᆞᆯ 거슨 업노왜라[211] <耕雲野>

저익(沮溺)은 공자가 길을 가던 중 만난 춘추시대의 은자 장저(長沮)와 걸익(桀溺) 두 사람을 아울러 이르는 말이다. 구름을 허혀 든다는 것은 구름을 헤쳐 가야 할 정도로 깊은 산중이라는 의미이며, 경운야(耕雲野) 또한 구름을 가는 것과 같이 높은 곳에 있는 들이라는 뜻이다.

따라서 초장에서 노계는 은자가 은거하는 곳을 저익이 갈던 밭이라고 비유하며 그곳이 오래 버려져 있음을 말하고 있다. 곧 세상의 인심이 은자의 삶을 잊고 있다는 의미를 함축하고 있다. 그래서 중장에서는 그 버려진 곳을 자신이 찾아왔으니, 입암을 은자가 은거하는 산수에 비유하였으며, 종장에서는 이런 산수은거의 이상적 삶에 대한 만족한 심정을 노래하였다.

이상을 살펴볼 때, 결국 노계는 현실의 간고함을 학자적 삶과

211 『고시조대전』, 4257.1. 911면.

학문에 대한 동경과 실천을 통하여, 그 고통으로부터 승화된 정신적 경계를 개척하게 되었다. 오선주의 다음 언급을 살펴보자.

> 여헌과 노계 모두 '입암'을 수양의 대상으로 삼는 성리학적 의식을 공유하고 있다. 그러나 여헌의 「입암」은 불변성의 입암과 가변성의 자연물을 대비하였고, 노계의 「입암 10수」는 불변적 성품의 입암과 그런지 못한 사람을 대비하였다. 이 대비적 대상의 차이가 곧 의식적 차이를 드러낸다. 여헌은 입암의 성리학적 원리를 탐구하는 데 초점을 둔 반면에, 노계는 입암 자체를 실천 윤리로 삼아 생활화하는 데 초점을 두는 의식적 차이를 보이고 있다.[212]

이상을 살펴볼 때 박인로는 자신의 삶의 표준을 회재 이언적, 퇴계 이황, 여헌 장현광에게서 찾았으나, 노계와 여헌의 시가는 그 성격의 차이가 분명하다. 여헌이 성리학적 원리 탐구라는 기존의 조선 중기 전형적인 사대부 시가의 성격을 보인다면, 노계는 성리학적 의식을 공유하면서도, 실천 윤리로서 자신의 삶의 미래에 대한 지향점과 목표를 노래하고 있는 것이다. 그리고 「노계가(蘆溪歌)」에서 이 점을 확인해 볼 수 있다.

> 白首에訪水尋山太晩ᄒᆞᆫ줄알전마ᄂᆞᆫ平生素志를벱고야말랴너겨赤鼠三春에春服을새로닙고竹杖芒鞋로蘆溪깁흔골ᄋᆡ힝혀마참차ᄌᆞ오니第一江山이님ᄌᆡ업시ᄇᆞ려ᄂᆞ다古往今來예幽人處士들이만히도잇것마ᄂᆞᆫ天慳地秘ᄒᆞ야ᄂᆞ를주랴남겨쎳다[213]

[212] 오선주, 「蘆溪의 '代作/命作' 속 개별 의식 試考-「立巖二十九曲」을 중심으로-」, 『한국언어문학』 87, 한국언어문학회, 2013, 194~195면.

[213] 한국고전종합DB, 『蘆溪集』, 蘆溪先生文集卷之三 歌 「蘆溪歌」.

백수는 늙은 나이를 뜻하고 방수심산은 산수를 찾아다님을 의미한다. 적서(赤鼠)는 간지(干支)로 병자(丙子)를 일컬으니 적서삼춘(赤鼠三春)은 병자년 삼월 봄이라는 구체적 시간이다.

죽장망혜(竹杖芒鞋)는 대나무 지팡이와 짚으로 삼은 신을 뜻하니, 매우 소박하고 단출한 모습이다. 유인처사(幽人處士)는 속세를 떠나 산수에 은거한 선비를 의미한다. 천간지비(天慳地秘)는 하늘이 아끼고 땅이 감춘다는 뜻이니, 매우 희귀하고 소중한 것을 이른다.

따라서 "白首에訪水尋山太晩흔줄알전마는平生素志를벱고야말랴너겨"에서 노계는 늙은 나이에 산수를 찾은 것이 늦었지만 평생의 소원을 늦게나마 이루겠다는 의지를 표현하고 있다.

"赤鼠三春에春服을새로닙고竹杖芒鞋로蘆溪깁흔골의힝혀마참차ᄌᆞ오니"에서는 병자년 3월 봄에 봄옷을 새로 입고 소박한 모습으로 노계 깊은 곳에 이르렀으니, 노계(蘆溪)는 박인로가 호를 삼았다는 점에서 알 수 있듯이 그가 지향하는 이상향이자 선비가 은거하고자 하는 산수를 의미한다.

"古往今來예幽人處士들이만히도잇것마는天慳地秘ᄒᆞ야ᄂᆞ를주랴남겨뎟다"에서는 노계라는 깊은 골짜기를 수많은 은사들도 찾지 못한 아주 귀하고 소중한 산수로 표현하며, 하늘이 자신을 위해 이곳을 남겨두었다고 표현하였으니, 자신의 산수생활이 하늘이 내려준 운명이라고 하며 자신의 삶에 정당성을 부여하고 있다.

이상을 살펴보았을 때, 현실초탈적인 성격이 짙은 장현광의 산수락에 비하여 노계의 산수락은 하나의 삶의 공간으로 표현되고 있다. 이는 당시 양반 사대부들의 산수관의 변화를 노계의 작품을 통해서 살펴볼 수 있는 것이기도 하다. 이것은 조선 전기와 후기의 산수관이 변화하는 과도기적 모습이자 노계만의 산수관의 변용이기도 하다. 특히 임진왜란 이후의 피폐한 경제상황과 양반 사대부계층의 실제적 신분하락 등 어려운 현실상황을 반영하고 있다.

노계시가는 신계영의 시가와 비교하면 당시 시대적 특징과 흐름을 더 분명히 할 수 있다. 신계영(辛啓榮, 선조 10~현종 10, 1577~1669)은 조선 중기의 문신으로 본관은 영산(靈山), 자는 영길(英吉), 호는 선석(仙石)이다. 1601년(선조 34) 사마시에 합격하여 생원이 되었으나 벼슬에 뜻이 없어 예산으로 낙향하였다. 몇 년 뒤 부모상을 당했으며, 광해군의 난정에 혐오를 느껴 과거를 보지 않다가 1619년(광해군 11) 알성 문과에 병과로 급제하였다. 같은 해 검열을 거쳐, 병조좌랑·예조좌랑 등을 역임하였다.

1655년(효종 6)에 사직하고 고향에 돌아와 여생을 산수에 은거하였다. 1665년(현종 6) 지중추부사가 되어 기노소(耆老所)에 들어갔고, 1667년에는 판중추부사에 특제되었다. 시호는 정헌(靖憲)이다.[214] 신계영의 「전원사시가(田園四時歌)」를 살펴보자.

陽坡의 풀이 기니 봄빛이 늦어 있다
小園 桃花는 밤비에 다 피것다
아해야 소 좋이 먹여 논밧 갈게 하야라[215] <田園四時歌, 二>

양파는 봄볕이 비치는 언덕이니 저절로 봄풀이 자라 녹음이 짙어진 것을 말한다. 중장은 도화꽃이 다 지고 봄이 늦었음을 이야기하니, 종장에서는 농사짓기를 준비해야 하는 농부의 마음과 시절의 도래를 노래하였다.

214] 한국고전번역원DB, 『仙石遺稿』 年譜 참조.
215] 『고시조대전』, 3135.1, 665면.

殘花 다 진 後에 綠陰이 깊피 간다
白日孤村에 낫닭의 소래노다
아해야 계면조 불러라 긴 조름 꺼우자[216] <田園四時歌, 三>

위 시는 "긴 조름"을 살펴볼 때, 여름의 무더위와 노곤함을 노래하였으니, 한가로운 농촌의 휴식과 고요한 여름의 시절을 노래하고 있다. 아래의 두 수는 가을을 노래하였다.

흰 이슬 서리 되니 가을이 늦어 잇다
긴 들 黃雲이 한 빛이 되겄고나
이해야 비진 술 걸러라 秋興겨워 하노라[217] <田園四時歌, 五>

東籬에 菊花 피니 重陽이 거의로다
自蔡로 비진 술이 하마 아니 닉겄노냐
아해야 紫蟹 黃鷄로 안酒 작만하여라[218] <田園四時歌, 六>

흰이슬이 서리되는 것은 24절기의 백로이다. 곧 이슬이 서리가 되는 상강이 되면 가을은 한없이 늦고 겨울을 맞이할 준비를 해야 한다. 이때는 국화꽃이 피고 가을 걷이가 끝나 풍요로운 계절이 돌아오니 국화주로 술을 빚고 살찐 개와 노란 닭으로 안주를 장만하여 풍요로운 계절을 즐긴다. 곧 이러한 농촌의 정경 "비진 술", "紫蟹 黃鷄"로 표현하고 있다.

216 『고시조대전』, 4159.1, 882면.
217 『고시조대전』, 5553.1, 1201면.
218 『고시조대전』, 1387.1, 301면.

北風이 높이 부니 압뫼해 눈이 진다
茅簷 찬 빛이 夕陽이 거의로다
아해야 豆粥이나 결러라 먹고 자랴 하노라[219] <田園四時歌, 七>

어제 쇼 친 구ᄃᆞᆯ 오ᄂᆞᆯ이야 채 덥거니
긴 ᄌᆞᆷ계우 ᄭᆡ니 아젹 날이 놉파 잇다
아ᄒᆡ야 서리 녹앗ᄂᆞ냐 닐고 쟈고 ᄒᆞ노라 <田園四時歌, 八>

위 시의 첫 수 초장 "北風이 높이 부니 압뫼해 눈이 진다"는 추운 겨울 눈 내린 산의 서경을 묘사하였다. 매우 고요하고, 맑고 깨끗한 세상을 연상케 한다. 두 번째 수의 중장 "긴즘 계읏기니 아젹 날이 놉파잇다"는 겨울 농사일이 없고 휴식을 취하는 기간 배불리 먹고 따뜻하게 잠자며 느지막이 일어나는 농부의 게으르고 만족스러운 겨울날의 농촌생활을 묘사하고 있다. 전체적으로 보아 매우 따뜻하고 안정적이며 태평스럽고 행복한 인정을 묘사하고 있다. 그러니 전체적으로 서정의 영역이 매우 깊고 체험적이며 직접적으로 표현되었다고 하겠다.

다음 시는 겨울이 지나 새해를 맞이하는 농촌의 희망과 새해를 시작하는 삶에 대한 기대들을 형상화하였다.

이바 아해들아 새해 온다 질겨 마라
헌서한 歲月이 少年 아사 가느이라
우리도 새해 질겨 하다가 이 白髮이 되엿노라[220]

<田園四時歌, 九>

---

219) 『고시조대전』, 2137.1, 461면.
220) 『고시조대전』, 3837.1, 810면.

이바 아해들아 날 샌다 깃거 마라
자고 새고 자고 새니 歲月이 먼저 간다
百年이 하 草草하니 나는 굿버하노라[221] <田園四時歌, 十>

위 시는 새해를 맞은 기쁨 속에서도 인생의 노년을 아쉬워하는 심정이 "白髮", "百年이 하 草草하니" 등에 직접적으로 표현되어 있다.

그러므로 「전원사시가」는 전체적으로 농촌 생활의 사계절과 편안하고 행복한 자족적 삶을 노래하고 있으며, 산수은거의 수양적 생활이나 처사의 삶과는 너무나 거리가 있는 평범하고 소박한 농부의 삶을 형상화하고 있다. 그러나 노계의 전원락과 비교해 볼 때 그 사실성이 희박하며, 체험적 경험에서 나오는 전원락을 노래하였다고 하기에는 무리가 있다. 따라서 이 「전원사시가」 역시 산수문학에서 볼 때는 시대에 따른 변형된 산수락을 노래하였으므로, 산수문학의 경향의 변화를 살펴볼 수 있는 중요한 작품이다.

따라서 노계가 노래하고 있는 산수락은 생활공간과 체험적 사실감을 기반으로 하고 있다는 점에서 당시 산수시가의 시대적 흐름을 엿볼 수 있다. 이것이 노계의 양반계층으로서 한계점이기도 하며 동시에 시대적 변화에 순응하는 산수관으로 생활문학의 일면이다. 그러므로 이것을 산수시가의 관점에서 볼 때 현실과 이상이 잘 결합되어 있는 산수락의 하나의 변용이라는 점에서 산수문학에서 매우 큰 의의가 있다.

앞에서 논의한 김광욱과 비교해 볼 때, 물론 신분적 계층이나

221| 『고시조대전』, 3835.1, 809면.

삶의 여정에 큰 차이가 있지만, 노계의 생활공간으로서의 산수나 사실감 있는 체험적 정서는 당시 현실을 반영하고 있다. 뿐만아니라 산수관의 근대적 큰 전환점을 찾아볼 수가 있다는 점이 노계 산수시가의 큰 특징을 이루고 있다.

6. 예학명분의 논쟁과 원림조성

1) 윤선도의 보길도 원림과 독립공간

윤선도(尹善道, 선조 20~현종 12, 1587~1671)의 본관은 해남(海南)이며 호가 고산(孤山)·해옹(海翁)이다. 1612년(광해군 4) 진사가 되고, 1616년 성균관 유생으로 권신 이이첨(李爾瞻) 등의 횡포를 상소했다가 함경도 경원(慶源)과 경상도 기장(機張)에 유배되었다. 1623년 인조반정(仁祖反正)으로 풀려나 의금부도사(義禁府都事)가 되었으나 곧 사직하고 낙향, 여러 관직에 임명된 것을 모두 사퇴했다. 1636년 병자호란(丙子胡亂) 때 의병을 이끌고 강화도로 갔으나 청나라와 화의를 맺었다는 소식을 듣고 제주도로 항해하다 풍랑을 만나 보길도에서 은거하였다. 하지만 병자호란 당시 왕을 호종하지 않았다 하여 1638년 영덕(盈德)에 유배되었다가 1년 뒤에 풀려나 해남으로 돌아갔다.

치열한 당쟁으로 일생을 거의 벽지의 유배지에서 보냈으나 경사(經史)에 해박하고 의약(醫藥)·복서(卜筮)·음양(陰陽)·지리(地理)에도 통하였으며, 특히 시조(時調)에 더욱 뛰어났다. 그의 시조는 정철(鄭澈)의 가사(歌辭)와 더불어 조선시가에서 쌍벽을 이루고 있다.

따라서 고산은 우리나라 산수의 아름다움을 발견하고 이를 시조라는 순수국문학 작품을 통해 예술적 형상화를 성취하여 한국문학사에서 중요한 위상을 차지하였다. 그런 만큼 고산 시가에 대한 연구는 다양하게 이루어졌는데 본격적인 논의를 살펴보면, 최진원에 의해 고산에 대한 연구가 깊이 있게 이루어졌다. 최진원은 「假漁翁- 漁父四時詞의 경우」[222]를 시작으로 「江湖歌道 硏究」[223]에 이르기까지 고산 시가에 대한 일관성 있는 연구를 진행했다. 그는 고산이 현실에서 뜻을 이루지 못하여 자연으로 돌아갔으며 자연의 관념화를 추구하였다고 하였다.

최진원은 일구일학(一丘一壑)을 개념화하고, 고산(孤山)의 자연을 인간성의 좌절, 자연의 관념화 등으로 파악하였으며, 이때의 '관념으로서의 자연'은 "자아와 대상이 모순되지 않는 무위의 경지"라고 논하였다.[224] 최진원의 연구는 고산(孤山) 문학의 문헌 해석적 방법에서 나아가 그의 자연관을 밝히려는 시도라는 점에 의의가 있다. 그러나 자연을 고산(孤山)의 정서나 이념(理念)을 표현하는 매개물이 되는 수단적 의미로 파악하였다.

2000년대 이후로는 고산과 도연명의 자연시적 특징을 비교한 김주순의 연구[225], 고산 시조를 언어구조적으로 연구한 김주석의 연구[226], 『고산유고』에 미수록 된 고산의 작품을 중심으로 연구한

---

[222] 최진원, 「假漁翁- 漁父四時詞의 경우」, 『성균관대학교 논문집 제 5집』, 성균관대학교, 1960.

[223] 최진원, 「江湖歌道 硏究」, 성균관대학교 대학원 박사학위논문, 1974.

[224] 최진원, 『韓國古典詩歌의 形象性』, 성균관대학교출판부, 1988, 98~124면.

[225] 김주순, 「윤선도(尹善道)의 자연시가(自然詩歌)와 도연명(陶淵明) 시(詩)의 비교문학적 고찰」, 『東方漢文學』 38, 동방한문학회, 2009.

[226] 김주석, 「『고산유고』 소재 시조(時調)의 구조(句調) 통계 및 분석」, 『時調學論叢』 第41輯, 한국시조학회, 2014.

정우봉의 연구[227] 등 다각적인 연구가 이루어졌다.

이 장에서는 다음과 같은 논의를 진행하고자 한다.

첫째, 학자로서 고산은 산수를 미적 대상으로만 인식하지 않고 학문적 대상으로도 인식하였다. 고산에게 산수는 미감의 반영이며 가치관과 의식의 투영이다. 따라서 고산의 시가를 정확하게 이해하기 위해서는 고산의 가치관에 대한 이해가 선행되어야 한다. 그런데 조선조 사대부들에게 있어 성리학은 보편적인 가치이자 진리였으므로 고산도 예외는 아니었다. 특히 예학은 고산의 생애에 특별한 의미가 있다.

그래서 성리학은 고산의 생애를 통하여 모든 삶과 행위의 표준이며 규범으로 인식되었다. 동시에 조선조 사대부였던 고산의 시가도 성리학이라는 당시의 문화적 배경을 염두에 두지 않을 수 없을 것이다. 오히려 성리학은 고산 시가의 사상적 배경으로 구체적 작품에 투영되었으니 고산의 시가는 그의 성리학적 이념과 가치를 표상한다고 할 것이다.

따라서 고산이 교유했던 인물들을 통해 고산의 가치관을 다각적으로 살펴봄으로써 고산 시가에 내재된 성리학적 가치관과 이념을 살펴보고자 한다.

둘째, 고산 시가의 이념미와 미적 인식의 형상화 양상에 대해 논의하고자 한다. 고산은 시인이자 성리학자이며 정치인으로서 오늘날의 작가들과는 다른 입장에서 문학 창작활동을 하였다. 오늘날의 작가들이 전문 직업의식에 기초하여 문학 창작활동을 하였다면, 성리학자로서 고산은 산수를 통해 근원으로서의 진리를 탐구

227) 정우봉, 「고산(孤山) 윤선도(尹善道)의 미발굴 작품에 관한 연구」, 『古典文學研究』 50, 한국고전문학회, 2016.

하며 사색의 대상으로 인식하였다.

고산이 살았던 시대는 붕당정치가 치열하게 전개되던 시기였다. 이 시기의 주요 쟁점은 크게 예학으로 압축해 볼 수 있다. 17세기 예학의 발달은 붕당 쟁투의 구실이 되었다.[228] 효종의 장례를 둘러싸고 불거진 제 1차 예송논쟁(禮訟論爭)이 그 서막에 해당한다.

예송논쟁의 직접적 계기는 국왕의 상(喪)에 모후의 복(服)을 수록하지 않았던 『국조오례의(國朝五禮儀)』의 미비점 때문이었다.[229] 하지만 문제의 핵심은 따로 있었다. 차자(次子)로서 황위를 계승한 효종의 특수한 위상이 그것이다.

효종의 사후 자의대비의 복제 문제에 대한 논쟁은 제도의 미비점보다는 왕이라는 인간 사회의 제도를 최우선시 할 것인가 아니면 장자 차자라는 인륜적 질서를 우선시 할 것인가 하는 관점차이에 그 근본적 원인이 있다. 전통적으로 인륜은 천륜으로 해석되어 불변의 질서요 위계로 받아들여졌지만, 고산은 왕이라는 제도의 가치적 우선을 중요시하였다. 이런 관점은 고산의 현실관과 당시 사회의 사회신분과 계층적 질서에 대한 새로운 해석과 의미를 부여하게 되었으며, 그의 시가에 잠재되어 있는 이념적 요소로 작용하였다. 그리고 이런 고산의 관점은 예송 반대자들의 공격으로 산수에 은거하지 않으면 안 될 운명을 만든 계기가 되었다. 고산의 은거는 이처럼 당시 조선 예학의 두 가지 경향에서 말미암은 예학자들의 시각차이가 문제로 작용하고 있었다. 따라서 고산의 시가에는 학자이자 정치인으로서의 의식이 투영되었으며, 이는 시가에서 이념미로 형상화되었다.

228| 고미숙, 『윤선도 평전』, 한겨레출판, 2006, 238면.

229| 이영춘, 「孤山 尹善道의 학문과 예론」, 『국학연구』 9, 한국국학진흥원, 2006, 89면.

나아가 고산은 산수를 미적 대상으로도 인식했다. 이념이 형상화되었다고 하여 고산 시가를 학술적으로만 인식하는 것은 그의 시가를 진정으로 이해하는 것이라고 할 수 없다. 왜냐하면 그는 시가라는 예술 형식에 산수를 대상으로 자신의 미의식을 내재했기 때문이다. 따라서 고산 시가에 내재된 미의식은 문학적 서정으로 나타난다. 그는 시가에서 산수를 대상으로 철리적 진리를 탐구하고 있지만, 이것은 서정의 문화적 배경이며, 근본적으로는 시가라는 예술 형식을 통해 서정을 형상화했다고 할 것이다.

그래서 고산의 시가에서의 산수는 의식의 투영이며 가치관과 미감의 예술적 형상물인 것이다. 곧 고산의 시가 작품 「견회요(遣懷謠)」와 「오우가(五友歌)」를 이념미(理念美)의 형상화 측면에서, 「만흥(漫興)」과 「산중신곡(山中新曲)」을 서정(抒情)의 형상화 측면에서 논의해 보고자 한다. 고산 시가의 이념과 서정이 어떻게 형상화되고 있는가를 연구하는 것은 고산 시가의 미적 특질을 산수시가의 거시적 윤곽으로 해석할 수 있게 하는 과정이며, 더불어 고산 시가에 내재된 미의식의 근원을 탐구하는 것이기도 하다.

셋째, 고산 시가에서 산수미가 갖는 의의는 정감의 표현이라는 점에서 매우 중요하다. 특히 고산의 대표적 시가인 「어부사시사」를 다수의 연구에서 '흥(興)'에 주목하여 분석하였다는 점이나[230], 손오규가 조선조 사대부의 산수인식을 세 가지 양상으로 구분하고 고산 시가를 유미적(唯美的) 형상의 대표적 시가로 분류

---

230) 김흥규, 「어부사시사에서 興의 성격」, 『한국고전시가작품론』, 집문당, 1992. 김석회, 「어부사시사(漁父四時詞)의 흥과 서정적 특징, 『국어교육』 134, 한국어교육학회, 2011, 이한석, 「어부사시사(漁父四時詞)에서의 흥(興)의 문제」, 「관악어문연구」 34, 서울대학교, 2013.

한[231] 것도 고산이 조선시대 여러 사대부 중에서도 정감의 표현이라는 미적 측면에 상당한 가치를 부여했기 때문이라고 판단된다. 자연히 고산 시가에 나타난 산수에 대한 미적 가치 부여가 그의 시가에서 서정으로 나타난다는 추론이 가능할 것이다.

고산이 직접적으로 산수를 찾은 계기는 병자호란 때 인조임금의 항복소식을 들었고, 그 울분을 참지 못한 때문이다. 그래서 제주도로 향하던 중 보길도의 수려한 경관에 사로잡혀 그곳에 머물게 되었다. 그는 1637년부터 1671년 임종을 맞이할 때까지 일곱 번 이곳을 드나들며 글을 쓰는 생활을 했는데, 햇수로 따지면 13년이나 된다.[232] 다음의 작품을 살펴보도록 하자.

> 슬프나 즐거오나 올타 ᄒᆞ나 외다 ᄒᆞ나
> 내 몸의 ᄒᆡ올 일만 닫고 닫글 뿐이언뎡
> 그 밧긔 녀나믄 일이야 분별ᄒᆞᆯ 줄 이시랴[233] <遣懷謠, 一>

제시된 작품은 「견회요」의 1수이다. 우선 작품의 내용을 살펴보면 내가 해야 할 일(修身)은 철저히 실행하고 그밖에 다른 일들은 상관하지 않겠다는 의지가 담겨 있다. 현실적인 것과 이상적인 것이 대립하는 듯하면서도 주어진 현실에 만족하고 있는 것이다. 이는 산수에 감화되어 현실에의 좌절을 위로받는 산수흥취의 감정이 형상화되었다고 볼 수 있다.

231| 손오규, 앞의 책, 2000, 384~414면.

232| 윤선도가 산수에 은거한 동인에 대해서는 다음의 논문을 참고하였다. (김용찬, 「〈어부사시사〉에 나타난 '자연' 인식과 작품세계」, 『한국시가문화연구』 40, 한국시가문화학회, 2017, 63~70면.)

233| 『고시조대전』, 2876.1. 607면.

보리밥 픗ᄂᆞ믈을 알마초 머근 後에
바횟긋 믉ᄀᆞ의 슬ᄏᆞ지 노니노라
그 나믄 녀나믄 일이야 부롤 줄이 이시랴[234] <漫興, 二>

위에 제시된 작품은 「산중신곡(山中新曲)」에 속한 「만흥(漫興)」의 둘째 수이다. 작품을 보면 초장에는 소박하고 절제된 생활을, 중장에는 자연과 벗하는 흥취 있는 생활을, 종장에는 초장과 중장에서 노래한 산수생활의 흥취를 다시 한 번 읊고 있다.

초장에서의 '보리밥'과 '풋나물'은 소박한 산수생활을 표상한다. 그런데 종장에서 '부러워 할 게 없는', '여남은 일'은 세상을 염려하는 마음 곧 사대부로서 우국의 심경을 말하는 것이니, 그것은 현실 정치에 대한 미련일 것이다. 이 시에서 고산은 현실 정치에 대한 미련을 벗고 산수를 벗하며 근심 없이 소일하는 즐거움을 삶의 방식으로 선택한다. 이는 곧 현실 정치의 좌절을 달래는 휴식공간으로서의 산수흥취가 형상화된 것이라고 볼 수 있다.

잔 들고 혼자 안자 먼 뫼흘 ᄇᆞ라보니
그리던 님이 오다 반가옴이 이리ᄒᆞ랴
말솜도 우움도 아녀도 몯내 됴하ᄒᆞ노라[235] <漫興, 三>

위 작품의 시적 상황은 단순하다. 술잔을 들고 홀로 먼 산을 바라보는 고산의 내면에 "말도 없고", "웃음도 없어도" 형언할 수 없는 진한 서정이 일어나고 있는 것이다. 이 「만흥」 삼수는 실경의 모습을 구체적으로 표현한 것이 특징이다. 이상원은 금쇄동의 지리

---

234) 『고시조대전』, 2014.1. 441면.
235) 『고시조대전』, 4151.1. 882면.

적 모습을 구체적으로 살피면서 「만흥」 3수가 "회심당 주변에서 화자가 자연을 즐기는 구체적 모습을 표현한 것"[236]이라고 하였다. 위 시에서 특별한 미사여구나 과장이 없이 산수와 감응하며 느끼는 흥을 투명한 듯하면서도 진하게 형상화하고 있는 것도 실제 산수의 풍경을 보면서 느끼는 즐거움을 형상화했기 때문일 것이다.

「오우가(五友歌)」에서도 서정이 형상화된다. 「오우가」에서의 다섯 자연물은 객관적인 사물이 아니라 '아름다운' 존재로 인식된다. 이는 「오우가」에서 다섯 자연물이 고산이라는 감상주체에 의해 사물차원을 넘어서 개념화되는 과정에서 감상주체의 서정도 함께 전이되었기 때문이다. 따라서 「오우가」에서 자연의 개념화는 자연스럽게 서정으로 이어진다. 다음 작품을 살펴보자.

> 내 버디 몃치나 ᄒᆞ니 水石과 松竹이라
> 東山의 ᄃᆞᆯ 오르니 긔 더옥 반갑고야
> 두어라 이 다ᄉᆞᆺ밧긔 또 더ᄒᆞ야 머엇ᄒᆞ리[237] <五友歌, 一>

위 작품은 「오우가」의 첫째 수로서 고산의 산수관, 생활관을 진솔하게 표현했다. 초장과 중장에서는 인간이 아닌 산수를 벗삼아 살겠다는 의지가 담겨 있다. 특히 종장 "두어라 이 다ᄉᆞᆺ밧긔 또 더ᄒᆞ야 머엇ᄒᆞ리"에서는 고산의 아담하고 소박한 심성이 두드러진다. 그렇기 때문에 이는 부귀영화와 세속의 명리에 집착하지 않고 산수의 아름다움 속에 즐거움을 누리려는 그의 산수친화 사상이

236) 이상원, 「윤선도의 금쇄동 경영과 〈산중신곡〉」, 『한국고전연구』 36, 한국고전연구학회, 2017, 14면.
237) 『고시조대전』, 0944.1. 199면.

드러나는 부분이다.

구룸 빗치 조타 ᄒᆞ나 검기ᄅᆞᆯ ᄌᆞ로 ᄒᆞᆫ다
ᄇᆞ람 소ᄅᆡ ᄆᆞᆰ다 ᄒᆞ나 그칠 적이 하노매라
조코도 그츨 뉘 업기ᄂᆞᆫ 믈뿐인가 ᄒᆞ노라[238] <五友歌, 二>

둘째 수 어디에도 '물'에 대한 객관적 묘사는 찾아볼 수 없다. 「오우가」에서의 '물'은 객관적 사물이 아니라 감상주체의 서정 그 자체이기 때문이다. '좋고도 그칠 때가 없는 것'은 단순히 물의 성질을 나타낸 것이 아니라 물이라는 자연물을 수용하는 과정에서 이루어진 고산의 감상이자 서정이다.

「오우가」 2수의 물에 대하여 유육례는 "고산은 이제부터라도 물의 속성처럼 가장 낮은 곳에서 생활하면서 많은 백성들에게 도움이 되는 삶을 살고 싶다는 의지를 드러"[239]낸 것이라고 하였는데, 이것은 단순히 자연의 실제적 모습이나 성질의 차원을 넘어 고산이 자연을 대상으로 자신의 감상과 서정을 표출하고 있음을 의미한다. 다음 작품을 살펴보자.

고즌 므스 일로 퓌며셔 쉬이 디고
플은 어이ᄒᆞ야 프르ᄂᆞᆫ ᄃᆞᆺ 누르ᄂᆞ니
아마도 변티 아닐ᄉᆞᆫ 바회뿐인가 ᄒᆞ노라[240] <五友歌, 三>

---

238) 『고시조대전』, 0404.1. 83면.

239) 유육례, 「고산 윤선도의 시에 관한 생태학적 접근-「山中新曲」의 〈五友歌〉와 〈漫興〉을 중심으로-」, 『온지논총』 42, 온지학회, 2015, 208면.

240) 『고시조대전』, 0654.1. 136면.

'피자마자 쉬이 지고', '푸른 듯하다가 누렇게 되는' 꽃과 풀도 대상에 대한 객관적 묘사가 아니다. 꽃과 풀이라는 대상을 수용하는 과정에서 감상주체의 서정이 전이되어 개념화 된 것이다. 이 대상은 실제 경물이면서도 윤선도가 느끼는 서정의 집약체이기도 하다.[241] 이는 곧 감상주체인 고산의 서정이다.

「오우가」에서 서정성을 찾을 때 보통은 '뿐인가 하노라'와 같은 예찬적 부분에 집중한다. 이는 「오우가」가 예찬적 서정시로 분류되는 이유이기도 하다. 하지만 개념화 과정에서 감상주체의 서정이 자연물에 전이된다고 보면 '피자마자 쉬이 지고', '푸른듯하다가 누렇게 되는' 자연물의 성질에 대한 묘사의 부분도 서정성을 띤다.

고산 시가의 서정성은 현실을 직감하면서 변화하니, 산수은거의 성향과 시가적 표현의 특징을 초래하는 근원이 된다.

심심은 ᄒᆞ다마ᄂᆞᆫ 일 업슬ᄉᆞᆫ 마히로다
답답은 ᄒᆞ다마ᄂᆞᆫ 閑暇ᄒᆞᆯᄉᆞᆫ 밤이로다
아ᄒᆡ야 일즉 자다가 東트거든 닐거라[242]   <夏雨謠, 二>

「하우요」에는 일단 앞서 살펴 본 작품들에 나타나는 현실 정치에 대한 어떠한 형상화도 부재한다. 현실 정치에 대한 감정이 사라지자 일상과 풍경이 온전히 드러난다. 위 시는 장마철을 맞은 농

241| 이상원의 다음 언급에서도 「오우가」에서 실경을 바탕으로 하는 서경에 대하여 잘 설명되어 있다. "〈오우가〉는 윤선도가 금쇄동에서 만난 자연을 시적 대상으로 삼은 것이며, 각각의 자연물에서 취한 덕성은 전통적으로 얘기되던 통념을 그대로 가져온 것이 아니라 금쇄동 자연을 즐기는 과정에서 윤선도 스스로가 직접 재발견한 내용을 나타낸 것이다." (이상원, 앞의 논문, 2017, 24면.)

242| 『고시조대전』, 2955.1. 621면.

촌의 한정을 담백하게 담고 있는 것이다. 작품을 보면 장마철 긴긴 날의 지루한 듯 나른한 듯한 시골 풍경이 손에 잡힐 듯 생생하다. 안한자적(安閑自適)의 담백한 서정이 종장에 잘 형상화되고 있다.

> 月出山이 놉더니마ᄂᆞᆫ 믜운 거시 안개로다
> 天王 第一峯을 一時예 ᄀᆞ리와다
> 두어라 ᄒᆡ 퍼딘 휘면 안개 아니 거드랴[243] <朝霧謠>

「조무요」는 아침 안개 낀 산수의 모습을 형상화했다. 특히 위의 시는 바라보는 서경에 고산의 감정이 깊게 개입되어 있다. 초장의 "믜운"이라는 말에 감정이 집중되고 있는데, 물론 안개 때문에 월출산을 전부 다 볼 수 없는 아쉬움을 표현한 것이라고 할 수 있지만, 그것은 표면적 의미일 뿐이다. 중장을 살펴보면 더욱 그러하다 그 이면에 상징하고 있는 것이 아마 고산이 처한 당시의 정치적 상황을 암시한 것이라는 점을 추측하게 한다.

조하연도 「조무요」의 이 이면적 특성 때문에 "이 작품에 대해 우선 고민하게 되는 것은 이것이 자연에 대한 순수한 묘사인지, 아니면 세태에 대한 풍자인지 하는 점이다. 이 점에서 기존의 연구들은 서로 다른 해석을 제시하고 있다"[244]고 하였다. 중장의 "天王 第一峯"은 보통 임금으로 상징되기 때문이다. 그렇기 때문에 위 시는 경(景)을 한가롭고 여유로운 서정으로 표현하고 있지만, 그 이면의 상징적 의미를 고산의 정치상황과 고려해 볼 때 중의적 해석이 가능해진다. 임금을 가리는 간신을 탓한다는 내면적 의미와 함께 월

[243] 『고시조대전』, 3656.1. 774면.

[244] 조하연, 「〈산중신곡(山中新曲)〉의 구조에 나타난 윤선도의 자의식」, 『고전문학과 교육』 31, 한국고전문학교육학회, 2016, 204면.

출산의 아름다움을 표현한 것이라는 서정적 의미도 함께 가지게 되는 것이다. 다음 시를 살펴보자.

> ᄇᆞ람 분다 지게 다다라 밤 들거다 블 아사라
> 벼개예 히즈려 슬ᄏᆞ지 쉬여 보쟈
> 아ᄒᆡ야 새야 오거든 내 ᄌᆞᆷ 와 ᄭᅵ와스라[245] <夜深謠>

「야심요」는 깊은 밤 평화로운 산수의 정취를 노래하고 있다. 자연의 삶에 순응하는 삶의 모습을 보여주고 있으며[246], 밤이 깊어 노동에서 벗어나 베개에 드러누워 휴식을 취하는 천연스러운 고산의 모습을 즐겁게 표현했다.

이 작품들은 모두 「산중신곡(山中新曲)」에 포함된 작품으로 산수의 풍광 가운데 몇몇을 선별하여 노래했다. 특히 아침-낮-해 질 무렵-깊은 밤의 시간적 순서로 작품을 배열하여 조화로운 모습을 만들어낸다. 특히 안개, 장마, 황혼, 바람을 각 작품의 중심소재로 사용하여 하모니를 이루고 생생하고 다채로운 이미지를 연출한다.

고산이 개척한 미적 영역 중에서 주목할 만한 것은 첫째로 변화하는 자연의 현상을 통한 산수미의 포착과 산수경물의 의상이다. 이처럼 산수를 대상으로 문학작품에 의상을 형상화시키는 것이 산수시가에서의 서정이다.

고산이 자신의 작품에서 형상화된 산수경물의 의상은 단순히 감각기관에 의한 반사작용이 아니다. 그는 자신의 작품에서 감각의 차원을 넘어 내면과 연결된 의식의 결과로서의 산수경물을 형

[245] 『고시조대전』, 1773.1. 384면.

[246] 조하연은 이 「야심요」의 성격을 "이치에 합당한 삶의 형상화"라고 밝힌 바 있다. (조하연, 앞의 논문, 2016, 202~208면.)

상화하고 있다.

또한 고산은 농촌생활 속에서 터득한 생활의 경험을 통한 실천적 삶의 이상을 소박한 산수미(山水美)의 세계로 형상화하였다. 다음의 시를 살펴보면 이러한 점을 잘 알 수 있다.

비 오ᄂᆞᆫᄃᆡ 들희 가랴 사립 닷고 쇼 머겨라
마히 ᄆᆡ양이랴 잠기 연장 다ᄉᆞ려라
쉬다가 개ᄂᆞᆫ 날 보아 ᄉᆞ래 긴 밧 가라라[247] <夏雨謠, 一>

초장의 원인은 중장 '장마'에서 찾아볼 수가 있다. 위 시는 전체적으로 농촌생활을 소재로 하였으니 농촌문학적 성격이 있다고도 할 것이다. 왜냐하면 전원문학을 확장적 개념으로 파악할 때, 위의 시에서 묘사되고 있는 농촌생활의 현실적 상황과 노동을 잘 형상화하고 있기 때문이다. 곧 '소 먹이거라', '쟁기며 연장 손질하거라', '사래 긴 밭 갈거라' 등은 실제 농촌 생활에서 일상적으로 거듭되는 삶의 형태로서의 노동인 것이다.

그런데 앞의 시에서 살펴본 대로 고산 시가의 근저에 깔려있는 문예적 표현의 중의적 장치와 의상을 통한 원관념을 전제로 할 때, 위 시에 등장하는 '장마'는 매우 중의적 상징성을 함축한 표현으로 이해해 볼 수 있다. 나아가 '장마'를 쟁기연장 손질과 사래 긴 밭갈이와 연관지어 그 원관념을 추정해 볼 때, 고산의 정치적 입장과 현실정치의 이상을 향한 사대부의 관념적 지향성을 파악해 볼 수 있다.

다시 말해서 '장마'는 고산의 불우한 정치적 상황을 암시하며

---

247) 『고시조대전』, 2176.1. 469면.

'쟁기연장 손질'은 치국평천하를 위한 사대부로서의 학문과 수양 그리고 나아가 경세의 도를 닦는 것을 말한다. 그래서 '사래 긴 밭 갈이'는 험난한 벼슬살이나 사대부로서 임금을 보좌하여 천하를 태평하게 이끄는 시대적 사명의 중요함과 실천적 의지를 비유하고 있다고 할 수 있다.

산수시가의 측면에서 볼 때 「조무요」가 아침 안개 낀 산수의 모습을 형상화했다면, 「하우요」는 장마철의 한적한 농촌 풍경을 노래하였다. 「하후요」에서는 궂은 장맛비가 내리고 사람들은 들에 가지도 않고 사립문을 닫아 걸어 소 먹이나 먹이고 있다. 또한 장마 기간을 한가롭게 표현하여 자신이 느끼는 장마철의 한가함과 무료한 감정을 서정적으로 형상화하고 있다. 그래서 경은 한가롭고 여유로운 서정을 함축하게 된다.

이 외에도 「일모요」에서는 석양이 진 후에 황혼이 가까워오고 물색이 어두지는 광경을 통해 해 질 무렵 산수의 고요하고 아늑한 분위기를 더욱 서정적으로 표현했다.

그럼에도 불구하고 이러한 시들도 앞에서 분석한 바와 같이 중의적 표현과 상징적 표상의 관점에서 음미해볼 만한 가치가 있다. 이것은 아래에 인용된 작품에서도 확인해 볼 수가 있다.

> 夕陽 넘은 後에 山氣는 됴타마는
> 黃昏이 갓가오니 物色이 어둡는다
> 아희야 범 므셔온듸 나둔니디 마라라[248] <日暮謠>

248) 『고시조대전』, 2544.1. 540면.

「일모요」는 표면적으로 석양이 질 무렵 산간의 고요하고 아늑한 분위기를 묘사하고 있으며, 이와 같은 농촌 풍경의 아늑한 정서는 고산 시가에서 담백한 서정으로 형상화되고 있다.

위 작품은 전체적으로 아침-낮-해 질 무렵-깊은 밤의 시간적 순서에 의한 시적 전개로 작품을 배열하여 조화로운 모습을 표현하였다. 특히 앞에서 언급한 안개, 장마, 황혼, 바람 등 작품의 중심 소재의 의상들을 고려할 때 위 시는 저녁 무렵 자신이 바라보는 경치를 시각적으로 잘 묘사하였으며, 표면적으로는 산수미의 조화를 형상화하였다. 따라서 이것은 분명 문예적 기법과 구성에 의한 시적 구성이자 산수경물의 형상화이며, 이것은 고산시가의 매우 큰 특징이다.

이처럼 고산은 자신의 현실적 좌절과 정치적 불운을 한탄하거나 비관하지 않고 산수경물의 형상화를 통한 서정성을 확대하고 있다. 특히 「어부사시사(漁父四時詞)」에서는 산수에서 느끼는 자신의 서정을 흥(興)의 감정으로 구체화하였다.

「어부사시사」는 춘하추동의 계절적 흐름을 구조로 하고 각각의 계절에는 아침에서 저녁까지의 하루를 배열하고 있다. 특히 이 전체의 과정을 하나의 유기적 연속성으로 느껴지도록 배열하고 있다. 그렇기 때문에 각 작품들은 종장의 완결성을 취하지 않은 채 열린 상태로 이끌어 가다가 마지막 사십 수에 이르러서 앞서 이어 온 흥을 최고의 수준으로 끌어올린 후 막을 내리고 있는 것이다. 그렇게 함으로써 화자의 흥은 '봄의 아침'부터 '겨울의 저녁'까지를 모두 포괄하게 되었다.

요약하면 고산은 춘하추동의 시조를 각각 한 수 한 수 감각적이고 정교하게 정리하고 다듬으면서 이와 동시에 「어부사시사」 전체가 하나의 조화를 이루도록 배치한 것이다.

고산은 「어부사시사 발(漁父四時詞 跋)」에서 자신이 은둔한 금쇄동(金鎖洞)을 선경에 비유하고 있는데, 이는 고산의 이상적 정신세계가 추구하는 공간이다. 즉, 고산의 개인적 경험의 공감에서 오는 정신세계를 선경이라는 공간으로 형상화 하고 있는 것이다. 고산은 「어부사」를 정리하고 다음과 같이 말하였다.

> 동방에 예로부터 「漁父詞」가 있는데, 누가 지었는지는 알 수 없으나 고시(古詩)를 모아 곡조로 만든 것이다. 이 「어부사」를 읊조리 노라면 강바람과 바다 비가 얼굴에 부딪히는 듯하여 사람으로 하여금 훌쩍 세속을 떠나 홀로 서려는 뜻을 가지게 한다. 이 때문에 농암(聾巖) 선생도 좋아하여 싫증 내지 않았고 퇴계(退溪) 선생도 칭탄하여 마지않았다. 그러나 음향이 상응하지 못하고 말뜻이 잘 갖추어지지 못하였으니, 이는 고시를 모으는 데 구애되었기에 국촉(局促)해지는 흠결을 면치 못한 것이다. 내가 그 뜻을 부연하고 언문을 사용하여 「어부사」를 지었는데, 계절별로 각 한 편씩이며 한 편은 10장으로 이루어져 있다. (중략) 또 훗날 창주(滄州)에서 거처할 일사(逸士)가 반드시 나의 이 마음과 뜻이 부합하여 백세의 세월을 넘어 느낌이 일지 않으리라고는 못할 것이다. 신묘년(1651, 효종2) 가을 9월 부용동(芙蓉洞)의 낚시질하는 노인이 세연정(洗然亭) 낙기란(樂飢欄) 옆 배 위에서 적어 아이들에게 보인다.[249]

249) 윤선도, 『孤山遺稿』 4, 이상현, 이승현 역주, 한국고전번역원, 2015, 239~240면. 東方古有漁父詞, 未知何人所爲, 而集古詩而成腔者也. 諷詠則江風海雨生牙頰間, 令人飄飄然有遺世獨立之意, 是以, 聾巖先生好之不倦, 退溪夫子歎賞無已, 然音響不相. 語意不甚備.盖拘於集古, 故不免有局促之欠也. 余衍其意, 用俚語作漁父詞, 四時各一篇, 篇十章. 余於腔調音律, 固不敢妄議. 余於滄洲吾道, 尤不敢竊附. 而澄潭廣湖片舸容與之時. 使人並喉而相棹, 則亦一快也, 且後之滄洲逸士, 未必不與此心期而曠百世而相感也.秋九月歲辛卯, 芙蓉洞釣叟, 書干 洗然亭樂飢欄邊船上, 示

위 글은 고산의 「어부사시사 발」 중 일부이다. 고산은 자신이 지은 「어부사시사」가 농암 이현보의 「어부가」와 그 전통적 맥락을 잇고 있다고 밝히면서 "맑은 강 넓은 호수에 조각배를 띄우고 물결을 따라 출렁일 때에 사람들에게 한목소리로 노래하며 노를 젓게 한다면 또한 하나의 쾌사(快事)일 것이다"라고 하였다.

고산이 말하는 쾌사(快事)는 그 유래가 농암 「어부가」의 "이 「어부사」를 읊조리노라면 강바람과 바다 비가 얼굴에 부딪히는 듯하여 사람으로 하여금 훌쩍 세속을 떠나 홀로 서려는 뜻을 가지게 한다"와 같은 시경에서 비롯되는 즐거움, 곧 산수락 속에서 느끼는 심정적 즐거움으로서의 상심(賞心)을 말하는 것이다.

따라서 「어부사시사」는 「어부가」 계열의 작품으로 어부 형상을 통해 미의식과 세계관을 표현하는 일련의 작품들을 말한다. 그런데 고산은 「어부사시사 발」을 쓴 장소를 "부용동(芙蓉洞)의 낚시질하는 노인이 세연정(洗然亭) 낙기란(樂飢欄) 옆 배 위"라고 하였다. 부용동의 세연정은 고산의 고향인 해남을 떠나 완도에서 조성한 원림 속에 있는 정자이자 그 부속공간이며, 그 조성 경위를 살펴보면 다음과 같다.

> 고산은 인조가 남한산성에서 나와 삼전도에서 청(淸)의 태종(太宗)에게 항복하고 굴욕적인 화의(和議)를 맺었다는 소식을 전해 듣게 되자 그 끓어오르는 울분을 참을 수 없어 마침내 은둔생활을 결심하고 제주를 향하여 항진(航進)하다 발견한 곳이 해남반도(海南半島)의 남쪽 끝으로부터 약 12km의 거리에 있는 보길도(甫吉島)였다.(중략) 그는 51세에 이곳에 들어와 85세에 세상을 떠났지만 이 34년 5개월

兒輩.

중 2회에 걸친 8년 2개월을 유배생활로 보냈고, 벼슬을 주겠다는 왕의 특명 때문에 3년 5개월을 한양에게 지냈기 때문에 사실상의 은둔생활은 21년 10개월이다. 이 은둔생활은 해남의 수정동(水晶洞)과 금쇄동(金鎖洞)에서 약 9년 2개월을 보냈고, 나머지 12년 8개월은 보길도에서 보냈다.[250]

따라서 고산이 이곳에 원림을 조성한 것은 인적이 드물어 세속적 번거로운 일로부터 단절되어 있는 이상적 공간을 찾아가고자 하는 자신의 이상에서 비롯되었으며, 보길도의 오랜 생활을 통하여 보길도 주변 산수의 아름다움과 산수유상을 통한 서정적 영역을 미적으로 형상화하였다. 그래서 「어부사시사」에 형상화된 원림과 그 산수의 서경 및 산수락을 살펴보면 고산시가의 산수문학적 특성을 잘 파악할 수가 있다.

보길도 산수공간은 낙서재와 세연정을 중심으로 이루어졌으며, 세연정에 대하여 살펴보면 다음과 같다.

> 세연정 주변의 원림은 芙蓉洞 어구에 있으며 8m×8m의 넓이를 갖는 方形의 臺를 중심으로 하여 南東쪽에는 약 2,100m²에 이르는 溪潭에 있고 그 반대쪽인 北西쪽에는 넓이 약 800m²에 이르는 人工方池가 축조되어 있다. 溪潭은 下流쪽에 길이 약 11m, 나비 약 2.5m, 깊이 약 1m(깊은 곳)의 組立石堤로 洑를 막아 貯水한 곳으로서 大小의 매끄러운 岩石 10여개가 散在해 있으며 潭의 北東岸 가까운 곳에는 人工적인 섬 1개가 있다.(중략) 이 섬에는 소나무의 枯死木이 서 있다. 溪潭에 흘러 들어온 물은 方池사이에 있는 土堤下의 5개 流入口를 통하여 方池에 들어오고 (하략)[251]

---

250) 정동오, 『동양조경문화사』, 전남대학교 출판부, 1996, 360~361면.

이상은 세연정 주변의 방지와 수로 및 환경에 대한 것으로 지리적 환경과 세연정이 놓여 있는 초세속적 공간의 이상적 모습을 충분히 짐작해 볼 수가 있다. 그리고 이 방지의 중심에 있는 세연정은 다음과 같은 기록을 살펴보면 매우 자세하게 알 수 있으니, 산수감상의 집중이며 집약의 핵심적 공간으로서 고산이 감상하고 조성하고자 한 개방된 원림의 산수미로서 서경미를 압축해 놓은 곳이라 할 수 있다.

> 洗然亭은 池中에 있다. 높이 한 길쯤 되는 섬돌 위에 세워진 이 정자는 한 칸 사방, 높이 한 길의 크기이며, 사방으로 퇴를 달았다. 여러 개울물이 합쳐서 된 못은 方池를 이루었는데 東西가 6~7간이고 南北은 이보다 배나 된다. 池岸은 지형을 따라 岩石이나 흙으로 護岸 처리를 했으며 주위에는 山茶(동백나무)와 映山紅을 심었다. 亭子의 서쪽 즉 堤防의 동쪽에는 겨우 한 칸쯤 되는 넓이의 웅덩이가 있는데 그 가운데에 거북이 모양의 돌이 있다. 이 곳에 다리(飛虹橋)를 놓아 이를 통하여 누에 오르게 하였다. 飛虹橋 남쪽에 或躍·在淵 등 七岩이 있다. (중략) 못의 동쪽 좌우에는 각각 3층의 方臺를 축조하였는데 東臺와 西臺라 부르고 있다. (중략) 亭子 동쪽에 조그마한 누를 지어 '呼光樓'라 하고 公은 매양 난간에 의지하고 멀리 바라다 보았다.[252]

위 글을 살펴보면 세연정은 매우 치밀한 설계에 의하여 대규모 토목공사를 통해 조성된 인공원림의 성격이 매우 짙으니 우리나라 원림으로서는 매우 특별하다. 곧 이 세연정을 중심으로 하는 부용동 원림은 고산의 이상적 세계가 세속을 초월한 별세계를 이

251| 정동오, 앞의 책, 1996, 366면.
252| 정동오, 앞의 책, 1996, 366~370면.

루어 내듯 자신의 미적 안목과 산수락의 극대화를 위한 문화공간이며 산수시가를 위한 창작공간이다.

전체적으로 보아 방지며 홍교 등 인공건조물의 명칭과 구성이 일상생활과는 거리가 있는 산수미를 이루고 있다고 할 것이다. 따라서 이 부용동은 고산이 노래한 「어부사시사」의 기반을 이루는 미적 공간으로서의 역할을 하고 있다. 이상을 배경으로 「어부사시사」의 시적 세계를 살펴보고자 한다.

夕陽 셕양이 빗겨시니 그만ᄒᆞ야 도라가쟈
돋디여라 돋디여라
岸柳汀花 안류뎡화ᄂᆞᆫ 고븨고븨 새롭고야
至匊悤至匊悤於思臥三公 지국총 지국총 어ᄉᆞ와
삼공을 불리소냐 萬事 만ᄉᆞ를 ᄉᆡᆼ각ᄒᆞ랴[253]

<漁父四時詞 春詞, 六>

위 시는 석양이 비끼고 돌아가려 할 때의 감상을 노래하고 있다. 초장에서 석양이 비꼈음을 체념하고 돌아가고자 하였으나 중장에서 버들 물가 꽃(岸柳汀花)이라는 산수경물을 발견하고는 아름다움을 느끼고 있다. 산수를 완상하면서 느끼는 즐거움이 자신에게 즐거울 뿐 종장에서는 삼정승으로 비유되는 현실 세계를 부러워할 것이 아니다. 더 나아가 초장과 중장에서 석양이 지고 꽃이 핀 모습을 대자연의 원리를 의미한다고 보면, 종장에서 말하는 현실세계의 높은 벼슬(三公)은 의미 없는 것이 된다.

전유재는 이에 대하여 "이때 심미주체는 자의식에 있어서 우

253) 한국고전종합DB, 「漁父四時詞」.

위적 상황에 놓이게 되고 스스로의 정당성을 고민 없이 획득하고 있다"[254]고 언급하였는데, 전유재의 언급처럼 고산은 현실세계에 대비시켜 자신의 의지를 우위에 놓고 있다고도 볼 수 있다. 그러나 정감의 표출이라는 측면에서 본다면 위 시에서 고산은 현실세계에 비하여 자연스럽고 아름다운 산수자연을 보고 감동하며, 현실의 권력을 무의미한 것으로 받아들이고 있다고 봄이 타당하다.

醉 취ᄒᆞ야 누얻다가 여흘 아래 ᄂᆞ리려다
ᄇᆡᄆᆡ여라 ᄇᆡᄆᆡ여라
落紅 락홍이 흘러오니 桃源 도원이 갓갑도다
至匊悤至匊悤於思臥人世紅塵 지국총 지국총 어ᄉᆞ와
인세 홍딘이언메나 ᄀᆞ렷ᄂᆞ니[255] <漁父四時詞 春詞, 八>

화자는 붉은 낙화가 흘러오는 것을 보고 그곳이 무릉도원임을 깨닫는다. 자신이 있는 곳이 현실과는 다른 이상세계임을 인식하고 있는 것이다. 도연명이 노래한 낙원인 무릉도원을 떠올림으로써 산수에서 자신이 꿈꾸는 이상세계를 지향하고 있는 것이다.

특히 현실세계를 인세홍진(人世紅塵)으로 표현함으로써 산수에서 비롯되는 이상세계를 더욱 부각시키고 있다.

믉결이 흐리거든 발을 싯다 엇더ᄒᆞ리
이어라 이어라
吳江 오강의 가쟈 ᄒᆞ니 千年怒濤 쳔년노도 슬플로다

---

254 전유재, 「윤선도 〈漁父四時詞〉의 審美類型과 그 성향 연구」, 『한국시가연구』 42, 한국시가학회, 2017, 13면.

255 한국고전종합DB, 「漁父四時詞」.

至匊悤至匊悤於思臥楚江 지국총 지국총 어ᄉᆞ와
초강의 가쟈 ᄒᆞ니 魚腹忠魂 어복튱혼 낟글셰라[256]

<漁父四時詞 夏詞, 四>

고산에게 있어 산수는 아름다운 공간이자 즐거운 곳이기도 하지만, 때로는 산수에서 슬픔의 정감을 형상화하기도 한다. 위 시의 중장 '오강에 가자하니 천년노도 슬프도다'는 춘추전국 시대에 오자서(伍子胥)가 참소를 받고 자결한 고사를 인용한 것인데, 충신의 죽음을 노여워한다는 표현이다. 또한 '초강에 가자하니 어복충혼 낚을세라'에서 초강은 굴원(屈原)이 몸을 투신한 멱라수를 가리키며 시국을 걱정하며 자결한 굴원의 충혼을 표현한 것이다.[257]

오자서는 춘추전국시대 정치적 모략을 당하자 자신의 결백과 충정을 밝히며 자결한 인물이고, 굴원 또한 불안한 시국을 염려하며 자결한 충신이다. 고산은 굴원과 오자서의 충심을 생각하며, 그들이 죽음을 맞이한 장소를 형상화함으로써 자신의 충심과 억울함을 그들을 기리는 슬픔의 정감으로 표현하고 있는 것이다.

따라서 고산이 이들의 고사를 인용하여 자신과 결부시킨 것은 어지러운 정계 상황에 대한 강한 비판의식과 자신의 충심을 간접적으로 함축한 표현이라고 할 수 있다. 다음 시를 살펴보자.

긴 날이 져므ᄂᆞᆫ 줄 興 흥의 미쳐 모ᄅᆞ도다
돋 디여라 돋 디여라
빗대ᄅᆞᆯ 두드리고 水調歌 슈됴가ᄅᆞᆯ 블러 보쟈

[256] 한국고전종합DB, 「漁父四時詞」.
[257] 김용찬, 앞의 논문, 2017, 82면.

至匊悤至匊悤於思臥款乃聲中 지국총 지국총 어ᄉᆞ와
우애셩듕에 萬古心 만고심을 긔 뉘 알고[258]

<漁父四時詞 夏詞, 六>

작품에서 화자는 어부 생활의 흥에 취해 긴 날이 저무는 줄도 모르고 있다. 그러면서 돛대를 두드리며 수조가를 부르고, 만고의 마음을 알 사람은 자신 밖에 없음을 말하고 있다. 여기서 만고의 마음(萬古心)[259]은 주자의 「무이도가(武夷櫂歌)」의 구절을 인용한 부분으로 영원히 변치 않는 마음을 뜻한다. 고산은 자신의 이상세계를 현실에서 실현하지 못해 좌절을 겪었고, 산수에 은둔하여 흥에 취하고 있는 때에도 자신의 이상은 변하지 않음을 노래하고 있는 것이다. 따라서 이 구절은 현실에서 이루지 못한 자신의 이상주의 세계관을 산수라는 환경에서 투영하는 것으로 파악할 수 있다.

몰래 우희 그믈 널고 둠 미틔 누어 쉬쟈
ᄇᆡ ᄆᆡ여라 ᄇᆡ ᄆᆡ여라
모긔를 뮙다 ᄒᆞ랴 蒼蠅 창승과 엇더ᄒᆞ니
至匊悤至匊悤於思臥 지국총 지국총 어ᄉᆞ와
다만 ᄒᆞᆫ 군심은 桑大夫 상대부 드르려다[260]

<漁父四時詞 夏詞, 八>

그물을 널고 그늘 밑에서 쉬려 하나 모기와 쉬파리가 휴식을

---

258 한국고전종합DB, 「漁父四時詞」.

259 朱子, 〈武夷櫂歌〉. 五曲山高雲氣深 長時烟雨暗平林 林間有人無客識 欸乃聲中萬古心.

260 한국고전종합DB, 「漁父四時詞」.

방해하고 있다. 모기와 쉬파리는 고산에게 피해를 주는 존재로 현실 세계에서 고산을 괴롭히던 무리들을 비유한 표현으로 볼 수 있다. 하지만 고산은 모기와 쉬파리를 별 것 아닌 존재로 표현하면서 어부들에게 세금을 뜯어가는 관리를 상징하는 상대부를 걱정하고 있다. 한가로운 산수생활 가운데서도 비판적인 현실을 풍자하면서 시선을 현실로 향하고 있는 것이다.

> 物外 믈외예 조ᄒᆞᆫ 일이 漁父生涯 어부 ᄉᆡᆼ애 아니러냐
> ᄇᆡ 떠라 ᄇᆡ 떠라
> 漁翁 어옹을 욷디 마라 그림마다 그렷더라
> 至匊悤至匊悤於思臥四時興 지국총 지국총 어ᄉᆞ와
> ᄉᆞ시 흥이 ᄒᆞᆫ가지나 秋江 츄강이 ᄋᆞ듬이라[261]
>
> <漁父四時詞 秋詞, 一>

위 작품은 어부의 가을 생활에서의 흥취를 노래하고 있다. 주목할 것은 작품들에서의 흥취가 일반 조선조 사대부들의 범위를 넘어서 있다는 점이다. 초장에서 고산은 현실세계를 벗어난 삶(物外)를 긍정하고, 자신의 산수 생활(漁父 生涯)에 대한 자부심을 드러내고 있다. 중장에서는 어옹(漁翁)이 비웃음의 대상이 아니라 사람들이 그림에 남긴 것처럼 동경의 대상이라고 표현하고 있다. 특히 종장에서는 가을 강가(秋江)의 흥이 가장 으뜸이라면서 가을의 산수를 만끽하며 극도의 흥취를 느끼고 있다.

추사에서 이렇게 흥의 감정이 극대화되고 있는 것은 가을이 흔히 결실의 계절로 표현되기 때문이기도 하고, 가을이 화자의 흥취를

261| 한국고전종합DB, 「漁父四時詞」.

발현시키는 요소가 많다고 여겨졌기 때문이기도 하다.[262] 고산은 자신이 생각하기에 흥이 가장 넘치는 계절인 가을을 형상화하면서, "믈외(物外)예 조ᄒᆞᆫ 일", "어부(漁父) ᄉᆡᆼ애(生涯)", "츄강(秋江)"처럼 자신이 가장 이상적으로 생각하는 삶의 모습과 자연의 모습을 조화롭게 구성하며, 그곳에서 느끼는 흥취를 극대화하고 있는 것이다.

흰 이슬 빋견ᄂᆞᆫᄃᆡ ᄇᆞᆯ근 ᄃᆞᆯ 도다 온다
ᄇᆡ 셰여라 ᄇᆡ 셰여라
鳳樓渺然 봉황루 묘연ᄒᆞ니 淸光 청광을 눌을 줄고
至匊悤至匊悤於思臥玉兎 지국총 지국총 어ᄉᆞ와
옥토의 띤ᄂᆞᆫ 藥 약을 豪客 호ᄀᆡᆨ을 먹이고샤[263]

<漁父四時詞 秋詞, 七>

이슬이 비끼고 달이 돋는 풍경을 감상하고 있다. 화자는 이 아름다운 풍경을 보고 봉황루의 임금을 떠올리고 함께 하고자 하지만 봉황루는 아득하기만 하다. 하지만 절망하지 않고 옥토끼가 찧는 약을 호객에게 드리고자 한다. 고산은 여기에서 세속을 피해 산수에 묻혔지만 임금과 함께하고 싶은 강한 욕구를 드러내고 있다. 곧 임금에 대한 자신의 충절의 마음을 표현하며 현실에 대한 강한 지향의식을 드러내고 있는 것이다.

滄洲吾道 창쥬오도ᄅᆞᆯ 녜브터 닐럳더라
ᄃᆞᆺ 디여라 ᄃᆞᆺ 디여라
七里 칠리 여흘 羊皮 양피 옷슨 긔 얻더ᄒᆞ니런고

262) 김용찬, 앞의 논문, 2017, 80면.
263) 한국고전종합DB, 「漁父四時詞」.

至匊悤至匊悤於思臥三千六百 지국총 지국총 어ᄉᆞ와

삼쳔뉵빅 낙시질은 손 고븐 제 엇디턴고[264]

<漁父四時詞 冬詞, 九>

"창주오도(滄洲吾道)"는 창주의 학문의 도를 의미하니, 창주는 주자를 말하며 오도는 주자가 연구한 성리학을 말한다. 따라서 "창주오도(滄洲吾道)를 녜브터 닐럳더라"는 것은 주자의 성리학이 그 정통성을 오랜 세월 이어 왔으며 고산 역시 주자 학문의 정통성을 이어받고 있다는 의미이다.

곧 부용동에 묻혀 있으나 학자로서의 자세와 유학적 세계관에 입각한 산수은거의 모습을 잃지 않았다는 것이다. "칠리 여울에서 양피 옷"은 한나라 때의 엄광(嚴光)의 고사를 인용한 것으로 엄광은 자신의 학우였던 무제가 제위에 오르자 이름을 바꾸고 양피로 된 옷을 입고 칠리 여울 가에서 고기를 낚으며 일생을 마쳤다.[265] 이처럼 중장에서는 은거하여 산수를 벗삼아 세월을 보냈던 엄광의 고사를 인용하며 자신의 삶을 그의 삶에 비유하고 있다.

하지만 종장의 "삼천 육백 날 낚시질"은 세상이 자신을 불러줄 때를 기다리며 삼천 육백 일 동안 세월을 낚은 강태공의 고사를 인용하며 현실이 자신을 불러주기를 기대하는 상반된 모습을 보여주며 현실지향의식을 드러내고 있다.

위에서 살펴본 현실지향의식이 드러난 「어부사시사」의 부분에서는 산수세계와 현실세계가 대조되며 반복해서 언급되고 있다.

---

[264] 한국고전종합DB, 「漁父四時詞」.

[265] 김석회, 「漁父四時詞의 흥과 서정적 특질」, 『국어교육』 134, 한국어교육학회, 2011, 190면.

고산의 산수은거 동기는 정계 생활의 좌절에서 오는 것도 있지만 스스로의 의지가 없었다 할 수는 없다.

고산은 작품에서 현실지향의식을 드러내고 있는데 이는 관직 생활과 입신양명에 대한 미련이 아니라 자신이 생각한 이상적 이념을 실현하는 것이었다. 그래서 고산의 부용동 원림(園林)은 현실의 공간이기는 하지만 그의 의식 속에서는 현실을 초월한 이상의 공간으로 인식되었으며, 그러한 까닭에 인적이 드물고 멀리 떨어져 있는 외딴 섬 속에 조성된 원림이다. 이 원림에는 세연정 등 인공건조물이나 자연물에 붙인 명칭과 그 구조, 지형적 특성, 지리적 위치 등에 자신의 이상이 투영되어 있다.

어와 져므러 간다 宴息 연식이 맏당토다
ᄇᆡ 븟텨라 ᄇᆡ 븟텨라
ᄀᆞᄂᆞᆫ 눈 ᄲᅳ린 길 블근 곳 흣더딘 ᄃᆡ 흥치며 거러가셔
至匊悤至匊悤於思臥雪月 지국총 지국총 어ᄉᆞ와
셜월이 西峯 셔봉의 넘도록 松窓 숑창을 비겨잇쟈[266]

<「漁父四時詞」 冬詞, 十>

동사(冬詞) 10수의 산수는 매우 감각적이고 주관적 형태를 띠고 있다. 중장의 'ᄀᆞᄂᆞᆫ 눈 ᄲᅳ린 길 블근 곳 흣더딘 ᄃᆡ 흥치며 거러가셔'는 시각적 이미지를 극대화하면서 주관적 흥취를 덧붙이고 있다.

위 시를 보면 "셜월(雪月)이 셔봉(西峯)의 넘도록 숑창(松窓)을 비겨 잇쟈"처럼 산수의 서경은 매우 감각적 형태를 띠고 있다. 여기서는 「오우가」에서의 인간덕성도, 격물치지와 같은 도학적 이

266 한국고전종합DB, 「漁父四時詞」.

념(理念)도 부재한다. 고산의 이념적 내면은 엷어지고 그 자리에 내적인 심미 영역을 더욱 확대하여 산수를 유미하고 있는 것이다.

이런 서정과 서경의 조화는 고산으로 하여금 자신의 현실적 좌절과 번민 그리고 정치적 불운을 한탄하거나 비관하지 않도록 하였으며, 자신만의 이상향을 지향함으로써 스스로 위로받고자 하는 동인이자 배경이 되었다.

이처럼 고산의 산수시가에서는 현실지향의 의식과 이상지향의 이상이 공존하여 때로는 상충하는 갈등과 번민적 요소를 제공하기도 하였으나, 의도적 원림조성에 의하여 스스로 그 갈등을 조정하고 초월하여 의식적 만족과 개인적 이상달성의 목표를 성취한 것이다. 곧 이상지향의 유미적 산수미를 형상화하고 있다.

7. 결론

한국문학사에서 산수시가는 중국 사령운에 의하여 발생된 것이나, 우리나라에 유입된 이후 많은 시조와 가사 작품을 산출했으며 높은 시가예술적 경계(境界)를 개척하였다.

한국의 산수시가를 역사사회학적 관점으로 살펴볼 때, 중국과 동일한 문예사조의 전통 속에서 한국문학화 되었다는 점은 한국의 산수문학이 단순히 우리 민족에 국한된 문학적 현상이 아니라, 동양문학의 보편성에 동참하여 창작되었다는 세계관을 살펴볼 수 있다. 산수문학은 보편의 예술형식 속에서 극대화되어 독창적인 문학양식으로 확립되었다.

산수시가는 자연에 대한 한국인의 미감과 미에 대한 인식의 영역을 하나의 의상(意象, image)으로 형상화한 문학이다. 산수시가에서의 '산수(山水)'는 '산(山)'과 '물(水)'로 대유되는 '자연(自然)', 산과 물, 바위와 나무 같은 산수경물(自然景物)을 지칭하는 것이기도 하면서, 더 나아가 이 자연경물의 아름다움(美)을 노래한다는 것을 포괄하는 의미이다. 문학세계에서 자연물을 대상으로 작가의 미감(美感)을 형상화한 것으로, 이때 자연경물의 현상적(現象的) 아름다움(美)이 산수문학에서 형식미(形式美)이며, 작가 개인의 미감은 작품에서 서정(抒情)의 영역으로 형상화된다.

산수는 대자연(大自然)이라고 하는 우주적(宇宙的) 존재로 산수경물이 결합되어 조화롭게 이루어지고 있는 세계 자체를 의미하는 것이기도 하다. 산수관(山水觀)은 곧 세계관이기도 하고, 미의 세계의 원리가 함축되어 있는 독립적 존재이며 미적 이념이 반영되어 있다고 할 수 있다.

산수시가의 중요한 전제 조건은 유학(儒學)이 배경사상이라는 점이다. 조선시대에는 유학과 성리학(性理學)이 동일한 의미로 사용되었으니, 산수시가는 성리학적 미감이 배경으로 작용하고 그 기반을 형성하고 있다. 미와 철학의 관계 속에서 성리학은 철학의 한 계통이며, 미학은 독립된 철학의 한 영역이다. 그러므로 조선조시대 산수문학을 연구는 조선조 사대부 계층의 성리학적 배경과 그 안의 미학적 인식의 개념을 발굴할 필요성이 대두되었다.

조선조 산수문학을 단순히 유학자의 문학으로 넓은 범위에서 분류하던 것을 각 작가 개인의 개성을 발굴함으로써 산수시가의 흐름 위에서 문학의 다양성과 개인의 독창성, 창의성을 발견하는데 그 의의가 있다. 이 연구에서는 조선조 산수문학의 획일적인 해석을 넘어 세부적인 장르와 시대별 구분을 통해 산수문학의 큰 흐름 속에서 산수문학의 다양성을 찾고자 하였다.

이 연구는 산수시가의 전개와 양상을 포착하는 과정이다. 한국문학에서 조선시대 산수시가의 향유층에는 오랜 역사 속에 철학적 유파가 존재하였으며, 다양한 시기별 변모의 양상을 보였다. 초기 유학자의 경세학(經世學)에서 중기의 수양론적(修養論的) 성리학(性理學), 임병양란(壬丙兩亂) 이후의 실학(實學)으로 이어졌으며, 이론과 실천의 문제에 있어서 경세학파(經世學派)와 사장파(詞章派), 도학파(道學派)의 흐름을 살펴볼 수 있었다. 또한 사화기 이후 절의파(節義派)의 대두와 사림파(士林派)의 등장으로 유학적 이념에 따라 많은 유파들이 존재하였다. 유학자들의 산수시가 작품도 성리학이라는 보편성 위에 다양한 미감과 개성적 세계를 펼쳐 나갔다.

그러므로 조선조 산수문학의 개성적 문제를 발견하기 위해서 산수문학 전개라는 통시적 연구방법뿐만 아니라 공시적 연구방법을 통해 작품의 양상을 살펴보았다. 이를 위하여 조선조 대표적인 작가의 문학세계를 정리함으로써 그 시기의 산수문학의 일반적 특징과 전형성, 각 시대의 문학사적인 연속성과 흐름의 맥락을 파악할 수 있었다.

연구의 방법으로 고려 말에서부터 조선조에 이르는 한국 사상사의 흐름과 특징을 살펴보았다. 산수문학에서 한국 사상사는 곧 한국 성리학의 역사를 의미한다. 이때의 한국 성리학은 우리가 유학을 수용하고 정리하여 한국철학으로 정립한 유학이다. 조선조 유학 사상 사회계층적인 흐름은 신진사대부에서 사림으로, 철학적으로는 이론철학에서 실천철학으로 발전해왔다. 산수문학은 이와 같은 사상적 흐름을 배경으로 하여, 미학적 개념을 발견해내고 입론화한 것이다. 특히 산수문학은 정신적 가치로서의 내용미(內容

美)가 미적 기준이 되기 때문에, 이념으로서의 미, 가치로서의 미에 대한 작가 개인의 개념적 분석이 달라진다.

한국의 산수시가는 고려시대 유학의 도입 이후 태동되어 조선조 사대부 계층에 의해 완비된 문학적 흐름이다. 사대부들은 사회적 상황 속에서 정치적 관점이나 학문의 입장, 계층적 특수성, 가문의식, 관리로서의 책무 등에 의하여 다양한 삶을 보여준다. 그래서 그 문학작품도 산수문학을 노래하게 된 동기나 상황에 따라 다른 성향의 미감과 미의 세계가 표현됨을 살펴볼 수 있었다.

조선시대 산수시가는 시기별로 전형적 특성을 가지고 있음을 살펴볼 수 있다. 기존 조선시대 산수시가 연구는 산수시가를 크게 유학자의 문학으로 보고 그 속에서 자연미의 발견이나 당쟁하의 명철보신과 치사객의 한적, 안빈낙도 등 산수문학을 큰 한 덩어리로 보고 추상적으로 개념 지으려 한 경향이 강하였다. 그러나 산수시가는 긴 문학사를 가지고 있을뿐더러 작가 개개인의 변용의 양상과 개성이 드러난다. 따라서 이 연구에서는 산수시가에 대한 추상적 개념정리에서 나아가 구체적인 문학현상에 대한 미적 특질을 발견해 볼 수 있었다.

이를 위하여 이 연구에서는 유학자들의 학문적 관점이나 삶의 시대적 공통점 등의 이유에 대하여 문학세계의 유사성과 보편성의 공유를 전형화하여 각각의 특징으로 분류해 보았으니, 그 결과를 정리하면 다음과 같다.

첫째, 조선조 산수시가는 성리학의 발달과 더불어 높은 예술적 경계를 개척하였다. 성리학은 중국 북송 때 완성된 신유학으로, 주자에 이르러 독창적 학문적 체계를 완성하였으니, 정주학이라고도 일컫는다. 특히 주자는 전대의 학문을 집대성하여 자신의 학문적 입장과 연구의 결과를 체계화하였으니, 주자학이라 일컫는다. 우리나라는 고려 말 안향에 의하여 주자학이 도입된 이래 이식기를 거쳐 고려 말에 이르러 착근기를 맞이하고 조선 건국으로 통치이념으로 새로운 국가적 질서와 가치관을 수립하게 된다. 즉, 정도전으로 대표되는 창업세력들의 의해 유교적 관료사회 건설과, 왕권과 실권의 조화, 불씨잡변으로 대표되는 유교적 세계관으로의 변혁 등으로 유교적 이념은 더욱 강화되었다. 따라서 성리학은 유교의 새로운 학문적 경향을 제시한 조선조 사회의 기반을 형성한 사상적 배경이요, 문화환경으로 산수시가에 미친 영향 또한 지대하다.

둘째, 치사귀은이라고 하는 것은 사화기를 거치면서 굉장히 관료된 사회에서 상당히 영광되고 이상향인 것으로 인식된 것이다. 대표적으로 맹사성, 정극인, 이현보를 들 수 있는데, 이들은 조선조 사림중심 성리학적 문학사상에 의해 조선초를 지나면서 부화(富華)하고 화려한 수사에서 벗어나, 이념적 표상을 형상화하는 기풍을 형성하고 진작·발전시켰다.

맹사성과 이현보의 경우가 정치현실에서 벗어나 산수에 은거하였으나, 그 시가문학작품은 자기위안적 현실초탈의 이상세계를 지향하였다면, 정극인의 경우는 도학자로서 학문연구와 실천을 우선하였으니, 곧 독선산림에 의한 수양형으로 현실주의적 세계관에 입각한 사실적 산수미(山水美)와 서정(抒情)으로서의 산수락(山水樂)을 형상화하였다.

셋째, 김광욱의 「율리유곡」에 형상화된 산수은거와 산수유상을 통한 산수락은 탈속적이지만 인간의 세상을 벗어나지 않았으며 은거의 공간이 세속과 멀어져 있지만 단절되어 있지도 않다. 그 뿐만 아니라 시적 자아는 세속적 욕망과 명예로부터 멀어졌으나 인간이 가진 적절한 욕망이 오히려 산수은거의 삶을 평화롭고 아름다우며 만족스럽게 만든다.

따라서 권호문의 시세계와 비교해 볼 때 김광욱의 「율리유곡」은 동일한 처사문학의 범위에 속한다고 할 수 있으나, 「율리유곡」이 훨씬 더 반문명적이며 자연친화적이고 탈속적인 시세계를 형상화하였다고 할 것이다. 매우 특징있는 처사문학의 한 갈래라 하겠다.

넷째, 현실초탈적인 성격이 짙은 장현광의 산수락에 비하여 노계의 전원락은 하나의 삶의 공간으로 표현되고 있다. 그러면서도 노계는 생활공간으로서의 산수 속에서 선비의 은거를 자신의 이상으로 삼고 학문수양을 은거의 지향점으로 설정하였다. 이것은 매우 현실적이면서도 현실과 이상이 잘 결합되어 있는 산수락의 하나의 변용이라는 점에서 산수문학에서 매우 큰 의의가 있다. 곧 산수관의 근대적 큰 전환점을 여기에서 찾아볼 수가 있다.

다섯째, 윤선도는 현실지향의 의식과 이상지향의 이상이 공존하여 때로는 상충하는 갈등과 번민적 요소를 제공하기도 하였으나, 이 의도적 원림조성에 의하여 스스로 그 갈등을 조정하고 초월하여 의식적 만족과 개인적 이상달성의 목표를 성취하였다. 곧 이상지향의 유미적 산수미를 형상화하고 있다고 할 것이다.

이상에서 논의한 조선시대 산수시가의 가장 큰 특징은 이념으로서의 미를 지향한다는 점이다. 이념의 미는 진·선·미를 초월한 최고의 가치로서의 미이며 정신적 이상을 추구하는 미이다. 조선시대 산수시가의 양상이 시대별 작가의 전형적 특징이라면, 이 특징을 잇고 묶어 하나의 맥락 속에서 살펴보고자 함은, 결국 한국 산수시가의 미적 특질을 밝히는 작업이 될 것이다. 이것은 곧 정신적 가치로서의 미이며, 우리는 산수시가의 흐름 속에서 그 가치를 발견해 볼 수 있다.

Ⅲ. 농암 이현보 산수시의 산수락과 의경

1. 서론

이현보(李賢輔, 聾巖, 1467, 세조 13~1555, 명종 10)의 생애는 국문학사상 매우 크고 중요하다. 특히 「어부가(漁父歌)」로 대표되는 그의 시가 작품은 산수문학(山水文學)의 전형적(典型的) 작품으로 문화사적(文化史的) 원형(原型)을 이루었다는 점에서 한국문학사상 대단한 의의를 가지고 있다. 때문에 도남은 농암(聾巖)과 면앙정(俛仰亭)에 의해 강호가도(江湖歌道)가 창도되었다[267]고 말하였고 이후에도 농암 시가를 현대문학이론으로 분석한 연구[268] 등 다양한 시각의 연구들이 적지 않게 이루어졌다.[269] 그러나 아직 농암 시가의 미학적 접근과 분석적 고찰은 불충분하다. 따라서 이 연구에

267| 조윤제, 『한국문학사』, 탐구당, 1994, 130~141면.

268| 김흥규, 「강호자연과 정치현실-맹사성, 〈江湖四時歌〉와 이현보, 〈漁父歌〉의 정치현실 인식」, 『욕망과 형식의 시학』, 태학사, 1999, 135~160면.

269| 농암시가에 대한 작가론, 문학사적 의의, 「漁父短歌」와 「漁父長歌」 등 개별 작품의 작품론 등 다양한 측면의 연구를 엮은 논문집이 발간되기도 하였다. 安東文化研究所 編, 『聾巖 李賢輔의 文學과 思想』, 安東大學校, 1992.

서는 농암 시가를 산수미학적(山水美學的) 관점으로 접근하여 새로운 시경(詩境)과 산수미(山水美)의 성격을 파악하고자 한다.

농암의 치사(致仕)는 시대적으로나 문학사적으로 매우 중요한 의미를 갖는다. 농암이 활동했던 당시 대부분의 사림들은 자신의 의지가 아닌 정치적 상황 때문에 어쩔 수 없이 벼슬에서 물러나 자연에 묻히는 경우가 많았다. 하지만 농암은 40여 년의 벼슬살이를 무난히 마치고 스스로의 의지로 고향인 분천(汾川)으로 귀향하여 산수를 즐기며 새로운 노년의 삶을 개척하였다. 이 점이 그가 산수미를 발견하여 시가문학에서 긍정적 서정의 영역을 확장할 수 있었던 환경이 되었다.

농암은 순탄한 관리생활을 마치고 명예롭게 귀향하였기에, 그의 장수가 부귀와 공명을 동반하였다는 점에서 부러움의 대상이 되었을 것이다. 농암의 분천생활을 더욱 즐겁고 여유롭게 했던 원인은 관리로서의 성공적인 직무수행에 기인한다. 농암은 주로 외직을 선호하였는데 그것은 나이 많은 부모님을 봉양하기 위함이라고 하였다. 이 점은 당시에 사대부로서의 직분을 실천한 모범적 사례로 받아들여졌다. 이러한 삶은 그에게 사명과 생의 목표를 분명히 할 수 있는 시간적 여유를 제공하였다. 이것은 곧 구로회(九老會)로 대표되는 분천가단(汾川歌壇)의 형성과 함께 그의 시가가 인생의 여유로움과 통찰 그리고 자족(自足)의 심경을 노래하게 되는 기반으로 작용하였다.

농암시가는 분천은거라는 산수생활 속의 체험적 서정의 세계를 형상화하였다는 점이 가장 큰 특색이다. 농암은 산수생활의 전형적 모범을 도연명(陶淵明)에게서 찾고자 하였다. 그래서 농암시가는 분천생활의 반영이며 농암의 산수락은 관리로서의 삶을 완전히 떠나 산수에 묻혀 산수락에 침잠하는 원초적 삶의 회복과 자연 친화적 삶의 즐거움을 예술적으로 형상화한 것이다. 따라서 「어부가」로 대표되는 그의 시가는 소박하고 꾸밈이 없는 서정의 발로가 산수경물(山水景物)을 통하여 형상화되었다고 할 수가 있다.

이런 맥락에서 농암시가의 산수문학적 접근과 해석(解析)을 통하여 새로운 시경(詩境)과 산수미의 성격을 파악할 수 있을 것이다. 따라서 농암시가의 의경(意境)[270]을 파악하고 산수락의 성격을 규명하는 것이 이 논문의 목적이다.

2. 치사귀은(致仕歸隱)과 농암유상(聾巖遊賞)

농암시가는 대체로 세 부분으로 나누어 볼 수가 있다. 첫째는 분천귀은(汾川歸隱) 이후에 은거생활에서 비롯되는 산수락을 노래한 것이다. 둘째는 분천생활에서 교류하는 인물들과 주고받은 시문이며 셋째는 지인들의 신분적 변동이나 혹은 죽음을 위로하는 만시(挽詩) 등이다.

이 논문에서 주로 다루고자 하는 것은 분천(汾川)에서의 산수락을 형상화한 시가들이다. 곧 분천귀은 생활에서의 산수락을 노래한 산수시(山水詩)를 중심으로 산수문학의 관점에서 농암시가를 분석하고 문학적 해석을 통해 그의 시가에 내재된 의경(意境)과 산수락을 밝히고자 한다.[271] 여기서 밝히고자 하는 산수락은 산수를 대상으로

---

270) 문예 이론 가운데 意境은 작자의 주관정의와 객관물경이 상호 융합되어 형성된 예술경계를 말한다. 이러한 미학범주의 형성은 장기적인 실제 창작 경험을 종합한 적극적 성과이다. 袁行霈 著, 姜英順 外 共譯, 『中國詩歌藝術硏究』, 亞細亞文化史, 1990, 47면.

하는 즐거움이라는 사전적 의미뿐만 아니라 산수문학에서 상심(賞心)으로서의 서정(抒情)을 말한다. 이를 위한 출발로 농암이 치사(致仕)의 동기와 목적을 노래한 「효빈가(效顰歌)」를 살펴보겠다.

歸去來 歸去來 말뿐이오 가리업싀
田園이 將蕪ᄒᆞ니 아니가고 엇뎔고
草堂애 淸風明月이 나명들명 기ᄃᆞ리ᄂᆞ니 <李賢輔, 效嚬歌>

「효빈가」의 초중장은 「귀거래사(歸去來辭)」를 인용한 것이며, 종장만 이현보의 창작이다. 그런데 인용한 초장과 중장의 詩想은 종장으로 그대로 이어지며 시가 하나의 시상으로 조화되고 있다. 이를 볼 때 초장과 중장은 단순한 인용이 아니다. 이현보가 「귀거래사」를 통하여 자신이 귀거래한 목적을 밝혔다고 보아야 한다.

초장의 "말뿐이오 가리업싀"에서는 많은 이들이 귀거래를 꿈꾸지만 말만 할 뿐이며 실제로 귀거래를 실현하는 이들은 드물다는 세태를 말하면서, 자신의 귀거래를 자랑스러워하는 고백을 노래한다. 농암이 가지고 있었던 이러한 귀거래에 대한 생각을 고려하면, 그는 자신의 귀거래에 대한 주변의 평가를 정확하게 인식하였으며, 자신의 분천은거를 귀거래의 규범과 표준으로 제시하고 있다. 이는 농암에 대한 김안국(金安國)의 전별시(餞別詩)를 보면 더욱 분명하게 알 수가 있다.

---

271) 이 글에서 山水文學은 江湖歌道의 역사사회적 배경을 포괄하면서 자연미의 형상화란 미학적 측면, 유학이란 사상적 측면, 사대부란 문학장르 담당층의 세계관과 미의식 등을 고려한 용어로 사용하였다. 따라서 山水詩 또한 산수문학의 하위 장르로서 강호가도류 시가의 미학적 측면을 포함하는 개념으로 사용하였다. 손오규, 『山水文學硏究』, 제주대학교 출판부, 2000, 17~49면.

憶汾川伊川兩家

일찍이 분천에서 옛날 그대와 술을 마시고
귀거도를 마주하던 기억이 난다.
전별의 채찍을 어찌 그대가 먼저 잡는가
달빛 밝은 이호(梨湖)의 꿈이 오간다.

曾記汾川舊日盃　披圖相對意悠哉
祖鞭寧謂君先着　明月梨湖夢往來[272]

김안국은 농암을 전별(餞別)하면서 시를 통해 농암이 먼저 귀거래(歸去來)를 실천하게 됨을 부러워하고 있다. 또한 '달빛 밝은 이호의 꿈이 오간다(明月梨湖夢往來)'는 표현을 통해 모재 자신도 고향인 이호(梨湖)로 귀거래를 희망하나 쉽지 않음을 한탄하고 있다.

이처럼 농암의 치사귀은(致仕歸隱)은 농암 자신에게나 그를 바라보는 주변 사대부들에게나 이상적인 것이었고, 당시의 시속(時俗)에서 보았을 때 매우 드문 일이었다. 이것은 그의 시가문학에 직접적 영향을 끼쳤는데, 매우 긍정적이고 적극적인 현실관과 즐거우며 자신의 삶에 만족하는 긍정적 서정의 영역을 확장하게 되는 출발점이 된 것이다.

농암은 치사 후 고향인 분천으로 내려와 농암(聾巖)바위 위에 애일당(愛日堂)을 짓고 산수생활을 시작하였다. 안동 예안지방 낙동강 상류가 흐르는 분천리(汾川里)에는 귀머거리 바위라 불리는 농암바위가 있는데 농암은 이 분천의 경치를 사랑하여 부모님을 위해 이곳에 애일당을 짓고 그곳에서 산수생활의 즐거움을 노래하였다. 「농암선생행장(聾巖先生行狀)」을 보면 이와 같은 행적이 잘

[272] 國譯『聾巖先生文集』卷之一 詩, 「憶汾川伊川兩家」, 29면.

나타나 있다.

> 공은 아름다운 산수(山水)를 매우 사랑하였다. 공이 살았던 분천(汾川)은 낙동강의 상류이어서 산색(山色)이 밝고 물이 맑아 숲과 계곡이 깊고 수려하였다. 산의 동쪽 언덕에는 거대한 돌이 물가에 10장(丈)이나 높이 솟아 있었는데 기괴한 모습이었다. 공은 이를 특히 사랑하여서 그 위에 집을 짓고는 어버이를 모시고 놀며 구경하는 곳으로 삼았으니, 이곳이 바로 애일당(愛日堂)이다. 이로 인해 스스로 농암(聾巖)이라 호를 삼았다.[273]

농암바위를 항간에서는 이새암(耳塞岩)이라고 불렀는데, 이는 농암바위 뒤로 급속한 여울이 흘러서 큰 물소리로 말미암아 사람의 소리가 귀에 들리지 않았기 때문이다. 이런 연유로 은둔출척(隱遁黜陟)을 불문(不聞)하는 사람이 살기에 합당하여 바위 이름을 농암(聾巖)이라 하였고, 이를 농암이 자신의 자호(字號)로 삼았다.[274] 이처럼 농암은 자신의 호를 통해 치사의 동기를 함께 밝히고 있다. 따라서 분천은 농암의 귀거래 이후의 이상실현을 위한 공간적 환경이자 농암이 그 중심이며, 치사귀은(致仕歸隱)을 상징하는 의경(意境)으로 형상화되었다. 그래서 「농암가(聾巖歌)」에는 농암의 주변 산수와 치사귀은에 대한 인식이 잘 형상화되어 있다.

273| 『退溪先生文集』 卷之四十八 行狀, 한국고전번역원, 권오돈 외 11(공역), 1968.
公酷愛佳山水 所居汾川 乃洛之上流 山明水麗 林壑深秀 山之東厓有巨石 臨水陡起 高十餘丈 偃蹇奇崛 公特愛之 築室其上 以爲奉親游玩之所 卽所謂愛日堂也 因自號爲聾巖.

274| 國譯『聾巖先生文集』 卷之三 雜著, 「愛日堂重新記」, 232~233면.
巖舊無名 諺傳耳塞巖 前臨大川 上有急灘 灘鳴響應 聵塞人聽 耳塞之名 其必以此 宜乎隱遯黜陟不聞者之居 因謂之聾巖而翁自號焉.

聾巖애 올라보니 老眼이 猶明이로다
人事이 變ᄒᆞᆫ들 山川이 ᄯᅡᆫ가셜가
巖前에 某水某丘이 어제본듯 ᄒᆞ예라 <李賢輔, 聾巖歌>

「농암가」에 드러난 농암바위 위에서의 서경은 초장에 집중되어 농암의 의경을 이루고 있다. 초장의 "老眼이 猶明이로다"의 산문적 의미는 깊은 회고(回顧)의 정(情)에 의한 어린 시절에의 추억에 대한 회상이다. 또한 그것은 주변의 산수경물에 얽힌 옛 추억을 상기하면서 자신의 치사은거를 실감하고 현재의 모습에 대하여 만족하며 스스로 즐거워하는 생활에 대한 자각이기도 하다.

그러므로 농암바위라는 경물(景物)은 사물로서의 외형적 특징과 아름다움에 대한 표현이기 보다는 오히려 농암 자신의 추억을 회고하는 감정적 느낌을 대변한다. 그 중심이 산수경물의 형식적 구성이나 아름다움보다는 농암의 감정에 치우쳐져 있는 것이다. 이는 곧 정(情) 중심의 경물인식이며, 다음의 시에서도 이를 확인해 볼 수가 있다.

醉詩歌
때는 바야흐로 화창한 사월인데
농암대 위에는 솔그늘이 싱그럽다
서울에 놀던 사람 고향에 오니
고향산천에 두 눈이 환해졌다
時維淸和四月末　聾巖臺上松陰碧
洛城遊子來故鄕　故鄕泉石雙眸豁[275]

[275] 國譯『聾巖先生文集』卷之一 詩, 「醉詩歌」, 67면.

위의 시 4구에서 "쌍모활(雙眸豁)'은 농암바위에 집중되던 정(情) 중심의 경물감상이 고향산천이란 주변산수의 서경(叙景)으로 옮겨가고 있음을 확인할 수 있다. 따라서 농암바위는 고향산천의 산수를 대표하며 집약한다. 뿐만 아니라 농암바위에서의 추억을 단적으로 표현하는 상징물이며, 그의 의식 속에 존재하는 의미존재로서의 미적 위상을 확실히 하고 있다.

따라서 농암은 농암바위를 시적 존재물로 의경화(意境化)함으로써 스스로 자신의 치사귀은을 의경화하고 정신적 존재물로서의 의미를 표상(表象)하고 있다. 곧 농암의 분천유상(汾川遊賞)은 위의 시를 통하여 산수경물의 차원에서 벗어나, 치사귀은의 정신적 가치와 의미를 표상하는 시적 의미로 전환되고 있다. 농암의 산수락에 대해 퇴계는 다음과 같이 말하였다.

> 可人을 만나면 물과 돌리 제법 맑고 그늘진 곳에서 반드시 자리를 같이하여 得意欣然하되 술이 두 세 잔을 넘지 아니하여 談笑로 환락함에 종일토록 싫증을 내지 않으니 인품이 맑아서 한 점 富貴塵埃의 기미도 없었다.[276]

농암의 산수유상(山水遊賞)은 그의 인품의 반영으로 부귀진애(富貴塵埃)의 기미가 없고 속세를 벗어난 정취가 있음을 알 수 있다. 따라서 농암의 산수유상을 통한 산수경물(山水景物)의 의경(意境)은 농암의 인품을 반영하여 정신화되고 심화되어, 산수애호(山水愛好)의 미적 경계를 표상하는 산수락을 이루었다.

---

276 『陶山全書』, 一, 卷四, 詩(영인본, 퇴계학연구원, 1988), 128면.
其遇可人 與一水一石稍淸陰處 必班荊而坐 得意欣然 飮酒不過三兩盃 談笑亹亹 終日不倦 風神蕭灑 岸韻森逸 無一點富貴塵埃氣. 손오규, 앞의 책, 2000, 75면 재인용.

3. 고의전승(古意傳承)과 전형제시(典型提示)

어부가계(漁父歌系) 시가의 기원으로 굴원(屈原)의 「어부사(漁父辭)」를 수 있다. 「어부사」는 후대의 많은 사람들에 의해 회자되고, 어부가계 시가의 작품에 직간접적인 영향을 끼쳤다. 또한 어부가계 시가에서 공통적으로 드러나는 어부의 원형(原型)을 이루는 데도 큰 영향을 미쳤다.

굴원의 「어부사」는 상수(湘水)가에서 어부와 굴원이 문답하는 형식으로 되어 있다. 굴원이 쫓겨나 상수가에서 노닐면서 시를 읊조릴 적에 어부가 그를 보고 어쩌다가 이 지경에 이르렀는가 묻는다. 이에 굴원이 대답하기를, "온 세상이 모두 흐린데 나만이 홀로 깨끗하고, 온 세상이 모두 취하였는데 나만이 홀로 깨어 있으니, 이 때문에 추방을 당했노라"[277]고 대답한다. 작자인 굴원이 자신의 시에서 두 화자를 내세운 것은 자신의 내면에서 갈등하는 두 가지 가치관을 드러낸 것이라고 볼 수 있다.[278] 온 세상이 흐리고 온 세상이 취하였다는 표현 속에서는 당시 굴원이 가지고 있는 세속정치에 대한 환멸의식(幻滅意識)이 드러나 있다. 또한 당시 정치에서 느낀 의지의 좌절감이 그가 상수로 귀양 가게 된 이유임을 밝히고 있다.

굴원의 「어부사」는 중국과의 문화적 교류와 학문적 영향관계를 살펴볼 때, 분명히 우리나라 어부가(漁父歌)에 상당한 영향을 끼쳤으리라 생각되며, 현실정치에 대한 환멸과 불우한 정객(政客)이 자연인의 신분으로 돌아가 유유자적(悠悠自適)한 삶을 영위하는 모습에 대한 표상이 가어옹(假漁翁)으로 형상화되었다. 따라서 어

---

277) 성백효 역주, 『古文眞寶後集』, 전통문화연구회, 2011, 71면.
擧世皆濁我獨淸 衆人皆醉我獨醒 是以見放.

278) 박규홍, 『어부가의 변별적 자질과 전승 양상』, 보고사, 2011, 15면.

부가계 시가에 형상화되어 있는 가어옹의 의경(意境)과 주제의식은 「어부사(漁父辭)」의 영향을 받았을 것으로 짐작된다.

우리나라 어부가계 시가로는 먼저 『악장가사(樂章歌詞)』에 수록된 「어부가」를 들 수 있다. 12장으로 된 「악장어부가(樂章漁父歌)」[279]는 4구 7언 한시(漢詩)에 우리말 토를 달고, 거기에다 「어부사(漁父辭)」 특유의 행주과정을 나타내는 조흥구와 노젓는 소리의 의성어로 된 후렴구가 더해진 형태를 취하고 있다.[280] 이 「악장어부가」는 고려시대에 창작되고 향유되었으며, 여말(麗末) 사대부의 산수에 대한 인식을 보여준다. "一片明月이 亦君恩이샷다"에서 일편명월은 산수경물로서의 대상이 아니라 특정 관념의 비유물로서 존재한다.[281] 여기서 '일편명월'이라는 산수경물은 단순히 하나의 자연물이 아니라 산수생활 그 자체를 의미하는 것이다. 또한 "亦君恩이샷다"에서 보듯이 '一片明月'로 비유되는 관념은 임금의 은혜이다. 따라서 산수경물은 서정의 대상이라기보다는 군은(君恩)이라는 관념을 비유하기 위한 소재로서 사용되고 있는 것이다.

종합하면, 「악장어부가」에서 가어옹(假漁翁)이 낚고 있는 '一片明月'은 구체적 산수경물이 아닌 산수생활 자체를 의미하고, 이는 군은(君恩)이라는 관념을 비유하기 위한 소재로 사용되고 있다. 따라서 「악장어부가」에서는 산수를 서정의 대상으로 보지 않고, 군은이라는 관념을 비유하기 위한 소재로 인식하고 있다.

이와 유사한 경우로 맹사성(孟思誠)의 「강호사시가(江湖四時歌)」를 들 수 있다.[282] 맹사성은 치사(致仕) 후 강호생활을 하였지만,

---

[279] 농암(聾巖)의 「어부가(漁父歌)」와 구분하는 의미로 『악장가사(樂章歌詞)』 수록 「어부가(漁父歌)」는 「악장어부가(樂章漁父歌)」로 부르도록 하겠다.

[280] 박규홍, 앞의 책, 2011, 79면.

[281] 여기현, 「어부가의 표상성 연구」, 성균관대학교 박사학위논문, 1989, 45면.

그의 어부생활은 대단히 여유 있는 것이었다. 「강호사시가」의 가어옹은 고관대작의 치사 후 여유로운 삶과 즐거움을 형상화하고 있다. 또한 그는 자신의 여유로운 어부생활이 모두 임금의 은혜라고 말하며 "亦君恩이샷다"는 구절을 통해 군은에 감사하고 있다. 따라서 「강호사시가」의 어부(漁父)는 곧 작자 자신이라 할 것이며, 비록 맹사성은 현실정치에서 물러나 있으나 의식의 공간에서 항상 정치권과 하나 된 삶의 자세를 유지하고 있음을 알 수 있다. 그래서 「강호사시가」는 진정한 산수락(山水樂)의 경지에는 이르지 못하고 있으며, 관념적으로 이상적인 산수생활의 즐거움에 대한 동경을 노래하고 있다.

그런데 맹사성의 「강호사시가」가 비록 세속에서 완전히 벗어난 의식을 보여주지는 못하였지만, 유학적 면에서의 이상 지향의식이 드러났다는 점에서 후대 어부가계 시가의 의경에 영향을 미치기도 하였다. 이에 대해 손오규는

> 「江湖四時歌」는 致仕 後 생활의 閑適을 소재로 하였는데, 고려전기 農莊을 중심으로 한 호사스런 문벌귀족들의 산수생활과는 대조를 이루어 성리학을 이념으로 하는 조선조 사대부 취향에 알맞은 산수생활의 모범을 보여주고 있다. 곧 貧賤에 만족하면서도 품위를 잃지 않아 소박하면서도 우아한 산수생활을 노래하고 있다.[283]

라고 하였다. 그래서 비록 「강호사시가」가 의식의 공간에서 세속을 벗어나지 못하였지만 한적한 산수생활을 노래한 것은 유교사상

---

282) 김흥규는 선행연구에서 강호자연과 정치현실 사이의 관계에 초점을 두어 맹사성의 「강호사시가」와 이현보의 「어부가」를 비교연구하여 두 시가의 차이점을 밝힌 바 있다. 김흥규, 앞의 책, 1999, 135~160면.

283) 손오규, 앞의 책, 2000, 28면.

적 근면과 소박한 자연주의 사상, 인본주의 사상에 영향을 받았기 때문이다. 따라서 「강호사시가」의 가어옹은 고관대작의 화려한 즐거움이 아니라 소박(素朴)하고 검소(儉素)한 인간적 삶의 자연친화적이고 여유로운 삶의 모습을 형상화하였다고 할 것이다. 다음 시를 살펴보면 이런 점을 잘 알 수 있다.

> 江湖에 ᄀ을이 드니 고기마다 솔져 잇다
> 小艇에 그믈 싣고 흘리띄여 더뎌 두고
> 이 몸이 消日ᄒ옴도 亦君恩이샷다 <孟思誠, 江湖四時歌>

위 시에서 시적 자아는 직접 자신의 조그마한 배에 그물을 싣고 고기잡이를 하고 있다. 그런데 정작 고기잡이에는 뜻이 없다. 그런 어부의 생활을 형상화하고 감상하고 있는 듯하다. 곧 시적 화자의 관점이 관찰자 시점인 듯한 인상을 준다. 중장은 분명히 어옹의 행위에 대한 묘사이나 객관적 관찰자 시점에서 어옹의 고기잡이를 묘사하고 있기 때문이다. 그리고 "小艇에 그믈 싣고"는 어옹의 행위에 대한 묘사인데 "흘리띄여 더뎌 두고"는 어옹의 내적 의도 내지는 주관적 생각을 묘사하고 있다. 그렇기 때문에 어옹의 행위묘사는 객관적 관찰자 시점이며, 어옹의 내적 의도에 대한 묘사는 전지적 시점이다.

그래서 맹사성은 시적 자아인 어옹을 통하여 자신의 산수생활을 객관적으로 인식하고 있다. 동시에 어옹의 행위를 통하여 자신이 지향하고자 하는 욕심 없고 자연친화적인 산수생활에 대한 정신세계를 형상화하고 있다. 그러면서 자신의 산수생활의 연원이 임금의 은혜로부터 비롯된다고 생각하여 신하로서 임금의 은혜로움에 감사하고 있으니 '…이샷다'라는 악장체의 극존칭 감탄형 종결어미를 사용하였다. 이 '…이샷다'는 임금과 시적 화자의 사회적 신분과 관계를 직접적으로 드러내어 찬양하고 감사하는 대상이 자신보다 극존칭의 존재라는 사실을 말하고 있다.

따라서 시적 화자는 임금의 은혜를 찬양하고 감사할 수 있는 높은 신분의 사람임을 파악할 수가 있으니 맹사성은 치사 후의 산수생활에서도 임금과의 관계가 지속되는 의식의 일단면을 알 수 있다. 그런데 초장과 중장을 살펴보면 어옹의 삶이 매우 소박하고 단순하다. 그리고 '흘리쁴여 더뎌 두고'에서 욕심 없는 삶에 만족하는 자연친화적 산수락을 느끼게 된다. 따라서 손오규의 "貧賤에 만족하면서도 품위를 잃지 않아 소박하면서도 우아한 산수생활을 노래하고 있다"에서 시적 경계와 어옹의 의경(意境)을 충분히 이해할 수가 있다.

이런 의경은 후에 농암에게도 영향을 미쳤으며 사대부들이 지향하는 보편적이며 일반적인 이상적 모습이 형성되는데 영향을 끼쳤다. 다음 시를 살펴보자.

이듕에 시름 업스니 漁父의 生涯이로다
一葉片舟를 萬頃波애 띄워두고
人世를 다니젯거니 날가는주를 알랴 <李賢輔, 漁父短歌 一>

위의 시 중장 "一葉片舟를 萬頃波애 띄워두고"는 맹사성 강호사시사의 중장과 시적 의미가 유사하다. 오히려 동일하다고까지 말할 수 있을 것이니, 검소하고 소박한 어부의 자연친화적 삶으로서 세속적인 세계에 연연하지 않고 자연적인 삶에 만족하는 어부의 의경으로 형상화되었다. 산문적 의미로는 치사 후 자연에 묻혀 살아가면서 정치 현실과 단절되며 세속과 명예, 권력으로부터 멀어지는 자연친화적인 삶의 원리를 회복하였다는 것이다. 그리고 그 연원을 「강호사시가」는 '군은(君恩)'이라 하였고, 「어부단가(漁

의미에 의해 표현하고 있으니, 유교적 이념의 세계를 지향하고 있다. 다음 시를 살펴보자.

> 구버ᄂᆞᆫ 千尋綠水 도라보니 萬疊靑山
> 十丈紅塵이 언매나 ᄀᆞ롓ᄂᆞᆫ고
> 江湖애 月白ᄒᆞ거든 더옥 無心ᄒᆞ애라 <李賢輔, 漁父短歌 二>

초장에서 "구버ᄂᆞᆫ 千尋綠水 도라보니 萬疊靑山"이라고 표현하고 있는데 이는 배를 타고 가며 산수 경물을 완상하고 있는 모습을 형상화하였다. 천심녹수(千尋綠水)는 깊고 맑은 물이라 할 것이니, 매우 시각적 색감이 두드러진 비유적 표현이다.

중장의 "十丈紅塵이 언매나 ᄀᆞ롓ᄂᆞᆫ고"에서는 천심녹수와 만첩청산으로 둘러싸인 자연이 세속의 모든 티끌먼지를 가려 침범하지 못한다는 의미이다. 따라서 세속에서 분리된 독립적이고 맑은 자연의 공간을 표현하고 있다.

종장에서는 "江湖애 月白ᄒᆞ거든 더옥 無心ᄒᆞ애라"라고 하였는데, 월백은 월명과 같은 것이니 달이 희다는 것은 달빛이 밝게 비추는 자연공간을 노래한 것이다. 그래서 자연 속에서 달빛이 밝게 비추니 더욱 무심해 지는 것은, 세속적인 가치평가의 기준이 없기 때문이며, 세속과 절연되어 있는 이상적 공간 속에서 자연 속 삶의 순수한 정신과 자기만족을 노래한 것이다. 따라서 '월백(月白)'과 '무심(無心)'은 이미지가 상호교융(相互交融)하여 작자의 정신세계나 심정적 순수를 비유하고 있다. 다음의 시에서 이것을 확인해 볼 수 있다.

> 山頭에 閑雲이 起ᄒᆞ고 水中에 白鷗이 飛이라

無心코 多情ᄒᆞ니 이 두 거시로다
一生애 시르믈 닛고 너를 조차 노로리라 <李賢輔, 漁父短歌 四>

초장 "山頭에 閑雲이 起ᄒᆞ고 水中에 白鷗이 飛이라"는 표현에서는 산수 경물에 대한 서경미가 돋보인다. 기(起)한다는 표현에서 볼 수 있듯이 화자는 배에서 경치를 감상하고 있다. 산꼭대기 구름은 원경(遠景)이고 백구가 나는 것은 근경(近景)이다. 원경에서 근경에 이르는 서경 묘사가 빼어나며, 이와 같은 서경은 중장에서 무심의 대상이 된다. 무심은 자연 속 삶에서의 순수한 마음을 표현하는 것이고, 다정하다는 것은 정이 많다는 것이니 자연에 대한 순수한 마음을 더욱 강조한 것이다. 그리고 무심한 이유는 종장에서 보듯이, 일생의 시름을 잊기 때문이다. 시름을 잊게 된 근원은 '너를 쫓아 놀기' 때문이니, 여기에서 '너'는 백구이다. 백구는 자연에 은거해서 사는 삶을 비유하니, 종장은 자연적인 삶의 회복을 말하고 있다. 동시에 백구는 시적자아와 독립된 자연의 동일한 공간에서 무심과 다정에 의해 상호교융하고 있다.

따라서 「어부가」는 농암 산수생활의 자기만족과 감동을 산수락이란 시적 서정으로 형상화하고 있음을 알 수 있다. 따라서 이 산수락은 대단히 현실적이며 즉물적(卽物的)이니, 노장(老壯)의 현실초월적(現實超越的) 선경(仙境)에 대한 동경이 전혀 나타나 있지 않다. 오히려 유가적(儒家的) 무심(無心)과 산수락에 깊이 침잠하는 한 자연인의 삶과 산수은거를 형상화 하고 있을 뿐이다. 그래서 이것은 유가적 사상과 이념을 배경으로 하고 있음을 알 수 있으며, 농암은 고의전승(古意傳承)을 통해 그 참된 의미를 깨닫고, 분천은거와 경험적(經驗的) 실천(實踐)의 경계를 통해 독창적 시경(詩境)을 형상화하였다. 이것은 퇴계의 다음 글에서도 확인해 볼 수 있다.

> 풍모가 맑고 깨끗하여 한 점도 부귀 진애(富貴塵埃)의 기미가 없었고, 간혹 글을 지어서 청신(淸新)하게 뜻을 세우니 젊은이의 기세 있는 작품도 미칠 바가 아니었다. 산사를 유람하기를 좋아하니, 영지사(靈芝寺)·병암사(屛庵寺)·월란사(月瀾寺)·임강사(臨江寺)가 모두 그곳이며, 최후에는 항상 임강사에 우거(寓居)하였다.[286]

위 글을 살펴보면, 농암의 시가가 유교적 이념이 반영된 농암의 자연친화적 산수생활과 산수락임을 잘 알 수 있다. 그리고 이런 농암의 산수락은 퇴계에게 큰 영향을 미쳤으며, 후대 고산 윤선도의 「어부사시사」에도 그 전통이 이어져, 국문학사상 유가적 가어옹의 전형(典型)을 제시하였다는 점에서 문학사적 큰 의의를 발견해 볼 수가 있다.

4. 도덕실천(道德實踐)과 분천가단(汾川歌壇)

농암의 산수유상(山水遊賞) 중심에는 애일당(愛日堂)이 있다. 농암은 부모님을 위해 애일당을 짓고 효를 실천하였으며, 이것은 단순한 개인적인 측면에서의 보은이 아니라 경세학(經世學)적인 실천유학의 실현이라 할 수 있다. 조선 초기의 유학(儒學)은 대개

---

286) 李滉, 『退溪先生文集』 卷之四十八 行狀.
風神蕭灑 岸韻森逸 無一點富貴塵埃氣 間出篇章 立意淸新 有非少年盛作所可及也 好遊僧舍.

경세학(經世學) 위주의 경향을 띠었고, 따라서 실천유학(實踐儒學)의 학풍(學風)이 고조되었기 때문이다.[287] 비록 그것이 정주학(程朱學)의 범위를 벗어나지 못하였다 하지만, 당시 유학사상의 학풍을 정주적인 성리학 일반론보다는 경세학이란 시대 상황을 염두에 두는 것이 좀 더 나을 것이다.

농암의 경우도 경세학적 유학의 토대 위에 문학 활동이 이루어졌다. 애일당을 지은 배경을 살펴보자.

> 선대(先代)에 복거(卜居)한 이후로 가신영절(佳辰令節)에 자제를 데리고 여기에 놀으셨고 정자를 경영하였으나 결과를 얻지 못하였고 가군(家君)에 이르러서 더욱 생각을 두었으나 못 이루셨다. 내가 선의(先意)에서의 미수(未遂)와 승경(勝境)의 무몰(蕪沒)로 인하여 바위로 터를 하고 돌을 쌓아서 대(臺)를 만들어 당을 그 위에 지어 쌍친이 무양하실 때 모시고 놀기 위하여 애일당이라 명칭하고 시를 지어 제공(諸公)에게 화답을 구해 양로연서와 같이 전한다.[288]

농암은 「농암애일당 서(聾巖愛日堂 序)」에서 애일당을 지은 배경을 '쌍친이 무양하실 때 모시로 놀기 위하여'라고 하였다. 즉, 농암이 애일당을 지은 이유가 효(孝)의 실천에 있는 것이다. 경세학적 유학의 입장에서 효의 실천은 곧 이상실현이었고, 유학자의 모범이었다. 다음의 시에서도 이와 같은 인식을 확인할 수 있다.

---

[287] 金吉煥, 『朝鮮朝儒學思想研究』, 一志社, 1980, 27면.

[288] 國譯 『聾巖先生文集』 卷之一 詩, 「聾巖愛日堂」, 18~19면.
自先世卜居以來 每於佳辰令節 率子弟遊于此 欲作亭臺增飾其美 而不果者 蓋累代迄我家君 尤常念念 而遷延不就 以至于老 子悶其先志之不遂 勝境之蕪沒 因巖而基疊石爲臺 作堂其上 欲及雙親之無恙 侍遊其中 以娛餘年 名之曰愛日堂 情志豈不急急歟 成詩二絕 求和諸公 欲與前之養老詩并留云.

聾巖愛日堂詩 次韻 菁川 柳希齡

순순한 덕행이 일향을 화할 뿐 아니라
웅번(熊幡) 도처에 송성(頌聲)이 길었다
다섯 고을 효도로 다스려 모두 혜택을 생각하며
사람이 동헌을 사랑하고 북당을 축수하다

不獨恂恂化一鄕　熊幡到處頌聲長
五州孝理多懷惠　人愛黃堂祝北堂[289]

위 시는 유희령(柳希齡)이 「농암애일당(聾巖愛日堂)」에 차운한 것이다. 시에서는 농암의 효의 실천이 개인적 차원에서의 보은(報恩)이 아니라 경세(經世)에 있어서 관리로서의 모범으로 그려지고 있고, 지방 관리로 부임하였을 때에도 이 효의 실천이 계속되었음을 확인할 수 있다. 따라서 농암의 학문적 경향은 도학(道學)이라기보다는 오히려 경세학적인 측면이 강하다고 할 수 있다.

일반적으로 영남 사림과 도학은 회재(晦齋) 이언적(李彦迪)에서 비롯되었다고 말하고 있다.[290] 따라서 농암 시대의 학문적 경향은 주로 경세학이었다고 함이 옳을 것이다. 경세학은 선비의 학문하는 목적을 수양낙도(修養樂道) 보다는 오히려 벼슬에 나아가 백성을 위하여 훌륭한 정치는 하는 데 두는 학문적 경향이다. 그리고 그 학문의 목적은 효제충신(孝悌忠信)의 실천이 중심이었다. 따라서 목민관으로서의 농암은 관리로서 백성들에게 효제충신의 모범을 보여 백성 스스로 그것을 실천하도록 교화하는 것을 사명으로 여겼다. 그리고 농암의 이와 같은 행적은 사후 1557년(명종 12) 나라에서

289| 國譯『聾巖先生文集』卷之五 附錄之二, 「聾巖愛日堂詩 次韻 菁川 柳希齡」, 433면.
290| 金吉煥, 앞의 책, 1980, 31면.

내린 '효절(孝節)'이라는 시호(諡號)[291]로도 확인할 수 있다.

농암이 치사귀은(致仕歸隱) 후 효제충신의 상징이었던 애일당은, 구로회(九老會) 등을 통해 영남지역 유학자들과 교류하는 중심 공간이 되었다. 애일당은 1512년(중종 7) 농암 나이 46세 때 어버이를 위해 분강(汾江) 기슭 농암바위 위에 세운 것으로 농암의 유적 가운데 가장 정채있는 건물이다. 애일당이 중신(重新)될 때 이장곤(李長坤), 이행(李荇), 박상(朴祥), 성현(成俔), 소세양(蘇世讓), 정사룡(鄭士龍) 등의 명류(名流)들이 대거 축하 증시(贈詩)를 보냈으며 김안국(金安國), 주세붕(周世鵬), 이언적(李彦迪), 이황(李滉), 조사수(趙士秀), 황준량(黃俊良) 등의 사림들이 끊임없이 예방하였다.

『애일당구경첩(愛日堂具慶帖)』 각 세 권을 살펴보면 1권에는 농암이 애일당을 구축했을 때 당시 조야의 친구들이 그의 효행(孝行)과 덕(德)을 칭송하며 보낸 친필 축하시로 이루어져 있다. 2권에는 세 폭의 그림과 그와 관련된 축하시가 쓰여 있으며, 「한강음전도(漢江飮餞圖)」에는 김세필(金世弼), 김안국(金安國), 유인귀(柳仁貴) 등 여러명의 증시(贈詩)가 실려 있다. 3권은 원래 제목이 『애일당구경별록(愛日堂具慶別錄)』으로 「효빈가(效嚬歌)」, 「농암가(聾巖歌)」, 「생일가(生日歌)」 등의 국문시가와 그것과 관련된 서문이 기록되어 있고 「애일당구로회(愛日堂九老會)」, 「애일당헌환록(愛日堂獻歡錄)」, 「분천속구로회(汾川續九老會)」 등의 글과 이황(李滉), 황준량(黃俊良), 권응정(權應挺), 이문건(李文楗) 등의 증시(贈詩)가 실려 있다.[292] 이런 교류들은 치사 후에 애일당을 중심으

---

[291] 李賢輔,『聾巖先生文集』新增二 書 年譜.
三十六年丁巳三月 贈諡孝節. 慈惠愛親曰孝 好廉自克曰節.

[292] 安東文化硏究所 編,『聾巖 李賢輔의 文學과 思想』, 安東大學校, 1992, 농암선생유

로 이루어진 구로회 등의 기반이 되었다.

애일당구로회는 단순히 효의 실천을 위한 모임에 그치지 않고 영남사림(嶺南士林)들이 모여 문학적, 학문적 교류를 하는 모임으로 확대되었으며, 애일당과 구로회를 중심으로 한 영남사림들과의 교류는 농암이 치사귀은(致仕歸隱)하는 동안 매우 활발하게 이루어졌다.[293] 농암이 애일당을 짓고 이를 기념하여 지은 「애일당시(愛日堂詩)」에 화답한 사람이 35명에 달하니[294] 그 활발한 교류를 짐작해 볼 수 있다. 다음의 시를 살펴보자.

靈芝精舍 次韻
깨끗한 집이 흰구름 위로 높이 솟았는데
약달이는 갈치천같은 신선이 노니는구나
행여나 높은 대를 더럽히지 말지니
高風들은 世俗人이여 수레를 스스로 돌릴지어다
精廬高架白雲巓　藥竈逍遙葛稚川
莫把高臺名杜妄　聞風俗駕自回鞭[295]

위 작품은 「영지정사(靈芝精舍)」에 대한 퇴계의 차운시이다. 위 시를 보면 퇴계가 느끼는 농암의 산수생활에 대한 이미지를 확인해 볼 수 있다. '高風들은 世俗人이여 수레를 스스로 돌릴지어다

적과 사진설명.

293) 李賢輔, 『聾巖先生文集』 卷之三 詩, 「重陽日焚黃改題續成九老會」.
癸巳之會 爲椿府設也 稱爲九老 名數偶合也 擬之香山 知其僭也 今此之會 乃其自爲而猶因其號 效尤之甚也 余之致仕來鄕今六載.

294) 강순애, 「聾巖 李賢輔의 『愛日堂具慶帖』에 권하에 관한 연구」, 『서지학연구』 53, 한국서지학회, 68면.

295) 손오규, 「退溪의 山水小品 研究」, 『東義語文論集』 7, 동의대학교, 1994, 245면.

(聞風俗駕自回鞭)'에서는 농암이 산수생활을 하고 있는 영지정사가 속객(俗客)들은 찾지 못하는 산수라고 말하며 농암의 치사귀은이 진은(眞隱)임을 표현하고 있다.

이와 같은 농암과 영남사림의 교류와 영향을 영남가단(嶺南歌壇)이라고 하였다.[296] 그런데 분천(汾川)으로의 치사귀은(致仕歸隱) 이후 농암이 진정으로 산수락을 깨닫고 문인들과 교류하면서 큰 영향을 미쳤다는 점에서, 가히 분천가단(汾川歌壇)을 형성하였으며 그 중심인물이었다고 할 것이다.

5. 결론

이 연구는 농암시가가 산수문학의 전형적 작품으로 문화사적 원형을 이루었다는 점을 중심으로 농암시가의 산수문학적 접근과 해석을 통해 그의 시가에 내재된 의경(意境)을 파악하고 산수락의 성격을 규명하고자 하였다.

첫째, 농암은 치사귀은 후 산수유상을 통한 현실초탈의 초연한 심경과 산수락을 농암바위와 점석을 통해 정신화하였다. 또한 이를 통해 산수경물의 의경을 내면화하고 객관적 사물과 주관적 가치를 융합하여 정신적 시경을 개척하였으니, 산수경물의 상호교융을 통한 의경의 형상화는 산수락으로 발전하였다.

둘째, 농암의 산수유상은 그의 인품의 반영으로 부귀진애의 기미가 없고 속세를 벗어난 정취가 있다. 따라서 농암의 산수유상을 통

---

[296] 金東俊, 「李賢輔論」, 『聾巖 李賢輔의 文學과 思想』, 安東大學校, 1992, 82면. 金東俊은 嶺南歌壇이라 하였음.

송암시가의 문예미적 특질을 치밀하게 밝히기 위해서는 송암시가의 가장 특징적인 핵심이라 할 수 있는 독락과 처사문학을 긴밀하게 연관지어 구체적 작품을 검토해 볼 필요가 있다.

그 과정으로 우선 송암의 시가작품을 분석하여 예술형식으로 형상화 된 한거(閑居)와 미적 표상으로서의 독락(獨樂)을 파악하고자 한다. 나아가 그 연구결과를 바탕으로 성리학자로서 영남학파의 시세계와 처사문학적 특징을 유추해 보고자 한다.

한거(閑居)는 공간적으로 산수(山水)를 의미하니, 그가 벼슬을 멀리하고 생활하였던 무민재(無悶齋)가 있는 청성산하(靑城山下)를 지칭한다고 할 것이다. 또한 심리적으로 한거는 세속적 명예나 부귀로부터 떨어져 있는 평범한 선비의 생활 속에서 느끼는 심정적 자유로움과 무욕적 현실생활의 편안함이며 청성산하에서 학문에 침잠하며, 세속적 가치에서 벗어난 산수생활(山水生活) 속에 자기만족의 즐거움이라 할 것이다.

독락(獨樂)은 퇴계(退溪)의 관유온유(寬裕溫柔)를 계승한 것으로 환로(宦路)에 대한 마음을 잊고 학문연구를 통해 인의를 추구하며 이를 통해 마음의 자득(自得)을 얻어 그 뜻을 즐기는 모습을 말한다.[299] 송암 시가에서 독락의 주체는 송암이며, 독락은 무민재에서 느끼는 자신의 즐거움에 대한 자각으로부터 비롯되는 서정성

文의 〈獨樂八曲〉 硏究」, 『한국사상과 문화』 3, 한국사상문화학회, 2006), 유학적 정서의 측면에서 살펴본 연구(최재남, 「〈獨樂八曲〉과 〈閑居十八曲〉의 정서적 연관」, 『한국문학논총』 16, 한국문학회, 1995), 문학사적 의미를 논한 연구(金起塋, 「松巖 權好文의 〈獨樂八曲〉 연구」, 『語文硏究』 25, 어문연구학회, 1994.), 독락의 의미를 밝힌 연구(이진규, 「한국문학에 나타난 독락(獨樂)의 의미-조선조 이언적·권호문·박인로를 중심으로」 『국제언어문학』, 2016.) 등 다양한 성과가 있었다.

[299] 김병국, 위의 책, 2006, 68면.

이라 하겠다. 따라서 문맥적 의미로 볼 때 독락은 처사문학의 전형적 서정성을 지향한다고 할 것이다.

독락을 감각적인 면에서 볼 때는 즐거움이라 할 수 있지만, 그것을 서정(敍情)의 관점에서는 예술형식 속에서 형상화 된 미적 감정(美的感情)이라 할 것이니, 독락은 송암의 작품에서 지향하는 미적 가치를 함유하고 있다. 따라서 의상(意象)을 통한 미적세계(美的世界)와 시적경계(詩的境界)의 표상(表象)이다. 왜냐하면 청성산을 중심으로 한 산수경물(山水景物)은 지각을 통하여 현상적 모습을 인식할 수 있으며, 그 인식된 산수경물은 정신화를 통하여 구체적 문학 작품 속에서 시적 표현의 세계로 의상화(意象化)되기 때문이다.

표상(representation)은 현존하는 대상의 내재화[300]를 통하여 산수경물의 정신화된 어떤 가치와 작가의 이념적 요소를 함유하고 있으며, 의상을 통하여 작품 속에서 구체화된다. 곧 현전(現前)과 지각(知覺), 재현(再現)과 표상(表象)은 산수경물이 의상화되는 일련의 과정으로, 송암의 한정(閑情)과 독락(獨樂)이란 시적 경계를 표상한다.

그런데 도학(道學)은 이론으로서의 지식 보다는 생활을 통한 행위로서의 진리구현을 강조한다. 특히 처사(處士)라는 신분은 공인으로서의 겸선천하(兼善天下) 보다는 독선기신(獨善其身)이란 개인적 수양의 질서와 인간완성을 최고의 가치로 인식한다. 이와 같이 생각할 때 한정(閑情)은 처사로서 송암의 생활공간이면서 벼슬을 떠나 청성산에 은거하는 실천적 삶을 의미하며 독락(獨樂)은

---

[300] Mikel Dufrenne 저, 김채현 역, 『미적 체험의 현상학(중)』, 이화여자대학교출판부, 1991, 582면.

한거(閑居)를 통한 생활의 자기만족과 즐거운 심정을 시적(詩的)으로 형상화한 것이라 할 수 있으니, 한거와 독락의 시적 경계와 미적 표상을 산수미학(山水美學)의 관점에서 연구할 필요성이 있다.

그러므로 이 연구는 산수미학의 관점에서 송암시가를 해석하여 그 미적(美的) 표상(表象)을 탐구하고 조선조 처사문학(處士文學)의 미적 특징을 유추하고자 한다.

2. 이상좌절(理想挫折)과 진퇴사수(進退辭受)

산수문학에서는 입산의 동기와 목적에 따라서 은사의 산수생활을 여러 유형으로 나누어 볼 수가 있다. 우선 입산의 동기가 정치적 이유에서 비롯된 것과, 종교나 사상을 배경으로 인한 것으로 대별하여 설명할 수가 있다. 그중에서도 산수문학에서 주목하는 입산의 동기는 정치적 이유보다는 사상적 배경에 의한 산수생활이다. 구체적으로 노장사상에 의한 현실초월적이며 염세적인 은둔과 유가적 실천생활로서의 은거로 나누어 볼 수가 있다.

노장사상(老莊思想)의 영향에 의한 은둔의 대표적 시가작품으로는 초은시(招隱詩)를 들 수가 있다. 초은시는 산속에 은둔하는 은사를 세상 밖으로 불러내기 위하여 찾아갔으나 은사가 생활하는 산수의 아름다움에 매료되어 결국 세상 밖으로 나오지 못하고 자신도 그곳에 은둔하게 되는 산수락(山水樂)과 산수미(山水美)를 노래한 것이다. 우리나라에서는 노장사상의 영향으로 은둔하게 된 경우는 고려 예종 때 개성 근처의 동산재에 은둔한 곽여를 대표적 인물로 거론할 수가 있다. 곽여는 동산재(東山齋)에서 오사모(烏紗

帽)와 학창의(鶴氅衣)를 입고 세상을 초월하여 신선사상을 동경하였다.[301]

유가적 은거는 조선조 시대에 들어와 구체적으로 실현되었으며 사대부 계층을 중심으로 확산되기 시작하였다. 조선조 초기 사대부들은 경세학의 영향으로 겸선천하(兼善天下)에 뜻을 두고 관리로서의 삶을 통하여 백성과 더불어 지선(至善)의 삶을 실천하고자 하였다. 따라서 그들은 관리로서의 청렴성과 행정의 공평성을 통한 유교 국가의 정치적 이상을 실현하고자 하였다. 곧 이것은 맹사성(孟思誠)의 「강호사시가(江湖四時歌)」를 통해서 알 수 있듯이 치사(致仕) 이후에도 고급관료로서의 삶을 지속하면서도 산수생활을 통하여 한가로운 사대부로서의 삶을 구현하였다.

연산조 이후에 정치적 이유에 의하여 사대부들의 산수생활은 그 동기와 목적에 큰 변화를 가져왔으니, 곧 산수문학의 내용적 변화에 의한 산수락과 산수미의 변용을 구체적 작품 속에서 찾아볼 수가 있다. 이상을 도남(陶南)은 강호가도의 발생 원인으로 "黨爭下의 明哲補身이요 致仕客 閑寂"[302]이라고 하였다.

그런데 농암 이현보의 「어부가(漁父歌)」에서 찾아볼 수 있는 산수친화의 생활은 퇴계에 이르러 수양과 학문성취라는 현실적 이상실현의 공간으로 전환된다.[303] 곧 산수에 대한 인식의 범위가 확대되고 형이상학적 가치가 부여되었으니, 학문과 사색의 대상으로까지 발전하였다. 따라서 「도산십이곡(陶山十二曲)」으로 대표되는 퇴계의 시가작품에서 이념적 가치로서의 산수미로 형상화되었다.

---

301) 손오규, 『山水文學研究』, 제주대학교 출판부, 2000, 12면.
302) 조윤제, 앞의 책, 1994, 157~160면.
303) 손오규, 앞의 책, 2000, 50~54면.

그런데 도남 조윤제는 "그는 退溪門下에 배웠으면서 그의 詩歌는 充分히 배우지 못한 듯하다"[304]고 평하였다. 이것은 송암시가에 대한 부정적 평가로 볼 수도 있지만 퇴계의 학풍이 송암에 이르러 변화의 기미[305]가 있었음을 알 수가 있는 중요한 지적이라고도 할 수 있다. 따라서 송암시가를 분석하여, 퇴계와의 차이점과 문학적 형상화의 변용을 밝혀, 무민재에서의 산수생활에 대한 독자적 기풍과 성격을 규명하고자 한다.

조선조 시대에는 학문과 교양이 갖추어져 있었다고 하여 모두 사회적으로 인정받고 벼슬에 오르는 것은 아니었다. 송암의 경우에도 마찬가지였다. 송암은 선비(士)의 신분에 있었으나 여러 차례 과거에 낙방하였다.

> 아, 나의 평소 뜻이 여기에 있지만은 않다. 그러나 운명이 시대와 어긋나고 사람들이 나를 위해 도모하지 않아 천리마가 늙어 마구간에 엎드려 있고 자라가 신령스럽지 못하여 돌을 이고 있는 것과 같다. 사람들과 말하면서 눈이 번쩍 뜨이고 귀가 시원하게 하는 논지가 없고 시대를 걱정하여 시를 읊어도 항간의 속된 가요와 다름이 없다. 어찌 주위(周衛)에 올라 성명을 도와 우리 임금을 요순처럼 되게 하고 이 세상을 상주(商周)처럼 만들기를 바랄 수 있겠는가.[306]

---

304) 조윤제, 『朝鮮詩歌史綱』, 東光堂書店, 1937, 278면.

305) 이에 대해 손오규는 그의 저서에서 "퇴계 이후 嶺南士林을 중심으로 산수에 묻혀 科文보다는 性情의 陶冶에 힘쓰는 학문적 경향과 氣風이 형성되기 시작하였는데, 이러한 氣風이 선비들 사이에서 실제로 시대적 흐름을 형성하기에는 아직 이른 시기였다고 하겠다. 송암은 科文에 힘쓰지 않고 산수에 묻혀 心性陶冶를 통한 人格完成에 專一하는, 새로운 학문의 경향과 선비의 氣風 진작에 선구적 역할을 하였던 것이다."라고 언급하였다. (손오규, 앞의 책, 2000, 283~284면.)

306) 권호문 저, 안정·권영락 역, 『송암집』 2, 안동대학교 퇴계학연구소, 2016, 369면. 噫 愚生素志 不徒在於此 而命與時違 人不吾謀 驥已老而伏櫪 鼇不靈而戴石 對人

송암은 자신의 본뜻과는 달리 자연에 묻혀 살게 되었다고 하면서, 그 이유로 명과 때가 어긋나서 사람들이 자신을 도모하지 않는다는 점을 들고 있다. 이것은 여러 차례 과거에 응시했으나 번번이 실패해 출사하지 못한 자신의 처지를 의미한다고 할 수가 있다. "천리마가 늙어 마구간에 엎드려 있고 자라가 신령스럽지 못하여 돌을 이고 있는 것과 같다.(驥已老而伏櫪 鰲不靈而戴石)"라는 구절은 늙어서도 웅대한 포부와 재주를 펼칠 수 없는 송암의 처지를 비유적으로 표현한 것이라 할 것이다. 그러나 산수에 들어서는 오히려 여러 차례의 벼슬 천거를 거절하고 산수에서의 자기수양을 이상적 가치로 삼았다.

이것은 송암이 「한거록」에서 "도홍경(陶弘景)의 풍치(風致)는 모산(茅山)에서 소를 그렸고, 화정(和靖)의 은일(隱逸)은 서호에 학을 풀어 길렀다 하였다.(弘景之風致 畫牛茅山 和靖之隱逸 放鶴西湖)"라며 한거의 전형적 인물로 도홍경과 임포를 제시하였다는 점에서도 잘 알 수가 있다. 다음의 시를 살펴보면 더욱 분명해진다.

寓靑城寺贈金正字

성군 초년에 초야의 일민으로 사노라니
뛰어난 목수가 썩은 가죽나무를 버린 것과 같네
위험한 세상은 이미 까치를 피하는 매미 같고
과거 공부는 어찌 물고기를 엿보는 백로처럼 하랴
봄날 낙동강 물에 낚싯대 하나 드리우고
천리 길 서울에 몇 자의 편지를 보내네

而言 則無鬼目洞耳之論 憂時而詠 則混街談巷謠之俚 其敢望登周衛 翊聖明 而君吾堯舜 世吾商周乎.

산비와 냇가 바람에 생각이 많으리니
갈매기와 맺은 약속을 영영 저버리지 말게나
甘爲野逸聖朝初　等是良工棄朽樗
機事已同蟬避鵲　科程寧作鷺窺魚
三春洛水一竿竹　千里長安數尺書
山雨溪風多所思　莫欺鷗鳥永相疎[307]

2구에서 뛰어난 목수가 썩은 가죽나무를 버린 것은 송암이 벼슬에 대한 욕심을 버린 것을 비유한다. 3구는 벼슬살이의 험난함을 말하는 것이며, 4구는 마음에서 일어나는 과거에 대한 욕망의 경계를 백로에 비유하였다. 결국 8구 '갈매기와 맺은 약속'은 한거의 다짐을 재확인하고 있는 것이다.

이처럼 송암은 항상 자신의 지나친 욕심을 경계하고자 하였으니, 도학의 입장에서 보면 스스로의 마음을 함양하고 천성을 기르려는 것이므로, 과욕(寡慾)의 상태를 지향하는 자성적(自省的) 삶의 회복이요, 도의 실천이라 할 것이다.

그러나 송암이 처음부터 벼슬에 대한 욕심을 버린 것은 아니었다. 그가 27세에 과거에 낙방하였을 때만 하더라도 벼슬에 대한 송암의 생각은 매우 간절하면서도 강하였다. 다음 시를 보면 잘 알 수가 있다.

失利南歸 聞諸親會竹舍 記懷以呈
(전략)나 또한 옥이 좋은 값에 팔리길 기다렸으니

307] 권호문 저, 안정 역, 『송암집』 1, 안동대학교 퇴계학연구소, 2016, 437~438면.
松巖集 二券 / 詩

어찌 소함의 묘한 음을 살필 수 있었으랴
서툴고 게을러 어부와 목동이 따르든 말든
유항하며 비방과 참소가 몰려들까 꺼렸었지
멋진 유람 생각하나 병든 몸은 침상에 누웠고
좋은 계절에 괴로이 읊조리니 눈물이 옷깃을 적시네(후략)

美價我同沽璞玉　妙音誰得察韶咸
疏慵遮莫從漁牧　漫浪方嫌集謗讒
病想勝遊身伏枕　困吟佳節淚沾衫[308]

위 작품은 송암이 과거에 낙방하고 고향으로 돌아와서 여러 친족들에게 자신의 심정을 적어 올린 시이다. 송암은 옥이 좋은 값에 팔리듯 자신도 관리가 되어 재주를 펼칠 수 있기를 간절히 바랐음을 공자의 고사에 빗대어 노래하였다. 또한 과거에 낙방한 좌절과 괴로움을 "병든 몸이 침상에 누웠(病想勝遊身伏枕)"으며 "괴로운 눈물이 옷깃을 적신다(困吟佳節淚沾衫)"는 비유적 표현을 통해 말하고 있다. 절망의 심정에서 헤어나지 못하는 좌절의 괴로움을 고백적으로 노래한 것이다.

그러면서도 송암은 전형적 유학자로서의 삶을 항상 지키고자 하였다. 곧 삶의 목표를 새로이 설정하고 새로운 방향을 찾고자 하였으니, 「유청량산록(遊淸凉山錄)」에서 산수유람을 떠나면서도 『주역(周易)』, 『근사록(近思錄)』, 『황극내편보해(皇極內篇補解)』, 『두시보유(杜詩補遺)』를 챙겼다고 밝힌 점[309]에서 새로운 인생의 목표

---

308) 권호문 저, 황만기 역, 『송암집』 3, 안동대학교 퇴계학연구소, 2016, 255면.
松巖集 續集 一券 / 詩
309) 권호문 저, 안정·권영락 역, 『송암집』 2, 안동대학교 퇴계학연구소, 2016, 381면.
松巖集 第五券 / 錄

에 대한 확신을 알 수 있다.

이 중에서 가장 주목되는 서적이 『근사록(近思錄)』이다. 『근사록』은 주자가 그의 친구 친구인 여조겸(呂祖謙, 1137~1181)과 나눈 대화를 기록한 책인데 '절문이근사(切問而近思)'라는 제목에서 알 수 있듯이 학문의 이치를 반드시 간절히 물으면서도 자신의 주변에서부터 이치의 탐구를 출발한다는 의미이다. 따라서 현실에서의 구체적 실천을 강조하니, 조선조 사대부는 『근사록』을 표준으로 삼아 항상 가까이 두고 수양의 기반으로 삼았다. 다음과 같은 구절을 살펴보면 분명히 알 수가 있다.

> 伊川先生이 말하기를, 「아는 것을 다하고자 할 것 같으면 평소부터 키워나가야 하고, 지(知)를 키우고자 하는 공보는 과욕(寡慾) 두 자보다 더한 것이 없다.」[310]

위의 글을 살펴볼 때 송암이 벼슬에 나아가지 않고 산수에 물러나 선비로서의 삶을 현실적 목표로 삼은 것은 유학이 강조하는 과욕의 실천적 삶을 표상하는 것이니, 송암의 진퇴사수의 근거라고 할 것이다. 그래서 송암은 자신의 진퇴사수에 대하여 다음과 같이 말하고 있다.

贈隱者

빈 골짝에 흰 망아지 멀리하는 마음을 두어

松庵靜者 手披塵籤 乃東周易 近思錄皇極內篇輔解及杜詩補遺 具筆硯藏于小箱 買芒屩竹杖.

310) 朱熹 저, 成元慶 역, 『近思錄』, 명문당, 1989, 221면.
伊川先生曰 致知在所養 養知는 莫過於寡欲二字.

꼴 한 다발 주면서 금옥처럼 아끼네
초개같은 공명은 공하는 것 아니고
뜬 구름 같은 부귀도 음탕하게 못하네(후략)
白駒空谷有遐心　一束生蒭玉爾音
芥視功名非所願　雲如富貴不能淫[311]

"빈 골짝에 흰 망아지 멀리하는 마음을 두어 꼴 한 다발 주면서 금옥처럼 아낀다(白駒空谷有遐心 一束生蒭玉爾音)"는 말은『시경(詩經)』에서 은자에게 시를 읊어도 은자가 화답하지 않는 것을 비유한 말로(皎皎白駒 在彼空谷 生芻一束 其人如玉 毋金玉爾音 而有遐心), 세상사에 관여하지 않겠다는 말이다. 또한 송암은 공명과 부귀를 초개와 뜬 구름 같은 것으로 비유하며, 부귀공명의 덧없음을 노래하고 있다.

따라서 과거의 낙방이 한거의 동기가 될 수 있으나, 송암이 산수생활을 통하여 이루고자 한 궁극적 목표는 아니었다고 할 것이다. 오히려 송암의 산수생활은 과거에 대한 미련을 자성적 성찰을 통하여 극복하고, 인생과 우주의 통찰을 통한 학문완성과 도의 실천을 궁극의 목적으로 삼은 것이다. 따라서 청성산하 무민재에서의 한거는 송암에게 있어 인생의 대 전환이자 새로운 삶에 대한 굳은 의지요 결의의 실행이라고 할 것이다.

송암의 한거는 명철보신이나 치사객의 한정이 아닌 퇴계와 같은 학문수양의 계통을 가지고 있으면서도 은거를 통한 수양의 실천적 삶이라는 처사문학적 성격을 가지고 있다. 이러한 송암만의

311) 권호문 저, 안정 역,『松巖集』1, 안동대학교 퇴계학연구소, 2016, 366면.
松巖集 續集 一拳 / 詩

또한 산수를 이념의 대상으로 사유하고 그 감동을 시에 형상화하였으니, 이것은 유학자이자 처사(處士)의 위치에서 송암이 느꼈던 서정을 시 속에 의상(意象)으로 표상한 것이다. 다음 시를 살펴보자.

贈隱者
물외의 한가한 삶 저절로 맘에 맞고
다시 명철한 이를 만나 좋은 말씀 사모하네
때에 맞춰 진퇴해도 걱정은 늘 간절하고
종세토록 유유자적하니 즐거움이 음란하지 않네
사심의 우아한 시구를 한가히 구하고
삼유의 기이한 공효를 조용히 찾네
세모에 산당에서 뉘와 함께 보낼까
푸른 창가에 달빛이 들어옴을 허락하리
物外閒棲自會心　更從明哲慕徽音
隨時進退憂常切　終歲優游樂莫淫
四深雅句閒來覓　三有奇功靜裏尋
歲暮山堂誰是伴　碧窓應許月光侵[314]

송암은 세속 바깥의 산수에 묻혀 사는 한가로운 삶이 자신의 이상적 삶과 부합하며, 이러한 삶을 통해 성현의 말씀을 다시금 깨닫는 심경을 노래하고 있다. 그리하여 평생 동안 그 삶을 바꾸지 않겠다고 다짐하고 있다. “세모에 산당에서 뉘와 함께 보낼까(歲暮山堂誰是伴)” 하는 말은 외로운 산수생활에 대한 표현이 아니라, 오

314) 권호문 저, 안정 역, 『송암집』 1, 안동대학교 퇴계학연구소, 2016, 366~376면.
松巖集 續集 一券 / 詩

히려 자신의 산수생활에 대한 자기 긍정이며 자부심을 드러내는 것이다. 따라서 송암시가에서 언급하는 도(道)는 심정적 고독에 대한 말이 아니라 절대고독(絕對孤獨)의 시적 경계에 대한 자기 감동을 노래한 것이다. 이런 경계에서 다음과 같이 자연친화(自然親和)와 자기만족을 노래한다.

溪上遊
시냇가에서 노니니 석양이 밝게 비치고
소매 가득 산들바람 불어 시원한 기운 이네
새로 목욕한 뒤 옷을 털고 산보를 하다가
맑은 여울로 옮겨 가서 갓끈 씻고 앉았네
溪上遊兮返照明　微風滿袖兮涼氣生
新浴振衣兮散步行　移向淸渦兮坐濯纓[315]

위 시는 산수유상의 산수락을 노래한 것인데, "새로 목욕한 뒤 옷을 털고 산보를 하다가(新浴振衣兮散步行)"와 "맑은 여울로 옮겨 가서 갓끈 씻고 앉았네(移向淸渦兮坐濯纓)"는 굴원의 「어부사(漁父辭)」에 나오는 구절을 인용한 것으로, 세속적 삶과 욕심을 벗어나 산속에서 은거하는 정신적 만족과 고결함을 읊은 것이다. 이것은 송암이 한거록에서 말한 결신오세(潔身傲世)의 심경이요, 독선산림(獨善山林)하는 처사의 실천적 산수생활로서 은구지락(隱求之樂)의[316] 자기만족을 형상화한 것이다. 이것은 결국 성리학자

315 권호문 저, 황만기 역, 『松巖集』 3, 안동대학교 퇴계학연구소, 2016, 397면.
松巖集 續集 二券 / 詩

316 松巖集 第五券 / 錄
潔身傲世 獨善山林者 雖似異於聖賢之事 亦自得其隱求之樂也.

로서의 학문적 관점에서 볼 때 창지양성(暢志養性)의 학문적 목적과 실천적 삶의 기준을 노래한 것이니 은구지락은 곧 고반지가(考槃之歌)와 부신지요(負薪之謠)[317]의 시적 서정을 의미한다.

따라서 이상과 같은 송암의 산수생활을 통한 이상과 실천적 삶을 통한 은구지락의 경험은 상상력을 북돋워 주변 산수경물로 하여금 미적 대상으로 현전하게 하였으니, 무민재라는 원림을 미적 대상으로 인식하고 「송암팔경(松巖八景)」과 「청성잡제(靑城雜題)」를 통해 그 아름다움을 예술형식 속에 형상화하였다.

「송암팔경」과 「청성잡제」를 통해 무민재의 원림적 구성을 살펴볼 때 인공구조물로는 수심촌(水沈村), 운와헌(雲臥軒), 시노실(詩奴室) 등이 있고 그 구조물들을 둘러싼 자연환경은 인지암(仁智庵), 성산연(星散淵), 이화탄(梨花灘), 앙앙곡(泱泱谷), 백사장(白沙場) 등으로 구성되어 있다. 여기서 송암은 이 산수경물을 보면서 자신의 미적 경험을 형상화하고 있다. 다음 시를 살펴보면 구체적 형상화의 모습을 알 수가 있다.

仁智庵
요동치는 강물과 고요한 산이 있어
집에서 감상하니 저절로 한가하네
이 속에 즐거운 것은 인과 지 때문이지
산수의 동정에 달려있지 않다네
動有江流靜有山　一堂幽賞自閑閑
箇中所樂由仁智　不在溪山動靜間[318]

---

317 松巖集 獨樂曲 / 獨樂八曲 并序
考槃之歌 負薪之謠 不知孰優孰劣也.

318 권호문 저, 안정 역, 『松巖集』 2, 안동대학교 퇴계학연구소, 2016, 225면.

송암은 강물과 산을 요동치고 고요한 모습이라고 지각하고 있다. 이는 객관적(客觀的) 상관물(相關物)로서의 산수경물이라 할 것이다. 그런데 송암은 강물과 산의 모습을 단순히 지각하는 것을 넘어서 산수경물의 감상을 통해 한가한 심정을 느끼게 된다.

시인이 높이 올라 사방을 한눈에 살피면 경관은 평상의 경관이 아니며, 마음속의 생각은 평시의 생각이 아니다. 시인은 평시와 완전히 다른 세계에 이른다. 높이 오르는 기회를 빌려 시인은 두 세계를 가로막는 다른 층의 종이를 찢어내고, 작은 세계로부터 대우주로 도약한다.[319]

송암의 산수경물에 대한 지각이라는 경험은 즐거움이라는 미적 경험으로까지 확대되니 이것은 인과 지라는 송암의 선험적 경험에 의한 주관화가 이루어졌기 때문이다. 그렇기 때문에 송암은 자신이 즐거운 것이 인과 지 때문이지 산수의 동정 때문이 아니라고 고백하고 있는 것이다. 다음 시를 살펴보자.

江干애 누어셔 江水 보ᄂᆞᆫ ᄠᅳ든
逝者如斯ᄒᆞ니 百歲ㄴ들 면 근이료
十年前塵世一念이 어름 녹듯 ᄒᆞᆫ다　　<閑居十八曲, 19수>

송암은 초장에서 강물이 흐르는 모습을 감각적으로 지각하고 경험하고 있다. 중장에서는 이것에 그치지 않고 상상을 통해 세월의 덧없음을 느끼게 되니, 종장에서는 중장의 경험이 미적 체험으로 확대되고, 속세의 집착에서 벗어난 자신의 삶에 대해 즐거워하

松巖集 三券 / 詩

319) 朱良志 저, 신원봉 역, 『미학으로 동양인문학을 꿰뚫다』, 알마, 2015, 366면.

게 되는 것이다. 송암의 처사로서의 삶을 돌아보았을 때, 이것은 경험에 의한 상상을 통해 이상적 삶에 대한 자기만족을 표상한 것이라 할 수 있다.

따라서 송암의 한거를 통해 시에 형상화 된 독락은 산수자연 속에 묻혀 실천적 삶을 통해 자각된 미적 체험의 시적 경계를 말한다. 고독의 세계에서 성리학적 도(道)의 수련과 리(理)의 세계의 추구하는 즐거움을 형상화하고 있는 것이다. 이와 같은 산수락(山水樂)이 도의 세계를 지향하게 될 때 독락의 시경은 형이상학적 서정의 영역을 개척하게 된다.

4. 한거자임(閑居自任)과 처사문학(處士文學)

조선시대에 성리학은 금오산(金烏山)에 은거한 길재(吉再, 1353~1419)로부터 김숙자(金叔滋, 1389~1456), 김종직(金宗直, 1431~1492)으로 이어지는 의리관(義理觀)에 입각한 학맥으로 정통성 있는 학통(學統)을 형성한다.

조선초기 사육신(死六臣)으로 대변되는 절의파(節義波)는 사화기를 거듭함에 따라 점차 유학자들에게 널리 수용되어 결국 사림파(士林派)로 일컬어지는 개혁세력은 절의파를 자신들의 학문적 선구로 설정하였다.[320] 또 다른 유학의 변화는 회재 이언적(李彦

[320] 김훈식은 그의 논문에서 "정몽주와 길재의 학문·사상을 실제 계승한 학자들이 사림파로 결집한 것으로 보이지는 않는다"고 언급하면서 사림파가 절의파를 계승하여 형성되었다고 보기는 힘들다고 하였으나, "오히려 사림파로 결집한 학자들이 정몽주와 길재를 자신들의 학문적 선구로 설정했다는 것이 훨씬 더 사실에 가깝다"는 언급에서 보듯 사림파가 절의라는 가치를 적극적으로 수용하였음은 분명하

迪, 1491~1553)의 학문적 연구에 의한 한국성리학의 발원으로 퇴계 이황(李滉, 1501~1570)에 이르러 한국성리학은 그 학문적 체계를 완성하였다. 퇴계 이후에 순수 학문 연구는 학파를 형성하며 더욱 발전을 거듭하여 높은 수준의 학문적 성과를 이루었을 뿐만 아니라 이론철학으로서의 학문적 기반을 확고히 하였다. 퇴계학파의 중요인물로는 김성일(金誠一), 유성룡(柳成龍), 정구(鄭逑)를 들 수가 있다.

송암 권호문(權好文) 역시 퇴계문인으로 영남학파(嶺南學派)의 정통성과 학맥을 계승하였다. 그런데 조선 전기 경세학(經世學) 위주의 유학은 사림파를 통하여 점차 실천철학적 윤리적 규범을 더욱 강조하게 되었으니 『소학(小學)』의 중요성을 강조하였다. 이것은 학문의 진리를 생활 속으로 실천을 통하여 증명하고 인격수양(人格修養)의 기본으로 삼고자 한 도학적(道學的) 학풍으로 계승되었다. 따라서 이상에서 논의한 성리학의 이론철학과 실천철학의 양면은 분리될 수 없는 사림의 이념이었으며 도학의 기본을 형성하는 학문적 기반이었다.

이렇듯 조선 전기 경세학 위주의 유학과 이후 사림파에 의해 확립되는 실천철학적 도학의 전환기에 위치한 선비들로 산림학파(山林學派)를 예로 들 수가 있는데 이들은 경국제민(經國濟民)의 이상을 가진 재야 학자요, 정치인으로서의 성격이 매우 강하였다. 따라서 비록 산수에 은거할 지라도 그들의 이상은 정치에 있었다고 할 것이다.

그런데 송암과 같이 과거를 통한 관리로서 경국제민의 이상을

다고 할 것이다.(김훈식, 「朝鮮初期의 정치적 변화와 士林派의 등장」, 『한국학논집』 45, 계명대학교 한국학연구원, 2011, 52면.)

접고 오로지 산수에 은거하여 이론철학으로서 성리학적 진리를 생활 속의 실천을 통하여 실현하고자 한 사림계층은 비록 정치적 관심을 버리지는 못하였을지라도 그 산수은거의 목적을 성리학의 학문적 연구와 실천적 가치의 구현을 이념으로 삼았으니 이들을 일컬어 처사계층(處士階層)이라고 할 것이다.

처사(處士)는 일종의 은사계열(隱士系列)에 포함되는 선비로서 특수한 계층의 지식인이었다. 엄밀히 말해 은사(隱士)는 역사상에 언제나 있었다고 할 것이니, 신라시대 물계자(勿稽子)를 가장 대표적인 인물로 거론할 수 있을 것이다. 그런데 동양문학에서 은사는 주로 노장적(老莊的) 계열이 대부분이었지만 조선조 시대의 처사는 은사계열이면서도 사림계층이었다는 것이 큰 특징이라고 할 것이다.

그래서 처사는 조선조 정치문화적인 면에 큰 영향을 끼쳤는데, 그들은 사회적 지위를 가지고 있지는 않았지만 문화적으로는 대단한 명망과 지위를 향유하였다. 왜냐하면 조선조 처사는 선비라는 계층에 속하는 인물로 인위적으로나 혹은 정치적인 이유에 의하여 획득되어지는 사회적 신분은 결코 아니었으나, 이들이 비록 산수에 은거하고 있을지라도 언제나 관리로서 임금의 부름을 받고 경국제민의 이상을 실현할 기회가 열려 있었기 때문이다.

그래서 은사를 사회 신분의 한 가지라고 말하는 것은 개인으로서 사회에 존재했을 뿐만 아니라, 하나의 사회 세력으로서 자신의 생존 의의를 표현한다는 것이다. 동시에 은사는 사대부 계층 가운데서도 특수한 유형으로, 자신만의 문화를 형성하였으며, 처사가 바로 은사를 지칭하는 용어이다.[321]

송암은 독락팔곡 제 1곡에서 자신을 "太平聖代 田野逸民"이라고 하였다. 일민은 곧 은사를 말한다. '일(逸)'이라는 글자는 두 가지 의미로 해석할 수 있는데, 그중 한 가지는 세속을 초탈하여 고상하다는 뜻이니, 『주역(周易)』·『둔괘(遯卦)』의 비둔(肥遯)에 해당하며, 『정전(程傳)』에서 '비(肥)'는 가득 차고 크고 넓고 여유 있다는 뜻이고 '둔(遯)'은 정처 없이 떠돌아 멀리 가는 것이니, 얽매여 머무르지 않는 것을 말한다.

일(逸)의 또 다른 의미는 '유(遺)'이니, 즉 세상을 완전히 잊는다는 뜻이다. 주희는 이를 두고 세상을 떠나 숨는 것이며 지위가 없음을 지칭한다고 하였다. 그래서 일민(逸民)은 은사의 신분에 가장 적절한 용어로 세상을 떠나 명예와 이익을 구하지 않고, 세속을 초탈하여 속세 밖을 자유로이 떠도는 사람을 의미한다고 할 것이다.[322]

이렇게 볼 때 처사로서의 송암은 단순한 일민이 아니라 산수에 은거하여 은사적 삶을 영위하지만 그의 궁극적 목표는 학문완성과 도의 실천에 있었으므로 그의 시가는 처사문학으로서의 세속적 욕망의 초탈이란 무심(無心)의 서정성과 도(道)가 결합된 산수락(山水樂)을 노래하고 있다고 할 수 있다. 이것이 처사문학(處士文學)으로서 송암시가의 가장 큰 특징이라고 할 것이다. 그런데 송암이 처사로서의 삶을 선택한 그 이유에 대하여 「독락팔곡 서(獨樂八曲 序)」에서는 스스로에 대하여 재단육예(才短六藝)라 하면서 우형세간(寓形世間) 하고 탁심물외(宅心物外)[323]라고 하였다. 재

321) 馬華·陳正宏 저, 姜炅範·千賢耕 역, 『중국은사문화』, 동문선, 1997, 13~15면.

322) 馬華, 陳正宏 저, 앞의 책, 1997, 15~16면.

323) 松巖集 獨樂曲 / 獨樂八曲 并序
巖主謀拙萬事 才短六藝 寓形世間 宅心物外.

단육예는 그가 과거시험에 실패한 까닭이 스스로의 재주가 짧고 학문이 부족하였다는 것이며, 그리해서 비록 현실세계에 몸은 살고 있지만 자신의 마음을 물외에 부쳤다는 뜻이다. 결국은 산수은거를 통해 산수친화의 감정에서 학문완성과 실천의 생활을 자신의 이상으로 설정하였다는 인생의 전환점에 대하여 언급한 것이다. 그래서 그는 다음과 같이 스스로의 갈등에 대하여 노래한다.

江湖애 노쟈ᄒᆞ니 聖主를 ᄇᆞ리례고
聖主를 셤기쟈ᄒᆞ니 所樂애 어긔예라
호온자 岐路애 셔셔 갈ᄃᆡ 몰라 ᄒᆞ노라 <閑居十八曲, 4수>

강호에 노는 것은 산수은거를 뜻하고 성주(聖主)는 임금을 말하니 성주를 버린다는 것은 과거를 통한 관리로서의 삶을 포기해야 한다는 말이다. 곧 초장과 중장은 출처에 대한 갈등을 노래한 것이고, 종장에 가서는 인생의 지향을 분명하게 결정하지 못하는 자신의 우유부단함에 대한 자성적 고백이라고 할 것이다. 그러면서도 송암은 어렵사리 선택한 은거에 대하여 다음과 같이 노래하였다.

出ᄒᆞ면 致君澤民 處ᄒᆞ면 釣月耕雲
明哲君子는 이롤사 즐기ᄂᆞ니
ᄒᆞ믈며 富貴危機ㅣ라 貧賤居를 ᄒᆞ오리라 <閑居十八曲, 8수>

초장은 출처(出處)에 따른 선비의 역할과 이상에 대하여 노래하였다. "출하면 치군택민(出ᄒᆞ면 致君澤民)"은 벼슬에 나아가는 관리로서의 직분이요, "처하면 조월경운(處ᄒᆞ면 釣月耕雲)"은 산수은거의 은거를 통한 산수생활을 노래한 것이다. 중장의 명철군자(明哲君子)는 출하던 처하던 선비의 직분에 맞는 삶을 즐겨야 한다는 당위를 말하는 것이니 출과 처에 구분이 없으며 직분의 수행에 의해서 그 삶의 모습이 비록 다를지라도 도의 실천에 있어서 동일하다는 의미이다. 그래서 종장은 자신이 선택한 산수은거의 삶이 비록 빈천(貧賤)이라 할지라도 선비로서의 삶에 떳떳함이 있다는 자부심을 노래한 것이다.

따라서 송암의 처사로서의 삶은 산수친화의 은거를 통하여 빈천으로 상징되는 무욕의 자연적인 삶의 원리를 회복하고자 하였으며, 다음의 시에서는 도의 실천으로 형상화되었다. 이것이 처사문학으로서 송암시가가 개척한 또 다른 시경이다.

聖賢의 가신길히 萬古애 ᄒᆞᆫ가지라
隱커나 見커나 道ㅣ 얻디 다ᄅᆞ리
一道ㅣ오 다ᄅᆞ디 아니커니 아ᄆᆞ듼들 <閑居十八曲, 17수>

초장에서 송암은 자신의 삶의 표준을 성현에서 찾았으니, 성현의 삶은 만고에 걸쳐 선비의 사표로서 존숭하게 되는 것이다. 따라서 공자를 비롯한 성현의 삶을 상고해 볼 때 벼슬에 있건, 산수에 물러났건 모두 도의 행함이니, 치군택민과 조월경운의 삶을 통하여 도의 실천을 몸소 보였기 때문이다. 이 점을 송암은 깨닫고 자신도 본받으려 하고 있다. 종장에서 "아ᄆᆞ듼들" 어떠리라고 노래함으로써 스스로의 위안과 함께 자신의 산수생활이 성현을 표준으로 한 도의 실천이라는 것을 강조하고 있다.

그러므로 송암의 산수은거는 성현을 표준으로 한 존현정신(尊賢精神)에 입각한 도의 실천을 의미한다. 그러면 산수은거의 생활은 구체적으로 어떠한 모습이었으며 그 내용은 무엇이었던가를 살펴보겠다.

士何事平尙志而已 再唱
科名損志ᄒᆞ고 利達害德이라
모ᄅᆞ미黃卷中聖賢을 뫼압고
言語精神日夜애頤養ᄒᆞ야
一身이正ᄒᆞ면 어ᄃᆡ러로못가리오
俯仰恢恢ᄒᆞ고 往來平平ᄒᆞ니 갈길를알오立志를 아니ᄒᆞ랴
壁立萬仞 磊落不變ᄒᆞ야 嘐嘐然尙友千古 景 긔 엇다ᄒᆞ니잇고

<獨樂八曲, 3곡>

송암은 선비란 뜻을 높게 가져야 한다고 하면서, 과거의 명예는 자신의 뜻을 손상시키고, 이익과 출세가 덕을 해친다고 노래하고 있다. 그러면서 성현을 뫼시고, 언어와 정신을 맑게 가다듬어 수양하고 몸을 바르게 하는 것을 자신의 산수생활의 이상적 모습으로 제시하고 있다. 그 첫째가 선비는 자신의 뜻을 숭상하기 위하여 과거를 위한 학문을 하지 않는다는 것이다. 왜냐하면 과거를 통한 높은 벼슬을 구하는 것은 선비가 가고자 하는 자신의 이상(志)을 손상시키기 때문이다.

둘째로 이익을 멀리해야 한다(利達害德)는 것이다. 지(志)가 이성적으로 사고하는 정신적 표준이나 기준이라면 덕(德)은 선비의 실천적 삶에 대한 평가요, 그 결과이기 때문이다. 이 성현의 가르침은 과거의 것이 아닌 현재의 공간에서 실재하는 인물처럼 내면적 대화를 통한 가르침이다.

그래서 송암은 독서하는 선비로서의 도의 실천을 은거의 목표

로 제시하였다. 따라서 송암의 시가는 비록 현실초탈적 산수은거를 노래하고 있지만 노장류의 현실초월적 은일사상이 형상화되지는 않았다. 오히려 증점씨욕기풍우(曾點氏浴沂風雩)와 정명도방화수류(程明道傍花隨柳)를 이야기함으로써 도의 실천궁행을 노래하여 유가적 현실주의에 입각한 산수관과 은거의 실천성을 강조하였다. 이것이 처사문학으로서 송암시가에 형상화된 유가적 이념의 시경이라고 할 것이다. 이것은 다음의 시에 잘 나타나 있다.

入山恐不深 入林恐不密
寬閒之野 寂寞之濱에 卜居를 定ᄒᆞ니
野服黃冠이 魚鳥外버디업다
芳郊애雨晴ᄒᆞ고 萬樹애花落後에
靑藜杖뷔집고 十里溪頭애 閒往閒來ᄒᆞᄂᆞᆫᄠᅳ든
曾點氏浴沂風雩와 程明道傍花隨柳도 이러턴가엇다턴고
暖日光風이 불써니ᄇᆞᆯ거니 興滿前ᄒᆞ니
悠然胸次ㅣ與天地萬物上下同 景 긔 엇다ᄒᆞ니잇고

<獨樂八曲, 4곡>

위이 시 "靑藜杖뷔집고 十里溪頭애 閒往閒來ᄒᆞᄂᆞᆫᄠᅳ든 曾點氏浴沂風雩와 程明道傍花隨柳도 이러턴가엇다턴고"는 산수유상을 형상화하였다. 원래 산수유상은 산수의 아름다운 서경미 감상과 유락(遊樂)을 의미하니, 송암은 위 시를 통해 처사로서의 삶을 충분히 형상화하고 있다고 할 것이다. 그리고 "興滿前"에서 알 수 있듯이 송암은 이 산수유상을 통하여 매우 흥겨운 쾌의 감정을 느끼고 있다. 산수유상을 통한 이 쾌의 감정은 매우 특별하다고 할 것이다. 왜냐하면 증점씨(曾點氏)와 정명도(程明道)로 대표되는 유학자

의 윤리적 삶을 모방한 것이 아니라 오히려 자신의 즐거운 쾌의 감정에 주목하고 있기 때문이다. 따라서 이것은 취미판단에 속하니 곧 미적 감정이요, 시가 속의 서정성을 형성하고 있는 것이다. 이것이 처사문학으로서 송암시가에 형상화된 산수유상과 미적 감정에 입각한 시경이라고 할 것이다.

이상과 같은 송암의 처사로서의 삶은 청성산하 무민재라는 현실의 공간에서 실천적 삶으로 실현되었다. 따라서 무민재는 삶의 주거지나 산속의 고요한 장소라는 의미를 넘어서 오히려 처사의 삶을 살고자 하는 송암의 이상(志)과 실천적 삶의 모습(德)을 표상하는 문화공간이라고 하여야 할 것이다. 이 공간 속에서 송암은 산수경물을 주관적 대상화하여 의상화(意象化)하고 있다. 따라서 이 문화공간의 자연환경인 주변 산수경물은 단순한 객관적 상관물이 아닌 송암의 이념이 투영되어 있는 의미존재로서 무민재를 원림이란 시적 공간으로 변용시켰다고 할 것이다.

5. 결론

송암은 무민재에서의 산수생활을 통해 유학적 도의 실천적 삶을 살았으며, 산수생활 속에서 느끼는 산수자연의 원리에 대한 깨달음과 자연합일을 통한 도의 경지를 체득하였으니, 처사의 전형성을 제시하였다.

따라서 송암은 이와 같은 산수유상을 통해 심미경험을 축적해 나갔고 자신의 작품에 형상화한 시인이었다. 그러므로 이 연구는 송암시가의 한거와 독락의 시적 경계와 처사문학적 특징을 산수미학(山水美學)의 관점에서 연구하였다.

이제 그 내용을 요약하여 결론으로 삼는다.

첫째, 송암의 산수은거(山水隱居)는 인생의 대전환이자 새로운 삶에 대한 굳은 의지요, 결의의 실행이다. 송암은 유학자로서의 삶을 항상 지키고자 하였으니, 곧 삶의 목표를 새로이 설정하고 새로운 방향을 찾고자 하였다. 따라서 송암이 산수생활을 통하여 이루고자 한 궁극적 목표는 과거에 대한 미련을 자성적 성찰을 통하여 극복하고, 인생과 우주의 통찰을 통한 학문완성과 도(道)의 실천을 궁극의 목적으로 삼은 것이다.

둘째, 송암은 과거(科擧)라는 현실적 목표에서 벗어나서 대아의식(大我意識)을 자각하고 내적 성찰을 통한 새로운 정신적 경계를 개척하였다. 송암은 개인의 욕망과 관리로서의 삶을 벗어나 현실초탈적 무심의 서정이란 시적 경계를 개척하였으니, 이로 말미암아 처사문학(處士文學)의 전형성(典型性)을 제시하였다고 할 것이다.

셋째, 송암시가는 처사문학으로서 유가적 이념의 시경(詩境)을 표상하였다. 송암의 처사로서의 삶은 산수친화의 은거를 통하여 빈천으로 상징되는 무욕의 자연적인 삶의 원리를 회복하고자 하였으니, 송암의 산수은거는 성현을 표준으로 한 존현정신에 입각한 도의 실천을 의미한다. 따라서 송암은 유가적 현실주의에 입각한 산수관과 은거의 실천성을 강조하였다.

넷째, 송암시가는 이성적 인식에 의한 대아의식을 깨닫게 되는 즐거움을 형상화한다. 따라서 송암시가의 고독으로부터 비롯되는 즐거움(獨樂)은 단순한 육체적 쾌락이 아니라 자의식의 인식으로 인한 깨달음의 순간에서 오는 즐거움이다. 곧 송암은 산수생활을 통한 이상과 실천적 삶을 통해 은구지락을 경험하고 상상력을 북돋워 주변 산수경물로 하여금 미적 대상으로 현전하게 하였으니, 무민재라는 원림을 미적 대상으로 인식하고 그 아름다움을 시가라는 예술형식 속에 형상화하였다.

Ⅴ. 윤고산 시가의 주제의식과 산수미

1. 서론

윤선도는 우리나라 산수(山水)의 아름다움을 발견하고 이를 시조라는 순수 국문학 작품을 통해 예술적 형상화를 성취하여 한국문학사에서 중요한 위상을 차지하였다. 문학을 이해하기 위해서는 작품에 투영된 작가의 미의식을 생각하지 않을 수 없다. 왜냐하면 문학은 언어를 매개로 삶의 미적 존재양식을 추구하는 언어예술이기 때문이다. 고산의 작품에 있어서도 마찬가지다. 고산은 산수의 외형적인 아름다움뿐만 아니라 개인의 미적 체험과 가치관에 따른 미의식을 시가라는 예술형식으로 형상화하였다.

따라서 이 연구에서는 고산 시가의 서정성(抒情性)에 주목하여 주제의식(主題意識)과 산수미(山水美)를 밝히고자 한다. 나아가 고산 시가에 내재된 미의식(美意識)을 살피고, 고산 시가의 융합적(融合的) 성격과 언어 예술미의 가치를 드러내는 것이 이 연구의 목적이다.

그 구체적 논의의 과정을 밝히면 다음과 같다.

첫째, 고산의 이념(理念)과 서정(抒情)이다. 2장에서는 고산의 작품에서 그의 이념과 서정이 형상화된 양상을 살필 것이다. 이를 위해 먼저 그의 이념과 서정의 배경이 되는 학맥(學脈)과 정치적(政治的) 사건에 관한 글을 직접 인용하여 분석하고자 한다. 이것을 기반으로 고산의 이념과 서정이 작품 자체 속에서 인과 관계에 있다고 추정하여 고산 시가와의 관계를 밝힐 것이다.

둘째, 고산의 미의식이다. 3장에서는 고산의 미의식이 가장 잘 드러났다고 평가받는 「어부사시사」에 나타난 산수락에 대해 고찰할 것이다. 산수락은 산수를 대상으로 하는 미의식이라고 할 수 있다. 따라서 「어부사시사」에 나타난 고산의 미의식에 접근하고 그의 시가에 나타난 융합적 미의식에 대한 문학적 해석을 시도할 것이다.

셋째, 4장에서는 3장의 연구를 토대로 고산 시가의 미적 성격을 산수유미(山水唯美)와 연관지어 그 양상을 밝힘으로써 미의식이라는 시적 기반이 고산 시가와 어떤 관계에 있는지를 밝힐 것이다. 왜냐하면 고산 시가를 고찰함에 있어 단지 그의 문학 작품 자체만을 대상으로 하여 고산 시가의 성격을 규명하는 것은 편협한 연구가 될 수 있기 때문이다.

그러므로 고산 시가를 정확하게 이해하기 위해서는 그의 시가와 문학적 배경이 작품에 구체적으로 어떻게 관련을 맺고 있는지에 대한 고찰이 필수적이라고 할 수 있다. 또한 그러한 연구를 바탕으로 작품에 내재된 미의식을 살피는 것이야 말로 고산 시가를 종합적으로 조망할 수 있는 방법이 될 수 있을 것이다.

고산은 산수의 외형적인 아름다움뿐만 아니라 개인의 미적 체험과 가치관에 따른 미의식을 시가라는 예술형식으로 형상화하였다. 따라서 이 연구는 고산 시가에 내재된 주제의식과 산수미를 밝혀 고산 시가의 융합적 성격과 언어 예술미의 가치를 연구하였다.

2. 고산(孤山)의 학맥(學脈)과 예론(禮論)

고산은 시인이라는 한 가지 면만을 고려해서는 그 총체를 파악할 수 없는 작가이다. 특히 관(官)·학(學)·시(詩)는 조선의 사대부로서는 필수적으로 갖추어야 할 필수 조건이었으며, 그도 이 세 가지 측면을 완전하게 구비했던 인물로 알려져 있다. 그의 학맥과 예론을 다루려 하는 것도 그러한 작업을 수행하기 위한 하나의 과정이다.

고산은 선대 이래 영남학파(嶺南學派)와 긴밀한 관련을 가지고 있었다. 그의 고조인 윤효정(尹孝貞, 1476~1543)이 영남학파의 태두라고 할 수 있는 김종직(金宗直, 1431~1492)의 제자 최부(崔溥, 1454~1504)에게 수학하였고, 종증조인 윤복(尹復, 1512~1577)은 자제들을 퇴계의 문하로 보내어 학습하게 하였다. 고산의 양부였던 윤유기(尹惟幾, 1607~1608)도 오봉 이호민(李好閔, 1553~1634) 등 영남의 문인들과 교유하였기 때문에, 그들에게서 학문적 영향을 받았던 것으로 판단된다.

그는 또 경상도 지방인 기장에서 5년간(1618~1623) 유배생활을 하였고, 후에 2년 동안 성산의 현감을 지낸 적이 있다. 이러한 배경으로 그의 가문은 일찍부터 동인(東人)의 일원으로 활동하였고, 고산은 남인의 주요한 인물이 되었다. 고산은 특별히 성리학에서 스승을 두고 학문을 전수받은 학자는 아니었다. 그렇기 때문에 그의 학문적 성격이 형성되는 과정에는 해남윤씨 가문의 환경과 정치적 배경이 큰 영향을 미쳤다고 볼 수 있다.

고산과의 교유인물을 체계적으로 정리해 놓은 기록은 부족하다.[324] 하지만 『고산유고(孤山遺稿)』에 그가 주고받았던 시와 발문들이 남아 있어 그와 가까웠던 인물들을 살펴볼 수 있다. 『고산유고』에는 장자호, 이해창, 홍무적을 비롯하여 많은 인물들과 주고받았던 시문들이 수록되어 있으며, 이를 통해 고산의 교유인물들을 대략적으로 정리해보고 그의 학문적 성격을 미루어 짐작해보고자 한다.

고산은 경학·예학에도 깊은 공부가 있어 대군사부와 예조참의에 임명되기도 하였다. 그는 1660년의 기해예송 때 서인들의 기년복제를 비판하는 『논례소(論禮疏)』를 올려 조정을 진동시킨 적이 있었다. 이 때문에 그는 삼수(三水)로 유배를 가게 되었지만, 이때의 『논례소』는 이후 예송의 전개에 큰 영향을 끼치게 되었다. 고산의 예론은 깊이 있는 예학이나 그만의 독창적 이론의 바탕에서 제시된 것은 아니었지만, 이후 많은 정치적 파급과 영향을 주어 예송의 전개과정에서 중요한 위치를 차지한다. 따라서 이 방면의 이해를 위해서도 그의 예론은 신중히 검토되어야 할 과제라 판단된다.

1) 학맥과 학문적 성격

해남윤씨 가문은 원래 그 지방의 이족(吏族)으로서 15세기까지는 사족(士族)으로 인정받지 못하고 하급 무반직 등에 머물러 있었다. 고산의 고조인 윤효정(尹孝貞)은 당시 해남의 대 토호였던 해남정씨가(海南鄭氏家)에 취처(娶妻)함으로써 경제적 기반을 물려받았고, 김종직의 문인이었던 최부(崔溥)에게 수학하여 사림파와 접맥하게 되었다. 윤효정 자신은 진사에 머물렀지만 그의 아들

324) 원용문, 『孤山尹善道의 詩歌硏究』, 국학자료원, 1996, 40면.

윤구(尹衢), 윤행(尹行), 윤복(尹復) 3형제가 모두 문과에 급제하여 출사함으로써 그 문호가 번창하게 되었다.[325] 이는 그의 대에 와서 엄청난 경제적 부(富)를 이루었기 때문에 가능할 수 있었다.

윤효정의 부인은 해남 정씨로 고려 말 이래 호장직을 지낸 해남의 향족이었다. 조선 초까지만 해도 자녀가 부모의 재산을 균등 상속받는 풍습이 남아 있었기 때문에 그의 부인은 시집오면서 막대한 재산을 상속받아 왔다. 이 재산을 바탕으로 그는 '국부(國富)'라 불릴 정도의 지위에 오르게 되었다.[326]

조선조 산수시인(山水詩人)들은 가난한 살림 속에서 안빈낙도(安貧樂道)의 삶을 살며 산수를 노래하는 것이 일반적이다. 그런데 고산은 한 시대를 대표하는 문학가이자 정치적 파란에 계속하여 휩싸였음에도 대단한 경제적 호사를 누릴 수 있었다. 이는 윤효정이 이룩한 가문의 부(富)가 아니었다면 불가능한 일이었을 것이다.

윤효정이 해남윤씨 가문의 경제적 기반을 이루었다면 금남 최부는 윤씨 가문의 학문적 기반이 되었다. 최부는 윤효정의 처가인 해남 정씨의 외손이다. 점필재와 김종직의 문하생이었던 그는 김굉필(金宏弼, 1454~1504) 등과 교류하면서 『동국통감(東國通鑑)』을 지술하는 등 학문적 업적을 쌓았다. 그의 외손인 유희춘(柳希春, 1513~1577)이 남긴 『금남선생사실기(錦南先生事實記)』에는 최부가 윤효정을 힘써 가르쳤다고 언급되고 있다.[327] 혼인을 통한 가문의 연결과 학문전승이 이루어져 호남의 사림파를 형성했던 것이다.

---

325 고미숙, 『윤선도 평전』, 한겨레출판, 2006, 39~44면.

326 安承俊, 「16~18세기 海南尹氏家門의 土地·奴婢 所有 實態와 經營」, 『淸溪史學』 6, 청계사학회, 1989, 140면.

327 安承俊, 앞의 책, 1989, 143면.

이후 귤정 윤구(橘亭 尹衢, 1495~1549)에 이르러 윤씨 가문은 중앙 정계에 진출하게 된다. 윤구는 어려서부터 신동이라 불렸으며, 중종 11년에는 23세에 문과에 급제하는 영광을 얻었다. 당시 호남에서는 훌륭한 인재들이 많이 배출되었는데 최산두를 비롯하여 유성춘, 기준, 양팽송, 임억령, 송순 등 호남의 명사들과 호당(湖堂)에서 독서를 즐기면서 교분을 쌓았다. 이밖에 박상, 김인후, 조광조 등의 사류(士類)들과 가까이 하며 시적 교유를 가졌다.

윤구는 승정원 주서, 예조좌랑, 홍문관 부교리 등 요직을 역임하여 최산두·유성춘 등과 함께 호남 3걸로 지칭되었다.[328] 그는 안당·조광조를 추종하던 사림파의 일원으로, 1519년 기묘사화 때 훈구파에 의해 숙청되어 기묘명현의 한 사람으로 올랐다. 고산의 증조부인 윤구는 학문적으로 그에게 많은 영향을 주었을 것이다.

윤구에게는 세 아들이 있었는데 그 중 장남과 차남 윤홍중(尹弘中, 1518~1572)·윤의중(尹毅中, 1524~1590)은 모두 문과에 급제하여 각기 예조정랑과 형조판서·우참찬에 이르렀다. 윤의중이 바로 윤선도의 조부로서 주로 삼사와 이·별조의 요직만을 역임한 사림파의 중심인물이었다. 그는 선조 때부터 동인(東人)의 한 사람으로 활동하여 서인의 영수인 정철(鄭澈)과 이이(李珥)와는 서로 뜻이 맞지 않아서 갈등이 컸다. 그 뒤 동서분당 때 동인에 가담한 후로부터 서인들에 의해 축재 혐의로 탄핵을 받게 되었고, 생질이었던 이발(李潑)이 1589년(선조 22) 기축옥사에 연루되어 처형당함으로써 완전히 실세하고 말았다.

그러나 그의 아들 윤유심(尹唯深, 1551~1612)은 음직으로 장

---

328) 安承俊, 위의 책, 1989, 159~168면.

단부사와 예빈시 부정 등을 지냈고, 윤유기(尹唯幾, 1554~1619, 종가의 홍중에게로 입후)는 문과에 올라 관찰사에 이르렀다. 고산은 유심의 아들로, 1587년(선조 20) 서울 동부 연화방에서 태어나 1594년에 숙부 유기에게로 입후하였다.[329]

고산 가문의 학문적 전통을 보면, 우선 고조 윤효정이 김종직의 제자 최부의 문인이었고, 증조 윤구가 조광조와 교유하였으므로 대체로 사림파의 성리학과 도학적 학풍을 이어받았다고 할 수 있다. 그러나 이들은 과거와 사환에 몰두하였으므로 심오한 학술 연구나 토론에 참여하지는 않았다.[330]

이후 윤복은 아들들을 퇴계 문하에 보내어 학습하게 했고, 윤유기도 오봉 이호민 등 영남의 학자들과 교유하였으므로, 고산도 그들의 영향을 받았을 것으로 생각된다. 따라서 해남윤씨가(海南尹氏家)의 학문은 영남학파(嶺南學派)와 밀접하게 연계되어 있었다고 할 수 있다. 이것이 고산이 남인의 주요 인물로 활동하는 요인이 되었을 것이다.

고산은 서울에서 나고 자랐고, 성균관과 사학에서 주로 수학하였으며, 집안이나 절에서 경서(經書)를 독학하였다. 그의 집안은 영남학파와 인연이 깊었지만, 고산 자신은 특별한 사승(師承)관계를 맺고 사사(師事)받은 스승이 없었다. 그가 17세에 진사 초시(初試)에 응시하는 등 과거 시험에 집중하였던 것으로 볼 때, 어린 나이때부터 경학(經學)에 몰두하였던 것이 그 이유일 것으로 판단된다.[331] 1628년 그가 봉림대군(鳳林大君, 훗날 효종)의 왕자사부(王

329| 鄭求福, 「海南尹氏古文書 解題」, 『古文書集成』 3, 한국학중앙연구원, 1986, 6~10면.
330| 이영춘, 「孤山 尹善道의 학문과 예론」, 『국학연구』 9, 한국국학진흥원, 2006, 83면.
331| 고미숙, 앞의 책, 2006, 261~263면.

子師傅)로 발탁된 것도 사서오경 등 경학에 깊은 조예를 인정받았기 때문이었을 것이다.

고산은 특히 학문을 배울 때 『소학(小學)』을 독신(篤信)하고 실천했다.[332] 『소학』은 유학자의 수신(修身) 기본서였지만, 당시 고산의 증조부 윤구도 연루되었던 기묘사화로 인해 금서(禁書)로 규정[333]되었다는 것을 고려할 때, 그의 『소학』에 대한 독신은 주목할만한 점이다.

그의 곧은 성품과 근본주의, 원칙주의적 성격은 『소학』의 독신에 근본을 두고 있는 것으로 보인다. 비록 고산은 성리학과 예학을 전문적으로 연구하지는 않았지만 경학에 조예가 깊고 근본에 충실한 관료이자 학자였다고 볼 수 있다.

고산의 또 다른 학문적 성격은 박학(博學)이다. 그는 당시 유학자들이 소홀히 하였던 의약(醫藥)·복서(卜筮)·음양(陰陽)·지리(地理) 등 다양한 학문을 광범위하게 공부하였다.[334] 특히 의학에 조예가 깊어 스스로 약방을 운영하고 황실 및 사대부가의 처방을 하기도 하였다.[335] 심지어 평생의 정적이기도 했던 원두표나 송시열도 중병을 앓았을 때 고산의 약 처방을 따랐다는 이야기가 전해진다.[336]

332| 한국고전번역원, 『孤山年譜』 卷1. 1a-b.
公啓講, 先授小學, 講學之禮, 一遵古人成法.

333| 고미숙, 위의 책, 2006, 55면.
기묘사화로 화를 당한 조광조 일파는 왕도정치의 실현을 주창하며 구체적 대안으로 『小學』의 윤리적 실천을 그 중심에 놓았다. 이 때문에 기묘사화로 사림들이 대거 숙청을 당하면서 『小學』은 '금서'로 규정되기에 이르렀다.

334| 한국고전번역원, 『孤山年譜』 卷1. 2a-b.
以至醫藥卜筮陰陽地理之書, 亦皆而淹貫焉.

335| 이영춘, 앞의 책, 2006, 85면.

336| 고미숙, 앞의 책, 2006, 62면.

이러한 박학의 경향은 그가 실체적 양상에 대해 많은 관심을 가지고 있었음을 보여준다. 그리고 이것은 고산의 지적 성격이 추상적 개념에 치중하지 않았음을 의미한다. 이황이나 이이가 작품을 통해 도학적 이념(理念)을 드러낸 것과 달리 고산이 산수를 유미적(唯美的) 형상으로 인식[337]하고 있는 것은 그의 박학적(博學的) 성격과 여러 면에서 통하는 바가 있다.

2) 교우(交友)와 이념적(理念的) 성격(性向)

고산은 세속을 멀리하고 산수에 심취했던 시절이 많았던 인물이다. 그가 산수를 벗삼으며 「오우가(五友歌)」를 지은 것도 이와 무관하지 않을 것이다. 『고산유고(孤山遺稿)』의 부록에는 그의 교유관계를 짐작해 볼 수 있는 글이 있다.

> 소싯적부터 뜻이 맞는 사람이 적어서, 交遊를 삼가고 出入을 가려서 하였으며, 출세를 위한 길이나 權貴의 문간에는 발을 들여놓지 않았다. 麟坪大君이 스승으로 공을 모셨는데, 일찍이 공을 초청하여 漕溪의 別業에서 노닐어 보려고 잔치자리를 성대히 마련하고는 재삼 청하였으나, 공이 끝내 사양하고 나아가지 않았다.[338]

이처럼 고산은 곧은 성품 탓에 교유인물이 많지 않았다. 그 때문인지 고산과의 교유인물들을 체계적으로 정리해 놓은 문헌은 찾

337) 손오규, 앞의 책, 2000, 414면.

338) 윤선도, 『孤山遺稿』 4, 이상현, 이승현 역주, 한국고전번역원, 2015, 297면.
自少寡合, 謹交游簡出入. 形勢之途, 權貴之門, 足迹不到. 麟坪大君以師事公, 嘗欲邀公遊漕溪別業, 盛設供帳, 請再三, 公終辭不赴.

아보기 힘들다. 하지만 그의 시와 서신들을 기록한 『고산유고(孤山遺稿)』가 현전하기에 그와 시를 주고받았던 인물들을 중심으로 그의 교유관계를 대략적이나마 짚어 볼 것이다.

次韻酬張子浩

옛날에 내가 책상자 지고 서울에서 노닌 것은
겨우 열다섯을 지났을 때였다네
가난하고 쓸쓸한 집 누가 왕림하려 할까만
「체두(杕杜)」를 읊다가 다시 자책하였네
얼굴 흰 소년이 찾아와 문을 두드리니
티끌 세상 속에 이런 손님이 있어 놀라고 기쁘다네(하략)

昔我負笈遊京華　是時年纔過志學
蓬蓽寥寥誰肯屈　杕杜吟來還自責
白皙少年來叩門　驚喜塵埃有此客

이 시는 「차운수장자호(次韻酬張子浩)」의 앞부분으로 고산이 장자호(張自好)의 시에 화답한 것이다. "놀라워라 진애 속에 이런 객이 있다니"는 고산이 장자호의 문학적 재질을 극찬한 것이다. "나이가 겨우 열다섯을 넘었을 때"의 구절에서 고산이 장자호와 10대 때부터 교유했음을 짐작케 한다. 그들의 우정은 문학을 통해 신실해졌으니 「대장자호유삼각산사기성중우생(代張子浩遊三角山寺奇城中友生)」, 「증장수재(贈張秀才)」, 「답장수재서(答張秀才書)」 등의 작품을 주고받았다. 다만 장자호의 자세한 인물내력은 자세히 전해지지 않는다.

次韻酬李夏 四首

세상에 있으되 세상의 먼지를 벗어남은
옥이 뼈가 되고 물이 정신이 되었음이라
천심의 고운 말씀은 기풍이 옛스러운데
바다 위의 사립문에는 물색이 새롭구나
다급한 그대 마땅히 자주 물거품 불어주는데
내가 가난하여 몸이 많음을 깨달아 어찌하리
북소리에 정 엉기는 곳이 아득하게 그리워서
서로 안타까워 할 겨를이 없는 쫓겨난 두 신하여(하략)

在世猶能出世塵　玉爲伊骨水爲神
天心綺語風標舊　海上柴扉物色新
君急正宜煩呴沫　吾貧其奈覺多身
遙思笳鼓凝情處　不暇相哀兩逐臣

이 시는 「차운수이하 사수(次韻酬李夏 四首)」의 앞부분으로 고산이 이해창(李海昌, 1599~1651)의 시에 화답한 것이다. 이해창은 조선 시대의 문신으로 자는 이하(李夏)이다. 1638년 영덕(盈德)에 유배되었는데 그때 고산과 교유하게 된 것으로 보인다.

이해창은 시문에 뛰어났고 『인조실록(仁祖實錄)』편찬에 참여하였다.[339] "옥이 그대의 뼈가 되고 물이 정신이 되었"으니 이는 이해창의 몸과 마음이 지극히 맑고 깨끗함을 나타내는 구절이다. "세상 속에 있어도 세상 티끌 벗어날 수 있는" 인물이 이해창임을 표현하였는데, 고산은 시를 통해 그의 고고한 성품을 극찬하고 있다. 이 밖에도 이해창과 관련하여 「차운수이계하적벽부(次韻酬李季夏赤壁賦)」, 「이하용전운부임경대우차(李夏用前韻賦臨鏡臺又次)」, 「차

[339] 원용문, 앞의 책, 1996, 41~42면.

운수계하대풍가(次韻酬季夏大風歌)」 등의 작품을 남겼다.

寄呈洪勉叔 二首
우리 집 남쪽 이웃에 선비 하나가 있는데
올해 글을 올려 국사를 논했다네
세상 사람들이 자못 그대를 그르다 말할 수 있고
나 역시 반드시 그대가 옳은 줄 알지는 못하겠네
오랜 정의야 어찌하여 없을 수 있으리오
그대 멀리 유배감을 생각하면 길게 탄식할 수밖에
서울의 세모(歲暮)에서 이별의 근심을 더하는데
강가에 꿈이 끊어져 마음은 아련하다네
밤이 되자 창밖에는 눈꽃송이가 펄펄 내리니
들보 가득히 내리던 달빛이 또다시 사라지네

我家南隣有一士　今歲上書論國事
世人頗能說子非　吾亦未必知子是
故舊情義豈可無　念子遠謫長嗟吁
洛陽歲暮增離憂　江潭夢斷心悠悠
夜來窓外雪花密　滿樑落月猶復失

이 시는 「기정홍면숙이수(寄呈洪勉叔二首)」의 일부로 홍무적(洪茂績, 1577~1656)이 상소를 올리고 거제도로 유배가게 되었을 때 보낸 작품이다. 홍무적의 자는 면숙(勉叔)으로 1615년 폐모론(廢母論)에 반대하는 상소를 올렸다가 거제도에 유배되었다. 1623년 인조반정으로 풀려나와 창녕현감(昌寧縣監)등을 거쳐 1652년 우참찬(右參贊)에 이르렀다. "금년에 상서하여 국사를 논했"다는 것은 폐모론에 반대하는 상소를 올린 것을 말한다. 벗이 멀리 귀양가는 것을 탄식하는 모습은 두 사람의 돈독한 우정을 나타내고 있다.

이 밖에도 몇몇 인물들이 고산과 교유했으니 이 인물들을 통해 그의 학문적 성격을 미루어 짐작해 볼 수도 있으리라 생각된다.

寄呈洪勉叔 二首
원컨대 그대는 성현의 글을 읽어서
더욱 무궁한 이치를 구하시기를
고인을 생각하며 허물없게 하시고
힘써 나아가 조금도 멈추지 마시기를
그대에게 어찌 남의 말이 필요하겠냐마는
절실한 책선이 바로 붕우의 의리인 것을
願子讀聖書　益求無窮理
思古俾無仇　進進不少置
子豈待人言　切偲朋友義

이 시는 홍면숙을 위해 지은 것인데, 자신의 이념(理念)과 벗에 대한 가치관을 그대로 표출한 것이다. 친구에게도 독서의 중요성을 강조하고, 자기수양에 힘쓸 것을 당부하고 있는 것이다.

이처럼 고산이 교유했던 인물들 또한 대부분 성품이 강직하고 수양이 깊었으니, 이를 통해 그의 올곧고 강직한 학문적 성격을 지녔음을 짐작해 볼 수가 있다.

3) 병진소(丙辰疏)와 예송논쟁(禮訟論爭)

1606년(선조 39) 왕위계승 문제를 두고 대북파는 광해군을, 소북파는 영창대군을 지지하여 대북파와 소북파 사이의 치열한 권력투쟁이 일어났다. 결국 광해군이 즉위하였고 권력투쟁은 대북파의 승리로 끝이났다. 정권을 잡은 대북파의 이이첨 등은 반대세력을 제거하기 시작했는데, 먼저 임해군(臨海君)을 제거한 뒤 영창대군과 그의 외조인 김제남(金悌南)도 대역죄로 몰아 숙청하였다.

뿐만 아니라 영창대군의 생모 김대비에게도 역모에 가담하였다는 죄목으로 대비 김씨의 존호를 폐하여 서궁(西宮)이라는 칭호를 가져오는 난정(亂政)을 거듭하였다.[340] 고산은 광해군 때 벼슬이 없는 선비로서 불의를 싫어하여 이이첨, 박승종, 유희분 등이 임금과 나라에 끼친 죄를 상소하였다. 바로 이 상소문이 바로 「병진소(丙辰疏)」이다.

삼가 아룁니다.

신이 듣건대, 임금이 아랫사람들을 제어하는 방도로는 권세의 벼리〔權綱〕를 모두 손에 쥐고 있는 것보다 더 중대한 것은 없다고 하였습니다. 그래서 《서경(書經)》에도 "오직 임금만이 상을 주고 벌을 줄 수 있다."라고 하였고, 송(宋)나라 신하인 진덕수(眞德秀)도 "임금이 된 자가 어찌 하루라도 권력의 칼자루를 손에서 놓을 수가 있겠는가〔爲人君者 豈可단失其操柄也哉〕"라고 하였으니, 이는 참으로 음미할 만한 말입니다. (중략) 신이 삼가 보건대, 근래에 고굉(股肱)과 이목(耳目)과 후설(喉舌)의 역할을 맡은 관원을 비롯해서, 논사(論思)와 풍헌(風憲)과 전선(銓選)의 책임을 담당한 관원들치고 이이첨의 복심(腹心)이 아닌 자가 없습니다. 그들의 무리가 아니면서 그 사이에 끼어 있는 자들이 간혹 한두 사람 정도 있기도 합니다만, 그들 역시 사람됨이 물러 터지고 행동거지가 닳고 닳아서 시대 상황을 살펴 알랑거리기나 하며 세상 물결을 따라 오르락내리락하는 자들임이 분명합니다.[341]

340 이덕일, 『당쟁으로 보는 조선 역사』, 석필, 1997, 68~86면.

341 윤선도, 『孤山遺稿』 2, 이상현, 이승현 역주, 한국고전번역원, 2015, 11~12면.

「병진소」를 통한 이이첨(李爾瞻)에 대한 공격은 당시 사림파의 울분을 대변한 것으로 큰 위험을 무릅쓴 것이었으나, 척신 유희분(柳希奮)의 사주는 받았다는 잡음이 따랐다.[342] 당시 이이첨 일파를 탄핵한다는 것은 목숨을 내놓고 하는 일과 다름없었다. 고산의 권력자에 대한 혐오와 배척은 조부 윤의중 이래 해남윤씨 가문이 서인들로부터 받아온 피해의식과 훈구파에 맞서 싸우던 사림파 가문의 전통으로 비롯된 것으로 보인다.

이로 인해 고산의 부친 윤유기 또한 관찰사직에서 물러나야 했고 그 자신도 함경도 경원으로 유배를 가게 된다. 한겨울에 조선의 최북단으로 쫓겨가 2월이 되어서야 유배지에 도착했다 하니 그 고단함을 짐작할 만하다.[343] 하지만 이 일로 고산이 혹독한 대가만을 치른 것은 아니었다. 실록에 실린 사관의 논평을 살펴보자.

> 윤선도는 윤유기의 양자(養子)이다. 윤유기는 본래 이이첨의 당류였으나 이이첨이 거두어 써주지 않았다. 윤선도의 상소가 들어가자 왕이 자못 의혹을 하였는데, 이이첨이 밤낮으로 호소하며 애걸하였기 때문에 이에 풀려났다. 윤유기는 본디 명류(名流)들을 질투하였고, 또 김제남의 옥사를 두고 억울한 일이 아니라고 하면서, 역모를 한 정상은 길가는 사람들도 안다고 하는 말을 하였다. 사람들이 이 때문에 하찮은 사람으로 여겼다. 그러나 윤선도는 이 상소 때문에 온 나라에 명망이 높아졌다.[344]

大槪請先治李爾瞻, 擅弄威福之罪, 次治柳希奮. 朴承宗, 忘君負國之罪. 呈政院. 伏以臣聞, 人君馭下之道, 莫大於總攬權綱. 故《書》曰: "惟辟作福作威." 宋臣眞德秀之言曰: "爲人君者, 豈可一日失其操柄也哉" 旨哉, 言乎. 臣伏見近來爲股肱·耳目·喉舌之官, 論思·風憲·銓選之任者, 無非爾瞻之腹心. 間有一二, 非其輩流, 而參錯於其間者, 必其爲人軟熟, 行己脂韋, 相時周容, 隨後波低昂者也.

342) 이영춘, 앞의 책, 2006, 88면.

343) 고미숙, 앞의 책, 2006, 91면.

비록 부친이 파직되고 자신은 유배가게 되었지만 조선 정계에 자신의 이름을 당당히 알리는 계기가 된 것이다. 고산은 경원으로 유배간 후 그곳에서 시조를 지었는데 「견회요(遣懷謠)」와 「우후요(雨後謠)」가 바로 그것이다. 고산은 자신이 직접 경험한 생활을 마음으로부터 토로하였는데, 이러한 경향은 경원 유배지에서의 그의 작품에서 뚜렷하게 나타나고 있다.

내 일 망녕된 줄을 내라 ᄒᆞ야 모ᄅᆞᆯ손가
이 ᄆᆞ음 어리기도 님 위ᄒᆞᆫ 타시로쇠
아ᄆᆡ 아ᄆᆞ리 닐러도 님이 혜여 보쇼셔　<遣懷謠>

고산의 유배 생활은 정신적 동요로 점철되어 있었고, 이러한 갈등과 번민은 그의 시적 감수성을 자극했을 것이다. 시조 창작을 처음으로 시작한 때가 바로 이 시기라는 점이 이를 반영한다.

구즌비 개단 말가 흐리던 구룸 걷단 말가
압내희 기픈 소히 다 ᄆᆞᆰ앗다 ᄒᆞᄂᆞᆫ다
진실(眞實)로 ᄆᆞᆰ디온 ᄆᆞᆰ아시면 갇긴 시서 오리라　<雨後謠>

그의 시조에서 강조하고 있는 바와 같이, 그는 어떠한 트집과 억압에도 아랑곳하지 않고 있다. 오직 자신이 옳다고 생각하는 길

---

344 국사편찬위원회, 광해군일기[중초본].
광해 8년 12월 21일 정사 2번째기사 1616년 명 만력(萬曆) 1616년 명 만력(萬曆) 44년, 진사 윤선도의 상소문.
善道, 惟幾養子也. 惟幾本爾瞻之黨, 爾瞻不爲收用. 善道疏入, 王頗惑之, 爾瞻晝夜讒訴哀乞乃釋. 惟幾本嫉名流, 而又以金悌男獄爲不冤, 故有謀逆之狀, 路人所知之說. 人以此少之. 然善道以此名重一國.

을 지켜나갈 결심과 척신 이이첨 일파를 규탄한 자신의 행동의 정당성과 자부심을 읊을 뿐이다. 또한 그의 강직한 성격 때문에 곤경에 처한 어버이에 대한 그리움과 임금을 향한 곧은 충심이 짙게 드러나 있다.

이러한 마음은 곧 『병진소(丙辰疏)』에 드러난 이념(理念)과 일관된 그의 마음이다. 또한 현실적 상황에 직면하여 그의 내부에 고민과 모순이 충돌하는 모습도 보인다. 따라서 이 시기의 고산의 작품은 그를 거부하는 주변의 상황 때문에 어둡고 우울한 분위기를 풍기고 있다.

고산이 살았던 시대는 붕당정치가 치열하게 전개되던 시기였다. 이 시기의 주요 쟁점은 크게 예학으로 압축해 볼 수 있다. 17세기 예학의 발달은 붕당 쟁투의 구실이 되었다.[345] 효종의 장례를 둘러싸고 불거진 1차 예송논쟁(禮訟論爭)이 그 서막에 해당한다.

예송논쟁의 직접적 계기는 국왕의 상(喪)에 모후의 복(服)을 수록하지 않았던 『국조오례의(國朝五禮儀)』의 미비점 때문이었다.[346] 하지만 문제의 핵심은 따로 있었다. 차자(次子)로서 황위를 계승한 효종의 특수한 위상이 그것이다. 여기에는 또한 당시에 발달했던 조선 예학의 두 가지 경향에서 말미암은 예학자들의 시각 차이가 문제로 작용하고 있었다.

삼년설(三年說)과 기년설(朞年說)로 대립했던 1차 예송논쟁은 『의례(儀禮)』「상복편(喪服篇)」 참최장의 해석을 둘러싼 논쟁이었지만 이것은 서자(庶子)에 대한 자구 해석 이상의 인식 차이가 내재되어 있었다. 그것은 예의 적용에 있어서 제왕가의 특수성을 인

345| 고미숙, 앞의 책, 2006, 238면.

346| 이영춘, 앞의 책, 2006, 89면.

정할 것인가 하는 문제였는데 예의 특수성을 강조하는 입장에서 보면 제왕가는 일반인과는 달리 장차와 무관하게 왕위계승자에게 종통을 주므로 효종이 장자의 지위에 있게 된다.

하지만 예의 보편성을 강조하는 입장에서는 효종이 왕위계승자임에도 천생이 차자(次子)이기 때문에 이 지위가 변함이 없다고 보는 것이다.[347] 고산이나 허목(許穆, 1595~1682) 등의 남인은 전자의 입장에, 송준길과 송시열 등 서인은 후자에 입장에 서게 되었다. 고산의 쓴 「예설(禮說)」을 살펴보도록 하자.

혹자(或者)가 나에게 물었다.

《의례(儀禮)》<상복(喪服)> 참최(斬衰章)에 "아비가 장자를 위해 입는다.(父爲長子)"라고 하였다. 이에 대해 전(傳 자하(子夏)의 해설)에서 "왜 삼년복을 입는 것인가. 장자는 선조(先祖)에게 정체가 되고, 또 아비의 중한 지위를 그에게 전하기 때문이다.(何以三年也正體於上 又迺將傳所重也)"라고 하였는데, 정체(正體)라고 말한 것은 무엇을 의미하는가.

내가 대답하였다.

정(正)은 직(直)과 같고, 체(體)는 간(幹)과 같다. 상(上)이라고 하는 것은 바로 선조(先祖)이다. 나무에 비유하면, 선조는 나무의 뿌리(本)와 같고, 뒤를 잇는 아들은 나무의 줄기(幹) 와 같으며, 다른 아들들은 모두 나무의 가지(支)와 같다. 유독 장자만 곧게(直) 나무 뿌리의 줄기가 되기 때문에, 전(傳)에서 "선조에서 정체가 되고(正體於上)"라고 한 것이다.[348]

---

[347] 이영춘, 위의 책, 2006, 90면.

[348] 윤선도, 『孤山遺稿』 2, 이상현, 이승현 역주, 한국고전번역원, 2015, 325면.
或問於余曰, 儀禮喪服斬衰章曰, 父爲長子,. 傳曰, 何以三年也, 正體於上, 又迺將傳

고산은 장자 상속의 성리학적(性理學的) 근거를 나무에 비유하고 있다. 장자는 정체(正體)이고 뿌리라는 것이다. 그렇다면 효종이 차자라는 점은 어떻게 처리해야 하는가.

고산에 따르면 "사대부가의 예는 오직 연장자를 長으로 삼지만, 천자와 제후의 경우는 나이의 많고 적음이나 출신 성분의 귀천을 따지지 않고 단지 후계자가 된 사람을 長으로 삼는다"[349]는 것이다. 요약하면 왕가는 적통과 종통이 일치되어야 하며 기년복을 취하는 것은 효종을 서자로 취급하는 것이고 그것은 곧 왕권의 정통성을 부정하는 행위라는 것이다.

고산의 예론은 이러한 점 때문에 정국에 큰 파장을 가져왔다. 여기서 서인들이 고산의 말에 승복한다면 효종의 정통성을 부정한다는 것이고 그것은 곧 반역이나 다름없었다. 따라서 온갖 전거와 예학, 전례와 예법들이 동원되어 서로의 자신들의 주장을 펼치기 시작했다. 이것이 예송논쟁의 대략적인 전개 양상이었다.

예송논쟁의 기저에는 왕권주의와 신권주의의 깊은 대립이 자리하고 있었다. 고산을 비롯한 남인 측 주장이 효종에게 강한 정통성을 부여해주는 것이라면, 서인 측 주장은 왕위 계승과 사대부가의 계승 문제를 보편적으로 해석하려 한다는 점에서 신권주의적 성격이 강하다고 할 수 있다.

이처럼 고산의 왕권주의적 입장에 근거한 예론을 전개하여 정국의 중심에서 논란을 불러 일으켰다. 고산이 예론에서 전개하는

所重也. 其所謂正體者何謂也. 余日, 正猶直也, 體猶幹也. 所謂上者卽祖先也, 譬之於樹, 則祖先猶樹之本也, 爲後之子. 猶樹之幹也, 諸子皆猶樹之支, 而獨長子直爲樹之本之幹. 故傳日, 正體於上也.

349| 고미숙, 앞의 책, 2006, 239~240면.

왕권주의적 입장은 그의 작품에서 꾸준히 나타나는 주제의식인 임금에 대한 충절의 사상적 기저가 되었을 것으로 추측된다.

3. 이념(理念)과 서정(抒情)의 형상화

고산은 시인이자 성리학자이다. 오늘날의 작가들이 전문 직업의식에 기초하여 문학 창작활동을 하는 것과는 달리, 성리학자로서 그는 산수를 근원으로서의 진리를 탐구하는 사색의 대상으로 보았다.

자연히 그의 시가에는 학자이자 정치가로서의 의식이 투영되었고, 이는 시가의 이념(理念)으로 형상화되어 나타났다. 그러면서 고산은 산수를 미적 대상으로도 인식했다. 이념이 형상화 되었다고 하여 고산 시가를 학술적으로만 인식하는 것은 그의 시가를 진정으로 이해하는 것이라고 할 수 없다.

그는 시가라는 예술 형식에 산수를 대상으로 자신의 미의식(美意識)을 내재했기 때문이다. 여기서 고산 시가에 내재된 미의식(美意識)은 문학적 서정으로 나타난다. 그는 시가에서 산수를 대상으로 철학적 진리를 탐구하고 있지만 이는 서정의 문화적 배경이고, 근본적으로는 시가라는 예술 형식을 통해 문학적 서정을 형상화했다고 볼 수 있다.

그에게 산수는 의식의 투영이며 가치관과 미감의 반영이다. 따라서 고산의 시가 작품을 사상의 형상화 측면과 서정의 형상화 측면에서 논의해 볼 것이다.

1) 이념(理念)의 형상화

(1) 충군효제(忠君孝悌)와 유배

고산이 유배를 가게 된 계기는 크게 권신 이이첨을 탄핵한 「병진소(丙辰疏)」와 예송논쟁으로 압축해 볼 수 있다.

원칙주의적인 고산의 성향과 왕권주의에 근거한 예론으로 인해 유배를 가게 된 고산이 임금에 대한 깊은 충절의 마음을 가지는 것은 당연한 일이었다. 이는 그의 작품에서 충군효제의 주제의식으로 드러난다. 다음 작품을 살펴보도록 하자.

뫼흔 길고길고 믈은 멀고멀고
어버이 그린 뜯은 만코만코 하고하고
어듸셔 외기러기는 울고울고 가ᄂᆞ니 <遣懷謠, 4수>

어버이 그릴 줄을 처엄붓터 아란마는
님군 향(向)ᄒᆞᆫ 뜯도 하늘히 삼겨시니
진실(眞實)로 님군을 니즈면 긔 불효(不孝)ㅣ가 녀기롸
<遣懷謠, 5수>

위에 인용한 「견회요(遣懷謠)」 4, 5수는 충군효제의 유교사상을 우리말로 잘 나타내었다. 4수의 중장 "어버이 그리워하는 마음은 많고 많고 크고 크고"과 5수의 초장 "어버이 그리워할 줄을 처음부터 알았건마는"은 효제사상을, 5수의 중장 "임금 향한 뜻도 하늘이 생기게 했으니"와 종장 "진실로 임금을 잊으면 그것도 불효인가 여기노라"는 충군사상을 형상화했다. 이 작품의 충군효제사상은 현실적 문제인 동시에 추구해야 할 이상적인 것도 된다.

이는 도덕적인 이상이 지켜야 할 규범으로 제시된 것이라고 볼 수 있다. 이러한 '도덕적인 이상'은 당시 사회가 지향해야 할 가치로 제시된 것으로써 현실적인 것에 대한 깊은 고려 없이 이상적으로 주어지는 것이기 때문에 이념의 형상화라고 파악되는 것이다.

집은 어이ᄒᆞ야 되엳ᄂᆞ다 대장(大匠)의 공(功)이로다
나무ᄂᆞᆫ 어이ᄒᆞ야 고든다 고조즐을 조찬노라
이 집의 이 뜯을 알면 만슈무강(萬壽無疆) ᄒᆞ리라.

술은 어이ᄒᆞ야 됴ᄒᆞ니 누록 섯글 타시러라
국은 어이ᄒᆞ야 됴ᄒᆞ니 염미(鹽梅) 타시러라
이 음식 이 뜯을 알면 만슈무강(萬壽無疆) ᄒᆞ리라

<初筵曲, 二章>

「초연곡(初筵曲)」은 국가의 연회상에서 그 잔치가 시작될 때 부르는 노래다. 그렇다면 이 노래는 단순한 유흥을 위하여 부르는 것이 아니라, 국가의 귀감이 되는 교훈적 내용을 담고 있으리라 판단된다.

먼저 내용을 살펴보면, 초장에서 "큰 집의 완성은 대장의 공로"라고 했고 중장에서 "나무가 곧게 되는 것은 고조줄을 따랐기 때문"이라고 했다. 종장에서 "이 집의 이 뜻을 알면 만수무강 하리라"라는 구절로 볼 때 초장과 중장은 단순히 집을 짓는 이야기를 하는 것이라고 보기 힘들다.[350] 고산은 효종의 사부였고, 때때로 왕에서 선정을 훈유하는 상소문을 올린 것[351]을 고려해 볼 필요가 있

[350] 李在秀, 『尹孤山研究』, 學友社, 1955, 107면.

다. 이를 고려할 때 이 노래는 임금의 선정을 권유하는 목적성을 띤 충군의 노래인 것이다.

흰 이슬 빗견는듸 불근 둘 도다 온다
빅 셰여라 빅 셰여라
봉황루(鳳凰樓) 묘연(渺然)ᄒᆞ니 청광(淸光)을 눌을 줄고
지국총(至匊悤) 지국총(至匊悤) 어ᄉᆞ와(於思臥)
옥토(玉兎)의 띤는 약(藥)을 호긱(豪客)을 먹이고쟈

<漁父四時詞, 秋7>

윗 글은 「어부사시사(漁父四時詞)」의 가을노래 7수이다. 이 시의 초장은 서경적 장면묘사로 시작된다. 초장만 보면 단순히 아름다운 경치를 묘사하는 것처럼 보이지만 "청광(淸光)을 눌을 줄고"를 보면 훌륭한 경치를 혼자 즐기지 않으려는 의지가 엿보인다.

고산은 아름답고 훌륭한 경치를 함께 볼 사람으로 '봉황루'의 주인인 임금을 생각했던 것이다. 그렇다면 종장의 호객(豪客) 또한 임금을 가리키는 것이며, 고산은 옥토끼가 찧은 약을 임금에게 드리고자 함으로써 임금에 대한 충성심을 다시 한 번 강조하는 것이다.

(2) 인간덕성(人間德性)과 학문

문학과 연결시켜 본 그의 사상을 한마디로 요약하여 말한다면 도(道)가 중심이 되고, 문(文)은 부수적인 것이 된다.[352] 즉, 문은 도를 실을 때만 의미가 있는 것이지 기교에만 치우치거나 경박한

351| 朴晟義, 『松江 蘆溪 孤山의 詩歌文學』, 예그린, 1978, 462면.
352| 원용문, 『尹善道 文學研究』, 국학자료원, 1989, 34면.

쪽으로 흘러서는 안 된다는 것이다. 고산의 이러한 생각은 문예를 공부하는 것은 선비가 아니며, 과거시험을 위한 공부를 하는 것도 선비가 아니다고 하면서 도를 중시하는 학문을 할 것을 강조하고, 문예는 인간의 성정을 흐리게 하고 세상에 번거로움만 일으킨다고 한 퇴계 이황의 생각을 크게 벗어나지 않은 것으로 보인다. 고산의 이러한 생각은 「금쇄동기(金鎖洞記)」의 다음과 같은 서술에서 잘 나타나고 있다.

> 그러고 보면 이 집이 실로 나로 하여금 표표연(飄飄然)히 세상을 버리고 홀로 우뚝 서서 우화등선(羽化登仙)하는 뜻을 갖게 하면서도, 끝내는 또 나로 하여금 부자(父子)와 군신(君臣)의 윤리(倫理)를 도외시하지 않게 하고, 이 집이 실로 나로 하여금 낚시하고 밭갈이하는 흥치(興致)와 거문고 타고 장구 치는 즐거움을 오롯이 하게 하면서도, 끝내는 또 나로 하여금 전철(前哲)의 향기로운 발자취를 높이 우러르고 선왕(先王)이 끼친 기풍(氣風)을 노래 부르게 하니, 이것이 바로 회심이라는 것이 아니겠는가.[353]

「금쇄동기」를 보면 고산에게 있어서 흥취는 산수에 대한 것이든, 문학에 대한 것이든 유교의 도리를 부정해서는 존재할 수 없으며, 존재가치조차 없게 된다는 것을 알 수 있다. 심산유곡에 들어가 있든, 신선이 되어 있든 어떠한 경우에 있어서도 자신이 가진 부자·군신의 유교적 윤리를 절대로 벗어나서는 안 된다는 것이다. 이

---

353) 윤선도, 『孤山遺稿』 3, 이상현, 이승현 역주, 한국고전번역원, 2015, 425면.
然則此堂固能使我飄飄然有遺世獨立羽化登仙之意. 而終亦使我不外於父子君臣之倫理. 固能使我專釣水耕山之興彈琴鼓缶之樂. 而終亦使我景仰前哲之芳躅. 歌詠先王之遺風. 此非會心者歟.

것은 궁극적으로 행실의 수행을 강조한 것이라고 볼 수도 있다. 그렇다 하더라도 고산의 사상이 유교적 가치에 기반을 두고 있기 때문에 예술적 표현 역시 이 범위를 크게 벗어날 수 없다는 것을 간접적으로 내비치는 것으로 볼 수 있는 것이다.

이런 점으로 본다면 이재수[354]가 평한 대로 "윤선도는 충직이란 도덕적 주관을 뚜렷하게 세운 사람이며 이를 일평생 동안 지키면서 살고자 했던 강직한 도학자"가 되는 것이다. 고산은 어떤 상태에 있어서도 부자·군신의 윤리에서 벗어날 수 없었던 것이다. 다음 작품을 살펴보도록 하자.

구즌비 개단 말가 흐리던 구룸 걷단 말가
압내희 기픈 소히 다 ᄆᆞᆰ앗다 ᄒᆞᄂᆞᆫ다
진실(眞實)로 ᄆᆞᆰ디옷 ᄆᆞᆰ아시면 갇긴 시서 오리라 <雨後謠>

어떤 사람이 "시임 재상이 허물을 고치자 때마침 궂은비가 갰다."라고 하기에, 나는 "그가 허물을 고친 것이 진실로 이 비가 개고 이 구름이 걷히고 이 앞내가 도로 맑아진 것과 같은 수 있다면 우리들이 감히 그의 인(仁)을 허여하지 않을 수 있겠는가."라고 하고는 드디어 언문으로 노래를 지어 불렀다.[355] <雨後謠 發文>

「우후요(雨後謠)」는 작품 그 자체로만 보면 단순히 궂은비가 갠 뒤의 느낌을 서정적(抒情的)으로 표현한 듯 보인다. 하지만 발문

354| 이재수, 『尹孤山研究』, 학우사, 1955.

355| 윤선도, 『孤山遺稿』 4, 이상현, 이승현 역주, 한국고전번역원, 2015, 247면.
有人傳道時宰改過, 于斯時也, 宿雨適霽. 余曰, 彼之改過也, 苟能如斯雨之晴, 如斯雲之捲, 如斯前川之還淸, 則吾儕敢不歸仁乎. 遂作俚語永言之.

의 내용을 살펴보면 고산의 신념과 사상을 자연물에 이입하여 피력한 것임을 알 수 있다. 이 작품에서 핵심은 종장 "진실로 맑기만 맑아지면 갓끈 씻어 오리라"에 있다. 이 말은 진실로 시임(時任) 재상(宰相)이 자신의 잘못을 뉘우치고 고쳤다면 어찌 인(仁)으로 돌아가지 않겠는가 하는 발문의 내용과 통한다 하겠다. 즉 이 작품은 인(仁) 사상을 형상화한 것이다. 인(仁) 사상은 유교사상의 핵심이다.

그는 '궂은 비', '흐리던 구름', '맑아진 소(沼)' 등의 자연물에 이입하여 자신의 이념을 형상화 한 것이다.

즐기기도 ᄒᆞ려니와 근심을 니즐 것가
놀기도 ᄒᆞ려니와 길기 아니 어려오냐
어려온 근심을 알면 만수무강(萬壽無疆) ᄒᆞ리라

<罷宴曲, 1장>

술도 머그려니와 덕(德) 업스면 란(亂) ᄒᆞ나니
춤도 추려니와 례(禮) 업스면 잡(雜) 되ᄂᆞ니
아마도 덕례(德禮)를 딕히면 만슈무강(萬壽無疆) ᄒᆞ리라

<罷宴曲, 2장>

「파연곡(罷宴曲)」은 잔치를 끝마칠 때 불리어진 노래이다. 임금의 만수무강을 비는 잔치에서 술과 춤은 흥을 돋우고 경사스러운 의미를 더해 주는 의미일 것이다. 하지만 고산은 그 좋은 의미의 술과 춤도 덕과 예가 없으면 혼란해지고 잡스럽게 된다고 말하고 있다. 그런 의미에서 「파연곡(罷宴曲)」은 덕과 예를 강조한 도덕가로 볼 수 있다. 역시 이 작품도 도덕적인 이상이 형상된 작품으로 보아야 한다.

픗ᄌᆞᆷ의 꿈을 꾸어 십이루(十二樓)에 드러가니
옥황(玉皇)은 우스시되 군션(羣仙)이 꾸진ᄂᆞ다
어즈버 ᄇᆡᆨ만억창ᄉᆡᆼ(百萬億蒼生)을 어늬 결의 무르리

<夢天謠, 2수>

「몽천요(夢天謠)」 2수는 경세치민(經世治民)의 이념을 반영하고 있는 작품이다. 초장에 나오는 십이루는 천상 세계인 백옥경에 있다는 12층의 누각을 가리킨다.[356] 초장에서 옥황상제에게 가고자 하는 연군의 마음은 꿈에서 실현되나 중장에서 그 꿈은 신선들이 꾸짖으면서 좌절된다. 하지만 고산은 좌절하지 않고 "ᄇᆡᆨ만억창ᄉᆡᆼ(百萬億蒼生)"의 민생을 걱정하니 그의 애민의 이상이 종장에서 드러나는 것이다.

「오우가(五友歌)」에서 미적 감상의 대상은 감상주체에 의해 개념화된 자연물이다. 즉, 「오우가」에서 '개념화된 자연물'은 심미(審美)의 대상이다. 그렇다면 「오우가」에서 '개념화된 자연물'은 어떤 양상으로 나타나는가. 「오우가」의 넷째 수를 살펴보자.

나모도 아닌 거시 플도 아닌 거시
곳기ᄂᆞᆫ 뉘 시기며 속은 어이 뷔연ᄂᆞᆫ다
뎌러코 ᄉᆞ시(四時)예 프르니 그를 됴하 ᄒᆞ노라 「竹」

<五友歌, 4수>

넷째 수에서 '곧게 자라는', '속이 빈', '저렇고도 사철 늘 푸른' 대나무가 심미의 대상으로 되어 있다. 이는 '불욕(不辱)'의 윤리적

---

356) 이상현, 이승현 역주, 『孤山遺稿』 4, 한국고전번역원, 2015, 242면.

지향을 대나무라는 산수와 결합시켜 하나의 정감으로 탄생시킨 결과이다. 산수와 윤리적 지향이 결합되어 하나의 윤리정감(倫理情感)이 발현된 것이다.

손오규는 감상 주체의 인간적 가치가 산수미로 전이되는 것을 "인륜감식(人倫鑑識)의 전화(轉化)에 의한 비덕(比德)이라고 정의하면서"이라고 정의하면서 "이정(移情)의 근원이 이성에 의한 정신성을 강조하는 예술감정에서 비롯된다고 할 수 있다"[357]고 정리하였으니 앞서 언급한 윤리정감(倫理情感)은 정신성을 강조하는 미적감정(美的感情)이라고 할 수 있다.

2) 서정(抒情)의 형상화

고산은 시가라는 예술 형식을 통해 산수를 대상으로 하여 철학적 이념을 배경으로 미적 서정을 형상화했다고 볼 수 있다. 그렇기 때문에 고산의 시가를 진정으로 이해하려면 그의 시가에 내재된 이념성뿐만 아니라 서정성에 주목할 필요가 있다. 어떠한 문학의 서정성(抒情性)에 주목한다는 것은 그 문학의 언어 예술미에 주목하는 것이고 이는 작품에 내재된 미적 가치를 드러내고자 하는 것이다. 따라서 본고에서는 시가의 서정성에 주목하여 그의 시가를 살펴보고자 한다.

고산은 병자호란 때 인조임금의 항복소식을 들었고, 울분을 참지 못하여 은둔을 결심하였다. 그래서 제주도로 향하던 중 보길도의 수려한 경관에 사로잡혀 그곳에 머물게 되었다. 그는 1637년

---

[357] 손오규, 앞의 책, 2006, 263면.

부터 1671년 임종을 맞이할 때까지 일곱 번 이곳을 드나들며 글을 쓰는 생활을 했는데 햇수로 따지면 13년이나 된다. 다음의 작품을 살펴보도록 하자.

슬프나 즐거오나 올타 ᄒᆞ나 외다 ᄒᆞ나
내 몸의 ᄒᆡ올 일만 닫고 닫글 뿐이언뎡
그 받긔 녀나믄 일이야 분별ᄒᆞᆯ 줄 이시랴 <遣懷謠, 1수>

제시된 작품은 「견회요(遣懷謠)」의 1수이다. 서정은 곧 미의식(美意識)으로 연결되니 사실 국문학에서 미의식을 논의한다는 것은 상당히 어려운 것이다. 작품 한가운데에 미의식이 덩그렇게 놓여 있는 것도 아니고, 작품의 주제가 곧 미의식일 수도 없기 때문이다. 미의식은 작품에 속속들이 용해되어 잘 보이지 않는다.[358] 우선 작품의 내용을 살펴보면 내가 해야 할 일(修身)은 철저히 실행하고 그 밖에 다른 일들은 상관하지 않겠다는 의지가 담겨 있다. 현실적인 것과 이상적인 것이 대립하는 듯 하면서도 주어진 현실에 만족하고 있는 것이다. 이는 산수에 감회되어 현실에의 좌절을 위로받는 산수흥취(山水興趣)의 감정이 형상화되었다고 볼 수 있다. 다음 작품을 살펴보자.

구룸빗치 조타 ᄒᆞ나 검기ᄅᆞᆯ ᄌᆞ로 ᄒᆞᆫ다
ᄇᆞ람소ᄅᆡ ᄆᆞᆰ다 ᄒᆞ나 그칠 적이 하노매라
조코도 그츨 뉘 업기ᄂᆞᆫ 믈뿐인가 ᄒᆞ노라 「水」

<五友歌, 2수>

---

358) 최진원, 『國文學과 自然』, 성균관대학교 출판부, 1981, 109면.

2수 어디에도 '물'에 대한 객관적 묘사는 찾아볼 수 없다. 「오우가(五友歌)」에서의 '물'은 객관적 사물이 아니라 감상주체의 서정 그 자체이기 때문이다. '좋고도 그칠 때가 없는 것'은 단순히 물의 성질을 나타낸 것이 아니라 물이라는 자연물을 수용하는 과정에서 이루어진 고산의 감상이자 서정이다.

고산은 병자호란이 일어나자 은둔생활을 결심한다. 그리고 인조 15년(1637) 부용동에 은거하여 터를 잡고 계곡 물가에 세연정과 화수담, 동대, 서대, 곡수당, 석실, 승용대, 석전대, 오운대 등의 많은 연못과 정자를 만들었다. 고산은 여기에 묻혀 은거생활을 산수생활을 만끽하면서 「어부사시사(漁父四時詞)」 등의 많은 시가를 창작하였다.

내 버디 몃치나 ᄒᆞ니 슈셕(水石)과 숑듁(松竹)이라
동산(東山)의 ᄃᆞᆯ 오르니 긔 더옥 반갑고야
두어라 이 다ᄉᆺ 밧긔 또 더ᄒᆞ야 머엇ᄒᆞ리 <五友歌, 1수>

이 작품에서는 현실적인 것과 이상적인 것의 통합이 이루어진다. 현실적인 것은 산수와 벗하며 즐겁게 살아간다는 것이고 이상적인 것은 그러한 생활에 만족하며 더 이상 바랄 것이 없다는 것이다.[359] 이상적인 것은 현실에 만족하는 것이지 이상과 현실의 통합이 이루어지는 것이다. 이것이 안한자적(安閑自適)의 형상화이다.

비 오는ᄃᆡ 들희 가랴 사립 닷고 쇼 머겨라
마히 ᄆᆡ양이랴 잠기 연장 다ᄉᆞ려라

[359] 원용문, 앞의 책, 1996, 109면.

쉬다가 개ᄂᆞᆫ 날 보아 ᄉᆞ래 긴 밧 가라라

심심은 ᄒᆞ다마ᄂᆞᆫ 일 업ᄉᆞᆯᄉᆞᆫ 마히로다
답답은 ᄒᆞ다마ᄂᆞᆫ 한가(閑暇)ᄒᆞᆯᄉᆞᆫ 밤이로다
아ᄒᆡ야 일즉 자다가 동(東) 트거든 닐거라　　<夏雨謠>

「하우요(夏雨謠)」에는 일단 앞서 살펴 본 작품들에 나타나는 현실 정치에 대한 어떠한 형상화도 부재한다. 현실 정치에 대한 감정이 사라지자 일상과 풍경이 온전히 드러난다. 장마철을 맞은 농촌의 한정을 담백하게 담고 있는 것이다. 작품을 보면 장마철 긴긴 날의 지루한 듯 나른한 듯한 시골 풍경이 손에 잡힐 듯 생생하다. 안한자적의 담백한 서정이 형상화되고 있는 것이다.

「하우요」는 장마철의 한적한 농촌 풍경을 노래한다. 궂은 장맛비가 내리고 사람들은 들에 가지고 않고 사립문을 닫아 걸어 소 먹이나 먹이고 있다. 심심하고 답답할 수 있는 장마를 일 없고 한가롭다고 표현하며 서정적으로 형상화하고 있다. 경(景)을 한가롭고 여유로운 서정으로 표현하고 있는 것이다. 「하우요」는 장마철을 맞은 한가한 농촌의 모습을 담백하게 드러내고 있다. 특히 긴 장마철의 나른한 농촌 풍경이 생생하고 친근하게 묘사되면서 '-라'의 반복을 통해 경쾌한 분위기를 더하고 있다.

4. 부용동과 산수락(山水樂)

「어부가(漁父歌)」는 어부 형상을 통하여 작가의 미의식과 세계관을 표현하는 일련의 작품들을 말하는데, 우리나라의 경우 이현보의 「어부사(漁父詞)」와 고산의 「어부사시사(漁父四時詞)」가 유명하다.

굴원(屈原)의 「어부사(漁父辭)」의 경우 매우 고답적이고 신선적인 삶을 살아가는 어부의 생활을 묘사하여 선경(仙境)을 나타냈는데, 이는 노장적(老莊的) 행선법(行仙法)에 가까운 선경이라고 볼 수 있다.

그러나 조선조 사대부들의 선경(仙境)에 대한 인식은 신선을 동경하는 출세사상(出世思想)이나 노장의 행선법, 불노장생불사의 방술(方術)이 아니다. 오히려 현실적 삶을 중시하고 생과 사에 대한 관념 즉 현상적이며 실천적 방향에서 접근한다. 이와 같은 선경에 대한 묘사와 동경은 산수문학의 중요한 요소이다.[360]

고산의 시가에서 드러나는 선경도 이와 크게 다르지 않다. 고산은 「어부사시사」에서 자신이 은둔한 금쇄동(金鎖洞)을 선경에 비유하고 있는데, 이는 고산의 이상적 정신세계가 추구하는 공간이다. 즉, 고산의 개인적 경험의 공감에서 오는 정신세계를 선경이라는 공간으로 형상화하고 있는 것이다. 고산은 「어부사」를 정리하고 다음과 같이 말하였다.

> 동방에 예로부터 〈어부사(漁父詞)〉가 있는데, 누가 지었는지는 알 수 없으나 고시(古詩)를 모아 곡조로 만든 것이다. 이 〈어부사〉를

360| 손오규, 앞의 책, 2006, 206~207면.

읊조리노라면 강바람과 바다 비가 얼굴에 부딪히는 듯하여 사람으로 하여금 훌쩍 세속을 떠나 홀로 서려는 뜻을 가지게 한다. 이 때문에 농암(聾巖 이현보(李賢輔)) 선생도 좋아하여 싫증 내지 않았고 퇴계(退溪 이황(李滉)) 선생도 칭탄하여 마지않았다. 그러나 음향이 상응하지 못하고 말뜻이 잘 갖추어지지 못하였으니, 이는 고시를 모으는 데 구애되었기에 국촉(局促)해지는 흠결을 면치 못한 것이다. 내가 그 뜻을 부연하고 언문을 사용하여 <어부사>를 지었는데, 계절별로 각 한 편씩이며 한 편은 10장으로 이루어져 있다. 내가 곡조며 음률에 대해서는 진실로 감히 함부로 의논하지 못하며 창주오도(滄州吳道)에 대해서는 더욱이 감히 내 뜻을 가져다 붙일 수 없으나, 맑은 강 넓은 호수에 조각배를 띄우고 물결을 따라 출렁일 때에 사람들에게 한목소리로 노래하며 노를 젓게 한다면 또한 하나의 쾌사(快事)일 것이다. 또 훗날 창주(滄州)에서 거처할 일사(逸士)가 반드시 나의 이 마음과 뜻이 부합하여 백세의 세월을 넘어 느낌이 일지 않으리라고는 못할 것이다.

신묘년(1651, 효종2) 가을 9월 부용동(芙蓉洞)의 낚시질하는 노인이 세연정(洗然亭) 낙기란(樂飢欄) 옆 배 위에서 적어 아이들에게 보인다.[361]

「어부사시사」는 「어부가」 계열의 작품으로 「어부가」는 어부 형상을 통해 미의식과 세계관을 표현하는 일련의 작품들을 말한다.[362] 발문에서 고산은 「어부사시사」를 지은 배경을 "맑은 못이

361| 윤선도, 『孤山遺稿』 4, 이상현, 이승현 역주, 한국고전번역원, 2015, 239~240면. 東方古有漁父詞, 未知何人所爲, 而集古詩而成腔者也. 諷詠則江風海雨生牙頰間, 令人飄飄然有遺世獨立之意, 是以, 聾巖先生好之不倦, 退溪夫子歎賞無已, 然音響不相. 語意不甚備.盖拘於集古, 故不免有局促之欠也. 余衍其意, 用俚語作漁父詞,四時各一篇, 篇十章. 余於腔調音律, 固不敢妄議. 余於滄洲吾道, 尤不敢竊附. 而澄潭廣湖片舸容與之時. 使人並喉而相棹, 則亦一快也, 且後之滄洲逸士, 未必不與此心期而曠百世而相感也.秋九月歲辛卯, 芙蓉洞釣叟, 書干 洗然亭樂飢欄邊船上, 示兒輩.

나 넓은 호수에서 조각배를 띄우고 즐길 때면 사람들로 하여금 목청을 같이하여 노래 부르게 하고 서로 노를 젓게 한다면 이 또한 하나의 즐거움"이기 때문이라고 말하고 있다. 이때 '맑은 못'이나 '넓은 호수'처럼 산수를 대상으로 하여 드러난 '즐거움'을 '산수락(山水樂)'이라고 말할 수 있을 것이다.

그러나 단순히 산수를 유람하는 즐거움을 드러냈다고 하여 진정한 의미의 산수락을 포함했다고 할 수는 없다. 산수문학에서 산수락을 형성하기 위해서는 두 가지 요소가 필요하다고 하겠는데 바로 '진은(眞隱)'과 '진상(眞賞)'이다. 진은은 쾌락적 심정이나 불운에 의한 방척(放斥)이 아니라 시인의 정감에서 산수를 찾아감이고, 진상은 산수를 자신과 대립된 존재로만 인식하고 아름다움을 감상하는 차원에 머물지 않고 심정적 차원에서 자연에 묻혀 자연의 일부가 되어 그 아름다움을 주관적으로 감상함이다.[363]

> 나는 지난해 봄부터 해산(海山 보길도)의 옛 동산에서 경치를 즐기고 있습니다. 처음에는 흥이 다하면 돌아가려고 하였습니다만, 조용히 거하는 것이 졸렬한 몸에 알맞고 신선한 생선이 질병에 이로운 데다 수석(水石)이 눈과 서로 꾀하고 마음과 서로 꾀하는 것이 해남의 수정동(水晶洞)이나 금쇄동(金鎖洞)보다 훨씬 나아서, 인지(仁智)의 낙을 비린(鄙吝)한 이 가슴에 보존할 수 있겠기에, 이곳을 떠나지 못한 채 거연(居然)히 두 해를 보내고 있습니다.[364]
>
> <上鄭判書 世規 書 戊子>

---

362) 고미숙, 앞의 책, 2006, 185면.

363) 손오규, 앞의 책, 2000, 162면.

364) 윤선도, 『孤山遺稿』 3, 이상현, 이승현 역주, 한국고전번역원, 2015, 55~56면.
弟前春來賞海山故園. 初欲興盡而返, 居靜宜拙. 饌鮮便病, 而水石之與目謀與心謀者. 絶勝於水晶金鎖, 能置仁智之樂於鄙吝之胸, 不能捨去, 居然兩載.

「어부사시사」는 고산이 65세 때 지은 작품으로 「산중신곡(山中新曲)」을 지은 50대 후반에서 65세 사이의 그의 삶은 큰 파란이 없는 은거의 시기였다. 또한 이 시기 고산이 정 판서에게 쓴 편지를 보면 "해산의 옛 동산에서 경치를 즐기고" 있다고 하면서 "조용히 거하는 것이 졸렬한 몸에 알맞고 신선한 생선이 질병에 이로운 데"에 은거의 이유를 두고 있다. 이는 단순한 쾌락적 심정이나 정치적 불운에 의해 은거를 선택한 것이 아니며, 정치에 대한 미련이 없음을 강조하는 말이니 진은이 형성되는 환경이 제공되었다고 볼 수 있다. 또한 "수석이 눈과 서로 꾀하고 마음과 서로 꾀하는 것이 해남의 수정동이나 금쇄동보다 훨씬 나아서 인지의 낙을 비린한 이 가슴에 보존할 수 있겠"다는 말은 산수(山水)의 일부가 되겠다는 의지의 표현이니 진상의 환경 또한 제공되었다.

이렇게 볼 때 「어부사시사」를 지을 때의 고산은 진은과 진상을 형성할 환경적 요인이 갖추어졌다 하겠다.

조선의 시가문학에 나타난 산수락도(山水樂道)는 주로 당쟁(黨爭)에서 벗어나 산수에 은거한 양반들의 가어옹(假漁翁)에 의하여 이룩된 문학세계다. 고산은 산수에 들어와서 현실과의 단절을 시도했으나 정치에 대한 미련을 버리지 못했기 때문에 산수에 완전히 묻힐 수 없었을 것이다. 그러므로 고산은 가어옹이 아니었지만, 특이하게도 그의 시가의 가어옹은 전형적인 산수락도로 형상되는 경향을 보인다. 그렇기 때문에 고산 시가의 가어옹은 이색적이다. 그 대표작품이 「어부사시사」다. 따라서 「어부사시사」에 나타난 문학세계와 가어옹을 분석함으로써 고산의 산수락을 이해해 볼 것이다.

고산은 30세 때 당시 정국을 주도하던 이이첨의 죄를 논하였다. 이로 말미암아 8년간 유배 생활을 하다가 인조반정 후에야 사면되어 8년에 걸친 유배 생활을 끝내고 복권되었다. 광해군 때의 권력자에 대한 논죄로 유배를 간 고산에게 있어 인조반정은 자연스럽게 권력을 잡을 기회로 다가와야 했다. 그러나 정국의 상황은 그에게 유리하지 않았다. 대북파에 맞서고 있을 때에는 서인과 남인이 연대를 해야 했지만 인조반정으로 대북파가 급작스럽게 궤멸되자 서인과 남인 사이에 권력 쟁투가 시작된 것이다.

반정 세력은 남인에 속한 이원익을 영의정으로 추대함으로써 서인과 남인의 연립정권 구성에 성공하는 듯 했다. 하지만 권력의 중심은 서인이 쥐고 있었고, 이들은 남인과 소북파에 대한 처리 문제와 권력의 분점 여부를 놓고 분화하기 시작한다. 이후의 당쟁사를 보면 서인은 노론과 소론으로 분화하였고 이후 소론의 세력이 현저하게 약해지면서 노론과 남인의 대립국면을 형성하기에 이른다.[365]

이러한 상황에서 고산은 사면된 해 4월 의금부도사 금오랑에 임명되었다. 그러나 얼마 되지 않아 그해 7월에 사직하고 해남 보길도로 내려가는데 이는 그가 혼란한 당쟁상황에서 환영받지 못하였기 때문이고, 이러한 냉혹한 현실에 관계(官界)에 뜻을 잃었기 때문으로 보인다. 다음의 시에서 당시의 상황을 짐작해 볼 수 있다.

次張子浩韻
찰방 금오랑과 별제
관직이 낮아도 나에겐 낮은 것이 아니라네
다만 충심 펴 시작할 곳 없으니

---

365) 고미숙, 앞의 책, 2006, 102면.

진퇴의 변변치 못한 충정을 뉘가 알리오
察訪金吾與別提　官卑於我亦非卑
但無着手輸忠處　進退微衷孰有知

"충성 펴려 해도 손댈 곳이 없"다는 부분은 낮은 관직이나마 뜻을 펴려 했지만 당쟁의 정국에서 심한 견제로 무기력한 상황에 놓인 고산의 심정을 표현한 말일 것이다. 게다가 그가 올린 「병진소(丙辰疏)」에서 인목대비의 아버지 김제남을 비난하는 대목이 두고두고 서인의 공격 대상이 되었다는 사실을 고려할 때 서인이 득세하는 당시 정국 상황에서 고산과 같이 강직한 성품을 지닌 이가 자신의 뜻을 펼치기는 어려웠을 것이다.

고산은 반정의 상황에서도 중앙 정계로의 진출이 좌절되자 해남과 서울을 오가면서 향후 활동을 구상했다. 고산의 산수에 대한 동경은 이 시기부터 시작된 것으로 보인다.

次韻酬東溟 四首
근년에 피하고자 하는 마음이 생겨나
몇 달간을 거문고 소리 속에 있었네
눈은 봄날의 나무를 마주하고
손에는 유수의 금을 멈추니
맑은 날 유흥은 좋은 날과 어긋나고
그윽한 회포는 장맛비에 울적하네
그대의 주옥같은 글귀를 대하니
나의 강해심이 일어나게 된다오
近年生避性　累月間徽音
眼對春天樹　手停流水琴

清遊違麗日　幽抱屬淫霖
見子瓊琚句　起余江海心

고산이 41세 때 지은 시다. 첫 구에 피세의 마음을 짙게 나타나고 있다. 그가 본격적으로 산수에 은거한 것은 병자호란 이후였지만, 그 이전에 이미 산수에 들고자 하는 마음을 가지고 있었음을 짐작케 하는 대목이다. 이로 보아 정치적 좌절로 인한 피세의 마음이 이후 산수에 대한 은거로 이어진 것이 아닌가 생각된다.

이듬해 42세 때 고산은 별시초시에서 장원급제하면서 정계 진출의 기회를 잡게 된다. 당시 시험관이었던 이조판서 장유는 고산의 글을 '동국 제일의 책문(策文)'이라며 높이 평가했고 고산은 장유의 추천으로 봉림대군과 인평대군의 사부로 임명된다. 이로부터 7년간 공조좌랑, 공조정랑을 거쳐 사복시첨정, 한성서윤에 임명되는 등 본격적인 사관생활을 하게 된다.[366]

그러나 고산에게는 이때의 관직생활도 순탄하지 않았다. 그는 재상 강석기(姜碩期, 1580~1643)와의 갈등으로 성주현감(星州縣監)으로 좌천되었고 얼마 안되어 그 직을 사임코자 하였으나 마침 양전(量田)이 실시되어 그 뜻을 미루었다. 백성의 토지를 측량하는 양전은 임진왜란 이후 국가의 주요 시책 중 하나였는데 양전 과정이 불공정하여 백성들의 원성이 자자했다.

이처럼 고산은 현실 정치에 대한 지향성을 가지고 있었지만 정계 생활의 좌절로 현실에 대한 자신의 욕망을 실현하기가 어려웠다. 이러한 현실 정치에의 좌절은 그의 시가에서 현실지향의식으로 표현되고 있다.

---

366) 고미숙, 앞의 책, 2006, 106~107면.

1) 은둔(隱遁)과 이상적(理想的) 세계관

고산이 산수에 은둔한 까닭은 무엇인가. 그리고 고산은 산수공간을 어떠한 모습으로 그리고 있는가. 고산은 산수공간을 이상적 세계로 묘사하면서 자신이 은둔한 산수공간을 노장적 현실부정의 장소로 사용하고 있다. 이는 다음과 같은 진술에서도 확인해 볼 수 있다.

> 「隱居而求其志」(論語)의 隱求는 「窮則獨善其身」(孟子)의 獨善과 같은 것이다. 隱求는 隱遁과는 다르다. 隱遁은 老莊的 現實否定이오, 隱求는 儒學的 現實肯定이다. 그러므로 松巖은 결국 「出ᄒᆞ면 致君澤民 處ᄒᆞ면 釣月耕雲」(閑居十八曲)과 같이 現實과 江湖를 다 같이 肯定하였다. 그러므로 歸去來는 逃避의 세계가 되기 어렵다. (중략)
>
> 버리는 것만이 否定은 아니다. 李朝 兩班은 歸去來로써 現實을 버렸지만, 그 버림은 대체로 卽興的이고 安易하였다. 버리는 데에서 일어나는 內的 葛藤이 심각하지 못하였다. 따라서 버리는 現實을, 새로운 것을 찾기 위한 媒介로 삼지 않았다. 그러므로 그 버림은 버림에만 그쳤다.
>
> 그러니 그 歸去來는 經國濟民의 뜻을 求하는 隱求요, 明哲保身을 꾀하는 獨善이다. 그것은 現實逃避라기보다는 現實離脫이라 함이 적절한 것이다. 한 마디로 말하면 「現者避世」다.[367]

위 글에서 최진원은 그의 연구에서 은구(隱求)와 은둔(隱遁)에 대한 차이를 밝히고 있다. 이에 따르면 은구는 "유교적 현실긍정"이고 은둔은 "노장적 현실부정"이라고 규정된다. 그러면서 귀거래

---

367) 최진원, 앞의 책, 1981, 32~33면.

를 "현실도피라기보다 현실이탈"로 정의하고 '현자피세'의 개념을 사용하였다.[368]

본 장에서는 산수로 돌아가 살고자 하는 뜻을 귀거래로 보고, 현실을 부정하면서 산수 속에 묻혀 생활하는 것을 산수은둔(山水隱遁)으로 개념 지으면서 논의를 진행하고자 한다.

次韻謙甫叔丈詠懷 二首
인간 세상 높은 벼슬 단연코 바라지 않고
오직 원하는 것은 강호에 일찍 돌아감이라
이미 孤山에 작은 집 지어 놓았으니
어느 해에 실로 연잎 옷 입어 보려나
人間軒冕斷無希　惟願江湖得早歸
已向孤山營小屋　何年實着芰荷衣

이 시를 지을 때의 고산의 나이는 30세로 이이첨을 규탄한 상소 「병진소」를 올린 시기와 일치한다. 그는 이 시에서 "높은 벼슬 결코 바라지 않고", "오직 소원은 강호에 일찍 돌아가는 것"이라고 하며 귀거래의 의지를 강하게 표현하고 있다. 고산이 젊었을 때부터 귀거래의 의지를 가지고 있었다는 것은 그가 본격적으로 은둔에 들게 되는 것이 병자호란 이후의 은둔은 갑작스러운 현실도피라고 보기 힘든 면이 있는 것이다.

偶吟
금쇄동 안에 꽃은 활짝 피어나고

[368] 최진원, 위의 책, 1981, 3면.

수정암 아래의 물은 우레와 같구나
유인은 일이 없다고 누가 말하는가
죽장에 짚신으로 날마다 오가는 것을
金鎖洞中花正開　水晶巖下水如雷
幽人誰謂身無事　竹杖芒鞋日往來

고산의 나이 59세 때(1945년)의 작품이다. 이 작품에서 시적 화자는 산수에 매료되어 날마다 금쇄동과 수정암을 왕래한다. 금쇄동 안에는 꽃이 활짝 피고 수정암 아래 폭포에서는 우레 같은 물소리가 들려온다. 시의 화자가 이 아름다운 풍경에 매료되어 죽장망혜로 날마다 이곳을 왕래하는 모습에서 고산의 산수은둔생활의 모습을 상상해 볼 수 있다.

次韻寄韓和叔
나는 해은도 아니며 산은도 아니지만
산과 바다에 평생 동안 뜻이 짙었네
사람이 못나 절로 지금 세상길과 어긋나니
은거하여 우연히 고인의 발자취를 닮았네
백발이 삼천 장이나 되어도 싫지 않으니
붉은 구름 일만 겹에 기쁨이 넘치네
작은 노을을 노예로 얻을 수도 있건만
먼지 낀 얼굴 치켜드는 고관대작 누가 부러울까
吾非海隱非山隱　山海平生意便濃
用拙自違今世路　幽居偶似古人蹤
不嫌白髮三千丈　剩喜彤雲一萬重
奴隷少霞猶可得　朱門誰羨抗塵容

고산이 65세 때(1651) 지은 작품이다. 그가 「어부사시사(漁父四時詞)」를 지은 해이기도 하다. 작품에서 "산과 바다에 평생토록 마음이 끌렸다"는 구절로 보아 "나는 해은도 아니고 산은도 아니지만"은 산수에 은둔하지 않았다는 말이라기보다는 오히려 은둔의 마음을 강조한 듯 보인다.

이와 같은 시들로 볼 때 고산은 일찍부터 은거에 마음이 있었고, 이는 답답한 정치현실을 부정하는 성격의 은둔이었다. 특히 「어부사시사」가 창작된 부용동은 산수경관이 뛰어나 정계 생활에서의 좌절을 겪은 고산에게 휴식처가 되기에 충분했다. 그렇다면 이러한 현실부정의 은둔은 「어부사시사」에서 어떠한 양상으로 나타나는가.

고산은 노장적 현실부정의 은둔 속에서 산수에 묻혀 작품 속에 자신의 이상세계를 투영했다.

朴進士而厚惠西瓜東瓜, 兼寄絶句五首近體一首, 次韻答之

누가 말하던가, 적송자(赤松子)를 사모해서 은둔했다고
애초에 계획한 것도 아니요, 의(義)를 따랐을 뿐
화산(華山)의 이곳저곳에 한가로운 땅이 많으니
어찌 그대와 같은 무리들을 받아들임에 인색하리오

棲遁誰云慕赤松　初非計較義之從
華山面面多閑地　何惜如君百輩容
不嫌白髮三千丈　剩喜彤雲一萬重
奴隷少霞猶可得　朱門誰羨抗塵容

고산은 이 시에서 은둔의 이유를 애초에 계획한 것이 아니면서, 의(義)를 행하기 위해서라고 말하고 있다. 또한 금쇄동을 신선의 석실이 있다는 금화산(金華山)의 준말인 '화산(華山)'으로 표현하면서 자신이 있는 곳이 신선의 세계임을 강조하고 있다. '적송(赤松)'은 전설상의 현인인 적송자(赤松子)를 말하는 것으로 역시나 오직 의(義)를 위해 은둔한 것임을 강조하는 표현이다.

즉, 고산은 자신이 은둔한 산수공간인 금쇄동을 이상적 세계로 표현하고 자신은 의(義)를 위해 은둔하였음을 강조하고 있다. 고산의 작품에서 산수는 은둔의 공간이자 이상적 세계로 그려지고 있는 것이다.

2) 가어옹(假漁翁)과 초연세계(超然世界)

조선조 산수문학은 주로 속세를 떠나 산수에 귀거래한 양반들의 가어옹에 의하여 이룩된 문학세계다. 이 중에서도 「어부사시사」의 가어옹은 농암과 면앙정의 가어옹과는 다르게 이색적인 양상을 보인다. 고산은 속세와 완전히 단절하지 못하는 모습을 보이면서도 문학에서는 전형적인 산수은둔을 추구하고 있기 때문이다. 이는 앞서 언급했던 고산의 은둔에 이르는 과정과도 무관하지 않다. 고산은 현실에서의 좌절로 산수에 귀거래하였지만 여전히 현실에 대한 미련을 버리지 못하고 있는 것이다.

그렇기 때문에 「어부사시사」에서 가어옹은 현실지향의식과 초연세계에 대한 지향 의식이 공존하는 양상을 보인다. 이는 최진원이 「어부사시사」에 대해 "孤山은 人間性의 挫折을 짊어지고 現實과 대결하지 못하는 데서 超然을 觀念하였고, 그 超然의 세계가 곧 漁父四時詞다"[369]라고 평한 것과도 견해가 일치한다. 그렇다면 「어부사시사」에서 고산이 꿈꾸는 초연세계는 어떤 양상으로 형상되고 있는가.

369| 최진원, 「漁父四時詞와 假漁翁」, 『고산연구』 제4권, 고산연구회, 1990, 281면.

슈국(水國)의 ᄀᆞᄋᆞᆯ히 드니 고기마다 ᄉᆞᆯ져 읻다
닫 드러라 닫 드러라
만경딩파(萬頃澄波)의 슬ᄏᆞ지 용여(容與)ᄒᆞ쟈
지국총(至匊悤) 지국총(至匊悤) 어ᄉᆞ와(於思臥)
인간(人間)을 도라보니 머도록 더옥 됴타

<漁父四時詞, 秋詞2>

고산은 작품에서 '인간 세상에서 멀수록' 더욱 좋다고 말하고 있다. 그렇다면 그는 왜 인간세상으로부터 멀어지고자 하였는가. 고산은 현실세계에서 끊임없는 좌절을 겪어야 했다.

년닙희 밥 싸 두고 반찬으란 쟝만 마라
닫 드러라 닫 드러라
청약립(靑篛笠)은 써 잇노라 녹시의(綠蓑衣) 가져오냐
지국총(至匊悤) 지국총(至匊悤) 어ᄉᆞ와(於思臥)
무심(無心)ᄒᆞᆫ ᄇᆡᆨ구(白鷗)ᄂᆞᆫ 내 좃ᄂᆞᆫ가 제 좃ᄂᆞᆫ가

<漁父四時詞, 夏詞2>

한여름 수수한 정취로 연잎에 밥 싸두고 반찬일랑 장만하지 말라는 말은 어부의 자연스러운 생활로 정치적 자의식이 부재한다. 푸른 대삿갓을 쓰고 녹색 도롱이를 준비하며 고기잡이를 떠나려는 어부의 앞에 무심한 흰 갈매기가 보이며 "내가 좇는지 제가 좇는지" 헷갈리는 모습이다. 내가 좇는지 제가 좇는지 무심한 갈매기의 모습에서 자신과 상대에 집착하지 않는 물아일체의 초연한 경지가 엿보인다.

5. 산수유미(山水唯美)의 형상

고산 시가에서 산수미가 갖는 중요성은 상당하다고 할 수 있다. 고산 시가의 유미적(唯美的) 형상은 그의 시가에 형상화된 산수미(山水美)와 그 언어적 표현이 앞에서 언급한 두 양상과는 확연히 다르다. 이 장에서 다룰 작품들은 고산의 다른 시조작품과 비교해 볼 때 그 시적 표현의 기법이나 단어의 구성과 활용이 매우 문예적 입장에서 형상화되었음을 확인할 수 있기 때문이다. 이제 구체적으로 고산의 작품을 살펴보기로 하겠다.

고산이 개척한 미적 영역 중에서 주목할 만한 것은 첫째로 변화하는 자연의 현상을 통한 산수미의 포착과 산수경물의 의상이다. 이처럼 산수를 대상으로 문학작품에 의상을 형상화시키는 것이 산수문학에서의 서정이다. 손오규는 이러한 산수문학의 서정에 대해 감각의 차원을 넘어 미적대상화가 이루어진다고 언급하였다.

> 山水文學에서의 抒情은 山水라는 대상으로부터 주체가 느낀 마음상태를 문학작품으로 형상화해 나가는 미적기능까지도 의미하고 있는 것이다. 이때 抒情의 대상은 단순히 山水만을 대상으로 하지 않고 주체의 마음(心), 곧 순간적 마음의 상태와 성향으로서 주체가 경험하고 있는 현재적 의식까지도 의미하게 되는 것이다. (중략) 이렇게 되면 抒情은 문학의 내용을 이루는 한 요소로서 감각의 차원을 넘어서 판단의 영역으로 진입하게 되니, 곧 미적대상화가 이루어진다.[370]

고산이 자신의 작품에서 형상화 된 산수경물의 의상은 단순히

370) 손오규, 앞의 책, 2006, 118면.

감각기관에 의한 반사작용이 아니다. 그는 자신의 작품에서 감각의 차원을 넘어 내면과 연결된 의식의 결과로서의 산수경물을 형상화하고 있다. 다음의 작품을 살펴보자.

> 월츌산(月出山)이 놉더니마ᄂᆞᆫ 믜운 거시 안개로다
> 텬왕뎨일봉(天王第一峯)을 일시(一時)예 ᄀᆞ리와다
> 두어라 ᄒᆡ 퍼딘 휘면 안개 아니 거드랴　<朝霧謠>

위 작품에서 중심적 형상은 중장의 천왕제일봉이다. 고산이 주목하고 있는 것은 안개가 천왕제일봉을 가리고 있는 월출산의 자연현상이다. 그리고 위 시에서 고산이 표현하고자 하는 주지는 종장에 함유되어 있다. 왜냐하면 고산의 눈앞에 펼쳐진 월출산은 안개에 의하여 천하제일봉이라는 아름다운 산수의 참된 모습이 가려져 있기 때문이다.

이것은 정서적으로 매우 안타까운 자연현상이다. 그런데 안개라는 자연현상은 일시적이다. 곧 햇빛이 퍼지면 사라지고 말 실상이 없는 순간적 모습일 뿐이다. 그래서 안개에 의해 천하제일봉의 모습을 시각적으로 볼 수 없다고 하더라도 천하제일봉은 여전히 제 모습을 지니고 의연한 자태로 머물러 있을 따름이다.

이상과 같이 위 시조를 해석해 볼 때 안개와 천왕제일봉 그리고 햇빛은 중의적(重意的) 표현에 속한다. 곧 고산이 말하고자 하는 참된 의미는 작품 내면적 의미로서 함축되어 있을 뿐이다. 따라서 안개와 천왕제일봉 그리고 햇빛은 시적 이미지로 형상화되었으니, 곧 산수미의 의상을 말한다.

ᄇᆞ람 분다 지게 다다라 밤 들거다 블 아사라
벼개예 히즈려 슬ᄏᆞ지 쉬여 보쟈
아ᄒᆡ야 새야 오거든 내ᄌᆞᆷ 와 ᄊᆡ와스라　　<夜深謠>

「야심요(夜深謠)」에서는 해가 진 뒤 산수의 여유로운 정취를 서정적으로 담아내고 있다. 이상을 살펴볼 때 전체적으로 아침-낮-해 질 무렵-깊은 밤의 시간적 순서로 작품을 배열하여 조화로운 모습을 만들어내고 있다. 특히 안개, 장마, 황혼, 바람을 각 작품의 중심소재로 사용하여 표면적으로는 산수미의 조화를 형상화하였다. 이것은 분명 문예적 기법과 구성에 의한 시적 구성이며 산수경물의 형상화임이 틀림없다.

고산은 자신의 현실적 좌절과 번민 그리고 정치적 불운을 한탄하거나 비관하지 않고 현실초월적 이상향을 지향함으로써 스스로 위로받고 있다. 이것을 「어부사시사」에서 구체화하였다.

「어부사시사」는 춘하추동의 계절적 흐름을 구조로 하고 각각의 계절에는 아침에서 저녁까지의 하루를 배열하고 있다. 고산은 이 전체의 과정을 하나의 유기적 연속성으로 느껴지도록 배열하고 있다. 그렇기 때문에 각 작품들은 종장의 완결성을 취하지 않은 채 열린 상태로 이끌어 가다가 마지막 40수에 이르러서 앞서 이어 온 흥취를 최고의 수준으로 끌어올린 후 막을 내리고 있는 것이다. 그렇게 함으로써 화자의 흥은 '봄의 아침'부터 '겨울의 저녁'까지를 모두 포괄하게 되었다.

요약하면 고산은 춘하추동의 시조를 각각 한 수 한 수 감각적이고 정교하게 정리하고 다듬으면서 이와 동시에 「어부사시사」 전체가 하나의 조화를 이루도록 배치한 것이다.

'흥'에 대해 손오규는 "흥은 시인이 자신의 마음 상태를 표현하는 단어이다. 자신이 현재의 마음 상태에 대하여 자각하는 내용이다. 자신의 마음에서 일어나는 심리적 변화이며 심리적 현상이다."[371]라고 언급하고 있다. 고산은 「어부사시사」에서 산수를 현실적 수단이 아닌 서정적 미감 표출의 대상으로 삼았다. 따라서 고산 시가에 '흥'이 넘치는 것은 자연스러운 현상이다.

우ᄂᆞᆫ 거시 벅구기가 프른 거시 버들숩가
이어라 이어라
어촌(漁村) 두어 집이 ᄂᆡᆺ 속의 나락들락
지국총(至匊悤) 지국총(至匊悤) 어ᄉᆞ와(於思臥)
말가ᄒᆞᆫ 기픈 소희 온갇 고기 ᄠᅱ노ᄂᆞ다 <漁父四時詞, 春詞4>

춘사 4수에서는 '벅구기', '버들숩가', '어촌(漁村) 두어 집', '온갇 고기' 등의 산수경물이 어우러지며 감각적이고 다양한 이미지를 만들어내고 있다. 이와 같은 생생하고 감각적인 산수경관 속에서 낭만적인 흥을 돋우고 있는 것이다.

산수문학에서 서경은 자연의 외경, 즉 경물을 오감으로 지각함이다. 이러한 서경에 감상자의 고유한 감정이 포함될 때 서경은 정경으로 발전한다. 그러므로 정경은 감상자의 어떠한 생각을 비유한다고 볼 수 있다.[372]

진상은 산수를 자신과 대립된 존재로만 인식하고 아름다움을 감상하는 차원에 머물지 않고 심정적 차원에서 자연에 묻혀 자연

371| 손오규, 『산수미학탐구』, 2006, 122면.
372| 손오규, 앞의 책, 2000, 365면.

의 일부가 되어 그 아름다움을 주관적으로 감상함이다. 고산의 경우에는 어떠한가. 고산은 현실 정치에서 사대부로서 자기의 뜻을 펴보지 못했기 때문에 마음속에는 충족되지 못한 이상이 있었다.

이에 고산은 처사의 입장도 정객의 입장도 아닌 묘한 위치에서 자신의 인격적 완성이나 한정의 마음에서 산수를 노래한 것이 아니라 벼슬에서 물러난 불우한 정객으로서 산수에 의지하고 이것을 감정의 승화를 통하여 보상받고자 하였던 것이다.

즉 그는 산수를 통해 자신의 이상세계를 그리고 가장 흥겨운 어부의 생활을 묘사해서 자신의 감정을 승화시킴으로서 보상받고자 했던 것이다. 그렇기 때문에 고산의 자연은 보상적(補償的) 자연이며 이러한 감정의 승화는 산수에 대한 감각적 서경으로 나타난다.[373]

고산 시가에서 산수의 서경은 이처럼 감각적 형태를 띠고 있다. 여기서는 「오우가(五友歌)」에서의 인간덕성도, 격물치지와 같은 도학적 이념(理念)도 부재한다. 고산의 이념적(理念的) 내면은 엷어지고 그 대신 내적인 심미적 영역을 더욱 확대하여 산수를 유미하고 있는 것이다.

이는 단순한 쾌락적 심정이나 정치적 불운에 의해 은거를 선택한 것이 아니며, 정치에 대한 미련이 없음을 강조하는 말이니 진은이 형성되는 환경이 제공되었다고 볼 수 있다. 이렇게 볼 때 「어부사시사」를 지을 때의 고산은 진은과 진상을 형성할 환경적 요인이 갖추어졌다 하겠다.

고산은 산수 서경을 통해 신선적 이상향을 그리고 현실적 고통을 초월하고 망각한다. 이는 자신에게 심리적 편안함과 만족감

---

373) 손오규, 앞의 책, 2000, 162면.

을 주었을 것이다. 그렇기 때문에 고산은 더욱 세속을 잊고 자연에 몰입하고자 하였다. 그 결과 고산은 현실적 고통을 잊고 자기만족에 의한 산수락의 참된 즐거움을 누리게 됨을 스스로 깨닫는다. 따라서 고산에게 이런 산수와 어부생활은 심리적 보상으로 작동한다고 할 수 있다.

6. 결론

고산의 시가는 산수에 대한 작가의 미의식을 예술정신으로 승화시킨 결과물이다. 따라서 그 안에 내재된 주제의식과 미의식을 탐구하고 미학적 체계 하에서 분석할 때 고산 시가의 언어예술작품으로서의 예술적 위상과 한국문학사에서 차지하는 문학사적 의의를 재발견할 수 있을 것이다.

이에 그 내용을 요약하여 결론으로 삼는다.

첫째, 고산의 이념(理念)과 서정(抒情)의 배경이다. 그렇기 때문에 2장에서는 고산의 작품에서 그의 이념과 서정이 형상화된 양상을 살펴보았다. 이를 위해 먼저 그의 이념과 서정의 배경이 되는 학맥과 학문적 성향에 관하여 살펴보았다.

해남윤씨가(海南尹氏家)는 영남학파(嶺南學派)와 밀접한 관계가 있었으며 고산이 후에 남인의 주요 정객으로 활동한 것은 이러한 배경 때문이었을 것이다. 또한 고산은 소학을 독신하였으며, 의약(醫藥)·복서(卜筮)·음양(陰陽)·지리(地理) 등 다양한 학문을 광범위하게 공부하였다.

이것을 기반으로 고산의 지성이 추상적 개념에 머무르지 않았으며, 이는 그가 산수를 도학적(道學的) 이념 측면에서 뿐만 아니라 유미적(唯美的) 형상으로 인식하는 데 영향을 끼쳤음을 밝혔다. 또한 고산이 교우들과 주고받은 한시 작품들, 「병진소(丙辰疏)」, 예송논쟁을 살펴보았다. 이를 통해 고산은 독서의 중요성을 강조하며 자기수양에 힘쓸 것을 당부하고, 권신 이이첨(李爾瞻)의 죄를 탄핵하였으며, 왕권의 정통성을 강조하는 예론(禮論)을 펼치는 등 올곧고 타협하지 않는 원칙주의적 성향이었다는 점을 밝혔다.

둘째, 앞서 밝힌 고산의 이념과 서정이 그의 시가에서 어떻게 형상화되고 있는지 살펴보았는데, 이념은 임금에 대한 충절과 부모에 대한 효, 인간덕성에 대한 도덕적 이상으로 형상화되고 있었다. 그의 시가 작품에서 서정은 원림(園林)에 대한 산수흥취(山水興趣)와 부용동에서의 안한자적(安閑自適)한 정감(情感)으로 형상화 되고 있었다.

셋째, 고산의 미의식이 가장 잘 드러난 「어부사시사」에 나타난 산수에 대한 복합적 성격의 산수락을 고찰하였는데 고산의 산수락은 산수를 대상으로 한 미의식의 발로라고 할 수 있다.

따라서 이 연구는 「어부사시사」에 나타난 고산의 변화하는 미의식에 접근하였다. 「어부사시사」에는 좌절로 인한 현질지향적 측면의 미의식이 드러난다. 또한 은둔(隱遁)에서의 이상적(理想的) 미의식, 가어옹(假漁翁)을 통한 초연세계가 공존하고 있었다. 세 가지 측면의 미의식이 변화하고 공존하며 한 작품 내에서 융합적(融合的) 미의식을 이루고 있는 것이다. 이를 종합적으로 보면 산수에 대한 유가(儒家)의 도기론적(道器論的) 미의식이 「어부사시사」에서 합목적적 무위로서 산수를 인식하는 노장철학적 산수미로 변화하였고 볼 수 있다.

넷째, 고산의 시가에 형상화된 산수미와 그 언어적 표현은 이념의 표상, 자족의 공간이란 두 양상과는 확연이 다르다. 왜냐하면 고산의 시조작품들을 살펴볼 때 그 시적 표현의 기법이나 단어의 구성과 활용이 매우 문예적 입장에서 형상화되었음을 확인할 수 있기 때문이다. 따라서 고산 시가의 미적 특성을 산수유미(山水唯美)로 규정하고 그 양상을 밝혀 미의식이라는 환경이 그의 시가에서 서정(抒情)과 흥(興), 정경(情景)과 보상(補償)으로 형상화 되었음을 알 수 있었다.

다섯째, 고산 시가에서 산수는 감각기관에 의해 오감(五感)으로 감상할 수 있는 형(形)과 색(色), 선(線)에 대한 인지를 매개로 정신적 대상으로 지각(知覺)된다. 이에 비추어 볼 때 고산은 기(器)의 측면에 머물지 않고, 현상 세계를 존재하게 하는 원리(所以然者)와 보편적인 도(道)의 차원에서 산수를 인식하고 있다. 『주역(周易)』「계사전상(繫辭傳上)」 12장에서는 형상 이전의 것, 구체적으로 감지할 수 없는 형이상자를 도라 하고 형상 이후의 것, 구체적으로 감지할 수 있는 형이하자를 기(器)라고 한다."[374] 고 언급되어 있다. 이런 까닭으로 고산 시가에 유가(儒家)의 도학적(道學的) 산수미가 발현된다고 할 수 있다.

여섯째, 고산은 산수를 대상으로 자신의 이념과 서정을 노래하고, 산수를 도(道)와 기(器)의 측면에서 시가라는 예술 형식으로 형상화하였다. 이와 같은 산수에 대한 유가(儒家)의 도학적(道學的) 미의식은 「어부사시사」에서 합목적적 무위로서 산수를 인식하는 노장적 산수미를 지향하기도 하였다.

---

374) 조민환, 『중국철학과 예술정신』, 예문서원, 1993, 21~22면.

Ⅵ. 고시조에 형상화된 여성상과 그 변용

1. 서론

이 연구는 고시조에 나타난 여성상을 통시적으로 고찰하기 위한 연구의 일환으로, 고시조에 드러난 여성상의 세 가지 전형과 문학사적 함의를 여성상 변용의 문학사적 배경 속에서 살펴보고자 하였다.

조선조 문학에 형상화된 여성상의 전형들을 고찰하여 유형화하는 것은 과거 몇몇 논의에서 성과가 있었다.[375] 그러나 고시조만을 대상으로 작품에 형상화된 여성상을 시대적 변용의 문학사적 맥락 속에서 이해하고 살펴보는 연구는 미진한 부분이 있다고 판단된다.

연구의 대상은 여성을 시적 화자로 하고 있는 고시조로 한정

375) 허왕욱, 「기녀시조의 자기표현 양상 연구-18세기 가집 소재 작품을 중심으로」, 『한문어교육』 22, 한국언어문학교육학회, 2010. 김지은, 「기녀시조와 규방가사의 恨의 표출양상 비교연구-개방적 표출과 폐쇄적 표출-」, 『시조학논총』 36, 한국시조학회, 2012. 박상영, 「사설시조 속 여성 형상의 제시 양상과 그 의미」, 『시조학논총』 40, 한국시조학회, 2014.

한다. 고시조는 대부분 1인칭 화자가 사용되는 경우가 자연스럽기 때문에, 시적 화자와 작자가 동일하다는 것을 연구의 전제로 하고자 한다. 김준오의 "시적 화자는 그에 어울리는 목소리를 가지며 그에 어울리는 역할을 한다. 이 목소리와 역할은 시적 화자의 개성을 육화(肉化)한다."[376] 는 말처럼 시에서 화자를 음미하는 일은 시를 보다 명확히 이해하는 데 도움이 될 것이다.

조선조 시조에는 다양한 여성상들이 형상화되어 있고, 이는 당시의 사회·문화적 배경과 밀접한 관련을 가진다. 조선 전기 사대부가의 여성들은 여사서(女四書), 내훈(內訓), 언해본(諺解本) 등의 보급을 통한 여성교육의 확대를 통해 자아의식을 발견하여 유학적 이념을 함유하고 있으면서도 생활문학적인 측면을 강조하거나 서정성을 확대하는 방법으로 여성들만의 독특한 문학세계를 형성하였다.

조선 중기에는 기녀들이 적극적으로 시조 창작에 참가하여 성리학적 이념의 경직성을 탈피하고 애정을 노래하는 여성상을 형상화하여 시조 문학의 저변을 확대하였다. 당시의 기녀들은 고급의 유교문화를 학습하고 내면화하고 있으면서도 현실적 신분은 매우 낮다는 한계를 지니고 있었다. 기녀들은 자신들의 높은 문화수준과 현실과의 모순을 절의(節義)로 대변하여 애정시조를 지으면서 풀어내었다. 현실적 신분의 한계에도 자신에게 내면화된 유교적 이상을 실현할 방법으로 사랑하는 임에 대한 절의의식을 문학작품에서 표출하는 방법을 선택한 것이다. 따라서 기녀들의 시조에서 여성화자는 사랑을 이룰 수 없는 현실에도 임을 열렬히 사랑하고

---

[376] 김준오, 『시론』, 문장, 1984, 199면.

자신의 뜻을 굽히지 않는 절의를 지키는 여성상으로 형상화되었다.

조선 후기에 이르러서는 상업의 발달과 출판유통업의 확산을 통하여 계층 간의 벽이 허물어지고 서민계층의 작품 창작이 활발해지면서 기존의 성리학적 여성관에서 벗어난 주체적 여성상이 제시되기도 하였다. 이 시기 시조의 여성화자는 여성의식의 자각과 여성으로서의 삶에 대한 반성을 통하여 개성을 자각하고 발전적 경향으로 나아갔다.

이 연구가 그동안 개별적으로 이해되어 왔던 조선조 여성 시조의 문학세계를 보다 통시적이고 종합적으로 이해하는 단초가 될 수 있기를 기대한다.

2. 유가적(儒家的) 이념형(理念形)과 인륜세정(人倫世情)

조선조 여성이 향유하고 창작하였던 주된 시가 장르는 한시와 시조이다. 한시의 경우 작가층이 왕실과 사대부가의 여성, 기녀 등으로 다양한 데 반해 시조의 경우 기녀가 작가층의 주류를 형성한다. 그러나 조선 전기 소수지만 기녀 이외에 사대부가의 여성들도 시조를 향유하였으니, 그들의 작품을 통해 사대부가 여성들의 의식 속 여성상의 일면을 발견해 볼 수 있다. 다음 작품을 살펴보자.

며디도 됴홀샤 승령원 션반야
노디도 교홀샤 대명뎐 기슬갸
가디도 됴홀샤 부모다힛 길히야[377] (權氏)

이 시조는 이현보(李賢輔, 1467~1555)의 모친인 안동 권씨(權氏)의 작품으로 「선반가(宣飯歌)」로 불린다. 농암(聾巖)이 동부승지로 임명되어 온다는 소식을 들은 어머니 권씨가 이 시조를 여종에게 가르쳐 농암을 맞이하게 하였는데, 고관에 오른 자식을 맞이하는 권씨의 기쁜 마음이 잘 드러나 있다.

작품의 창작경위에서 농암은 "어머니가 외삼촌 문절공(文節公)의 집에서 자라 승지가 귀한 벼슬인 것을 알고 있었다"[378]고 밝히고 있다. 여기서 언급된 문절공 김담(金淡, 1416~1464)은 세종대의 인물로 집현전정자(集賢殿正字)와 이조판서까지 지낸 고관이니, 농암은 김담의 슬하에서 자란 어머니 권씨가 벼슬의 고하를 잘 알고 있으리라고 추측하는 것이다.

권씨가 세종대 고관인 김담의 슬하에서 자랐음을 고려하면, 권씨는 유가적 교양을 교육받고 이것이 내면화되어 있었다고 추정할 수 있다. 유가적 가족주의의 관점에서 남편에 대한 내조와 자식의 교육, 즉 내치(內治)는 여성의 매우 중요한 가치였다.[379] 이렇게

377| 李賢輔, 『聾巖集』, 『李朝名賢集』 3, 성균관대학교대동문화연구원, 1972, 43면.

378| 李賢輔, 『聾巖集』, 雜著卷之三.
越明年春 又以同副承旨 受由來覲 慈氏聞余行期 以諺語作歌 敎其婢兒日 待承旨之來而 歌之 歌曰 며디도 됴ᄒᆞᆯ샤 승령원 션반야 노디도 됴ᄒᆞᆯ샤 대명뎐 기슬갸 가디도 됴ᄒᆞᆯ샤 부모다 힛 길히야 蓋慈氏早孤 養于外叔文節公家 知承旨貴顯 且記其當時內間常語 至今政院官員 朝夕供餉 稱爲宣飯是已.

379| 이에 대한 자세한 설명은 이숙인의 연구에서 찾아볼 수 있다. "조선에서는 여성의 존재가 개인보다 가족이라는 단위를 통해 파악되었다. 따라서 여성에 대한 인식도 가족 및 그 이념이 구성되는 그 시대의 방식을 통해 파악할 수 있다. 가족을 통한 조선 초기의 통치 구상은 『대학』의 '修身·濟家·治國·平天下'의 원리가 조선의 현실과 접목되는 지점에서 이루어졌다. 즉 조선 초기의 지배층은 가족 구성의 출발이 되는 부부와 그 관계의 규칙들을 경전을 통해 발굴해내고, 그것으로 현재의 전망을 모색했던 것이다." (이숙인, 「조선 초기 유학의 여성인식 : 여성 범주의 제도화를 중심으로」, 『정신문화연구』 31, 한국학중앙연구원, 2008, 199면.)

볼 때, 농암의 입신양명은 권씨에게 있어 자식의 교육이라는 가치를 매우 잘 실천한 기쁨으로 다가왔을 것이다.

따라서 위 시조에서는 자식의 교육이라는 가치를 생활화하는 여성상의 일면을 볼 수 있다고 할 것이다. 조선 전기 가장 대표적인 사대부적 이념을 지향하고 실천하는 전형적인 여성상이 형상화되고 있는 것이다. 다음 작품을 살펴보자.

國家太平ᄒᆞ고 萱堂에 날이 긴 제
머리 흰 判書 아기 萬壽盃 그리ᄂᆞᆫ고
每日이 오늘 ᄀᆞᆺᄐᆞ면 셩이 무슴 가싀리
아마도 一髮秋毫도 聖恩인가 ᄒᆞ노라[380]　(貞夫人 權氏)

위 시조는 노진(盧禛, 1518~1578)의 모친인 정부인(貞夫人) 권씨(權氏, 1490~1575)가 지은 것으로, 권씨의 수연(壽宴)에서 아들인 노진이 장수를 기원하는 시조를 짓자 답가로 불러준 작품이다.

초장에서 화자는 국가의 태평을 노래하면서 훤당(萱堂)에 날이 길다고 말하고 있다. 훤당은 부모님이 계신 곳을 말하고 날이 길다는 것은 장수(長壽)를 의미하니, 자식의 덕으로 부모인 자신이 장수함을 기뻐하고 있는 것이다. 중장에서 머리 흰 판서를 아기라고 하고 있는데 이것은 곧 노래지희(老萊之戲)[381]를 말한다. 종장에서는 한 가닥 흰 머리도 모두 임금의 은혜라고 말하고 있으니 충과 효가 어우러진 유가적 가치를 함유하고 있다.

380| 김흥규 외 편저, 『古時調大全』, 고려대민족문화연구원, 2012, 0429.1, 86면.

381| 초(楚)나라의 현인인 노래자(老萊子)가 나이 칠십에 어린애의 옷을 입고 어린애 같은 장난을 하여 부모를 즐겁게 하였다는 고사에서 온 말. (李相殷 監修, 『漢韓大字典』, 民衆書林, 1992, 1001면.)

이 작품의 창작 배경과 맥락상 위 시조가 자전적임을 감안하여 창작자와 화자를 동일시해 볼 때, 작품에서 형상화되고 있는 화자는 효(孝)와 충의(忠義)라는 유가적 가치를 함유하고 있는 여성이다. 따라서 조선 전기 여성시조에서 유가적 이념을 가진 여성상이 드러나게 되는 것이다.

이 시조는 앞서 살펴 본 「선반가(宣飯歌)」보다 후대의 작품이니, 16세기 중반 사림적인 가치가 심화되고 있는 사회적 환경의 맥락에서도 살펴볼 수 있다. 따라서 이 작품은 후대의 조선조 여성문학의 큰 흐름을 형성하는 선구적 작품이며 조선전기 사대부 여성상의 전형을 보여주고 있는 시조로 평가할 수가 있다.

이상과 같은 시조는 사대부 계층에 속하는 여성들의 작품에서 발견되는 주류적 경향이다. 조선 전기 사대부가(士大夫家) 여인들의 시조 작품은, 사상적 배경은 유학이며 사회적 배경은 관리 중심의 지배계층이었다. 사대부적 이념과 가치를 지향하는 여성상은 후대에 한시에서도 전통이 이어지고 있는데, 다음 시를 보면 그 여성상의 변용을 알 수가 있다.

次季兒寄示韻
너를 그리다 도리어 잠을 이루지 못해
파란 등불은 긴 밤 내내 타고 있구나
배회하며 북극성 바라보다가
애달프게 남녘 구름 바라보누나
들녘 가게에 닭울음소리 요란하니
관아에선 새벽인사 나누겠지
은근히 몇 자 적어 보내니
힘써 우리 임금께 보답하여라

戀爾還無寐 靑燈永夜焚
徘徊瞻北極 怊悵望南雲
野店鷄聲亂 官樓角語分
慇懃書數紙 努力報吾君[382]　　(徐令壽閤)

이 시는 강원도 관찰사와 이조참판을 지낸 서영수(徐瀅修, 1755~1778)의 딸인 서영수합(徐令壽閤, 1753~1823)이 지은 한시이다.

영수합은 자녀교육에 매우 엄격하여 삼남 연천이 4, 5세가 되면서 한 가지라도 순종하지 않으면 엄격하게 꾸짖어 아들이 크게 울며 다시는 그렇게 하지 않겠다는 맹세를 한 후에야 그쳤다. 그리고 집안일을 마친 뒤에는 밤중에라도 차남 석주를 슬하에 두고 독서한 것을 살피고 또 전에 배운 것을 암송하게 하여 책 한 권을 다 해야 그쳤으며, 침상에서도 고인의 격언과 아름다운 행실을 들어 가르치고 혹은 구두로 경전과 시문을 주야로 가르쳤다고 한다.[383]

위 시는 영수합의 삼남이 보내온 시에 그녀가 차운한 것인데, 화자가 아들을 그리다 잠을 이루지 못하며 슬퍼하는 모습에서 자식에 대한 진한 사랑을 느낄 수 있다. 또한 들녘 가게에 닭울음소리 요란한 모습에서 아들의 충실한 관직생활을 생각하며 임금께 은혜를 보답할 것을 당부하고 있다. 사대부가의 여인이었던 영수합은 자식에 대한 교육과 임금에 대한 충절의 가치를 몸소 실천하며 아들을 훈계하고 있는 것이다. 이처럼 위의 시에서는 모자간 인륜도덕(人倫道德)의 지극함과 세상 인정이 매우 잘 표현되어 있으

[382] 김지용, 『한국역대 여류한시문선』 (상), 명문당, 2005, 398면.
[383] 조연숙, 『한국고전여성시사』, 국학자료원, 2011, 184면.

니, 유교적 이념이 생활 속에 실천되며 잘 스며들어 있다는 것을 알 수 있다.

조선 초기의 유학은 경세학(經世學) 중심이었으나, 성종조(成宗朝)에 이르러 사림계층(士林階層)의 등장으로 인해 수양으로서의 학문연구로 그 경향이 전환되었다. 동시에 유교적 사회질서가 강화되고 내훈(內訓)이나 여사서(女四書)를 통한 여성교육도 널리 확산되면서 유학이 정치이념이자 사회제도적 질서의 규범으로서 조선조 사회의 근간으로 확립되었다.

이후 사림이 조선사회의 주류로 자리잡으면서 수양으로서의 학문적 경향이 더욱 강조되었다. 연산조(燕山朝) 이후 수많은 사화를 겪으면서 사림의 유학적 이념은 더욱 강화되고 사림계층 또한 사회 지배층으로서의 지위가 매우 굳건해졌다. 또한 이런 경향으로 사대부들에게 가문의식이 강화되면서 상호 간 혼인이나 학맥 등을 통하여 사회적 영향력을 확대해 나갔다. 이에 사대부 가문 여성들의 지위 또한 지배계층으로서의 신분이 굳건해졌다.

이들이 조선 중기에 이르러 내방가사 장르의 주 담당층이며 향유층으로서 여성문학의 큰 흐름을 주도하였으니, 앞에서 논한 이현보의 모친 권씨와 노진의 모친 권씨의 시조에서 찾아볼 수 있는 유교적 이념과 인륜(人倫)의 세정(世情)이 더욱 확산되어 유가적 이념의 전형적 여성상으로 그 문학사적 위상을 점하게 된 것이다. 다음의 시조를 통해 그것을 확인해 볼 수 있다.

가마귀 모힌 곳에 골에 白鷺ㅣ야 가지 말아
셩낸 가마귀 흰빗츨 ᄉᆡ오ᄂᆞ니
흰 짓치 검은 피 므드면 同色 될가 ᄒᆞ노라[384]

위 시조는 정몽주(鄭夢周, 1337~1392) 모친인 이씨(李氏)의 「백로가(白鷺歌)」로, 아들인 정몽주가 이방원이 개최한 연회에 가게 되자 이씨가 이 시조를 지었다고 전해진다. 정몽주의 어머니는 이씨는 고려 말 선관서승(膳官署丞)을 지낸 이약(李約)[385]의 딸로 고려 왕조의 명문가 출신이었다. 이씨에게 있어 역성혁명을 준비하며 정몽주와 대립하던 이방원 일파는 임금에 대한 충절을 저버린 존재였을 것이다. 따라서 초장의 가마귀는 충절을 저버린 간신을, 백로는 뜻을 굽히지 않는 충신을 상징한다고 해석할 수 있다. 이렇게 볼 때 백로는 선의 가치이고 가마귀는 불의의 가치이니, 중장과 종장에서 백로의 흰 빛을 가마귀가 물들일까 걱정하는 것은 아들인 정몽주의 선의 가치가 간신 이방원에게 더럽혀질 것을 염려하며 올바르게 처신할 것을 훈계하고 있는 것이다.

그런데 이 시조는 18세기 가집인 『진본청구영언(珍本青丘永言)』과 『일석본해동가요(一石本海東歌謠)』 등에는 무명씨로 표기되었다가 19세기 중반에 편찬된 『가곡원류(歌曲源流)』계 가집에서 정몽주 모친 이씨가 지었다고 표기되었다. 이런 점으로 「백로가」의 작자가 정몽주의 모친이 아니라는 이견이 있다.[386]

이런 점을 감안하여 볼 때 이 시조의 창작 시기가 명확하지 않으며 작자 또한 불분명하다는 사실을 유추해 볼 수가 있다. 그럼에

384| 김흥규 외 편저, 앞의 책, 2012, 0619.1, 131면.

385| 영천 이씨(永川李氏)는 알평공계(謁平公系) 이씨에서 분종된 것으로 전해오고 있으나 문헌상 기록을 찾지 못하여, 고려 초기에 평장사(平章事)를 지내고 고울군(高鬱君)[영천의 옛 이름]에 봉해진 이문한을 시조로 하여 10개 파로 나누어 세계(世系)를 이어오고 있다. 이약(李約)은 서승공파(署丞公派)의 파조(派祖)며 고려 때 선관서승(膳官署丞)을 지냈다. (영천이씨종친회, 『영천이씨족보』, 2003.)

386| 조연숙, 앞의 책, 2011, 37면.

도 불구하고 18~19세기까지 이 시조가 유전되고 있었다는 점은 그 내용에 대하여 공감하는 독자층이 상존하였다는 사실을 방증하는 것이다. 따라서 유교적 이념형의 여성상은 조선조 전체를 통하여 전통적 여성상의 전형으로 시대와 세대를 초월하여 넓은 공감대를 형성하였다고 할 것이다.

3. 탐미적(耽美的) 연정형(戀情形)과 신분(身分)의 초월(超越)

조선 전기 시조의 장르 주 담당층은 사대부였으나, 조선 중기로 접어들면서 기녀가 작가층에 참여함으로써 애정의 문제가 시조의 주요 소재 중 하나로 등장하였다.

기녀시조는 사대부들과 어울려 사랑을 나누다가 헤어지게 되면서 그 정한을 담은 작품들이 대다수이다.[387] 기녀들이 애정 문제, 특히 이별의 정한을 노래하게 된 것은 그들이 처한 사회·문화적인 환경에 기인한다.

기녀는 가무(歌舞)에 재주(伎)가 있다고 하여 이름을 기생이라 한 데서 비롯되었는데, 기생을 여악(女樂)이라고 하니 조선도 고려의 제도를 이어받아 여악을 위해 기생을 두어 내연(內宴)에 썼다.[388] 기녀들은 사회적 신분은 천하였으나 여악을 하는 과정에서 자연스럽게 지식계층과 교류할 수 있는 환경이 제공되었다. 이와

387| 김지은, 앞의 논문, 2012, 76면.
388| 李能和, 『朝鮮解語花史』, 동문선, 1992, 82면.

같은 환경적 요인은 기녀들이 자연스럽게 유학적 소양을 넓히고 문학을 향유할 수 있는 여건을 만들어 주었다.

그 예로 주세붕(周世鵬, 1495~1554)이 복주(福州, 지금의 安東)의 기생 탁문아(卓文兒)에게 「대학지도(大學之道)」를 외우게 하였던 것이나[389] 성종(成宗, 1469~1494)의 총애를 받은 기생 소춘풍(笑春風)이 궁중의 연회에서 시조 세 수를 지은 일화,[390] 그리고 함흥(咸興) 기생이 「출사표(出師表)」를 외운 사실[391] 등을 들 수가 있다.

대학지도는 곧 "大學之道는 在明明德하고 在親民하며 在止於至善이니라"를 의미한다. 『대학(大學)』은 사서(四書) 중에 하나로 사대부들의 필독서이며 학문의 목적과 효용을 언급한 유교적 이념의 기반을 형성하는 책이다. 따라서 대학지도를 외울 수 있다는 것은 그만큼 유학적 소양이 뛰어나다는 것을 방증하는 요소이다. 특히 안동은 유학의 고장이며 주세붕 또한 풍기군수(豐基郡守) 시절 백운동 서원을 세워 유학의 교육을 체계적으로 실행하였던 관리였다. 이런 사정을 생각할 때 주세붕의 앞에서 대학지도를 외울 수 있는 기녀의 유학적 소양은 그 수준을 가늠케 한다.

또한 출사표는 천하의 명문이자 제갈량의 충의정신(忠義精神)이 함축된 것으로 오늘날까지 그 정신이 받들어지고 존숭 받는 대문장이다. 따라서 기녀가 이러한 문장을 외우고 노래 부를 수 있다는 것은 그 유학적 소양과 이념의 공감이 여하한가를 짐작하게 한

389| 周世鵬, 『武陵雜稿』, 卷之七〇原集 雜著.
有福妓卓文兒者 與余同乙生 貨得一樽抱來日 今夜 老子似發高興 老妓興復不淺 遂開 酌大醉 遹日若不誦大學.

390| 조연숙, 앞의 책, 2011. 139~141면.

391| 李能和, 위의 책, 동문선, 1992, 314면.

다. 그래서 기녀들은 사대부와의 사랑에 있어서도 사랑의 불변성[392]을 절의로 표현하는 경우가 허다하였으며 이런 기녀들의 태도에 신분을 초월하는 찬사와 격려가 있었음을 분명히 알 수가 있다. 다음 시조에서는 사대부와 기생의 사랑을 찾아볼 수가 있다.

> 북천이 뭙다커늘 우장 업시 길을 나니
> 산에는 눈이 오고 들에는 춘비로다
> 오늘은 춘비 마자시니 어러 잘가 ᄒᆞ노라[393] (林悌)

> 어이 얼어 자리 므스 일노 얼어 자리
> 鴛鴦枕 翡翠衾을 어드 두고 얼어 자리
> 오늘은 춘비 마자시니 더옥 덥게 자리라[394] (寒雨)

위 시조 두 수는 각각 임제(林悌, 1549~1587)와 기생 한우(寒雨)가 지어 주고받은 것이다. 임제는 '한우(寒雨)'라는 한문 이름을 우리말인 '춘비'로 전환하여 소재로 삼고, 한우에 대한 사랑을 눈과 대비하여 형상화하였다. 매우 재치 있고 시적 표현의 기교가 세밀하다고 할 것이다. 이에 대답하는 한우 또한 그에 못지않은 재능과 시적 암시로 서로의 사랑을 교환하고 애정을 확인하고 있다. 따라서 임제와 한우의 시조를 통한 사랑의 화답과 고백은 예술적 형식을 통해 우아하고 재치 있게 형상화되었다.

---

392) 이화형은 그의 연구에서 사대부와 기생의 문학세계를 비교하면서 그 공통점으로 '불변적 가치지향'을 제시하기도 하였다. (이화형, 「사대부와 기생의 문학세계 비교-윤선도와 황진이의 시조를 통한」, 『우리문학연구』 39, 우리문학회, 2013, 187~193면.)

393) 김흥규 외 편저, 앞의 책, 2012, 2135.1, 460면.

394) 김흥규 외 편저, 위의 책, 2012, 3235.1, 683면.

그러나 기녀들은 천한 사회적 신분을 지니고 있었다.[395] 높은 수준의 문화적 교양을 내면화하고 있으면서도, 신분적 위치는 매우 낮은 현실에 있었던 기녀들의 상황은 개인적으로는 고통이요, 사회적으로는 모순되는 계층적 신분질서였다.

기녀들의 사랑은 자신의 주관에 의하여 선택되는 것이 아니라 사대부의 마음과 사회적 상황에 의해 결정되는 것이 현실이었다. 기녀들은 이와 같은 내면화된 높은 문화적 소양과 신분적 현실과의 괴리에서 오는 감정을 문학을 통해 표출하였다. 다음 시조에서도 그 예를 살펴볼 수가 있다.

묏버들 갈히 것거 보내노라 님의손듸
자시는 窓밧긔 심거 두고 보쇼셔
밤비예 새닙곳 나거든 날인가도 너기쇼셔[396] (紅娘)

위 시는 홍원(洪原)의 기녀 홍랑(紅娘)의 작품으로 삼당시인(三唐時人)으로도 유명한 최경창(崔慶昌, 1539~1583)과의 사이에서 창작된 시조이다. 홍랑과 애정관계에 있던 최경창이 부임지를 떠나 한양으로 돌아가게 되자 홍랑이 최경창을 배웅하고 돌아오는 길에 이 시조를 지어 보냈다고 한다. 그 이후 최경창이 병이 깊다는 소식을 듣고 홍랑은 말을 타고 하룻밤 사이에 함흥에서 달려와 최

395| 기녀는 천자종모법(賤者從母法)에 따라 그 소생도 기생을 모면하지 못했다. 기생이 되는 것은 사천(私賤)으로서 공천(公賤)에 매이거나, 부모가 기가(妓家)에 팔아 기적에 올리는 경우도 있다. 일단 기적에 오르면 속량되지 않는 한 천형(賤形)을 거역하지 못하고 운명을 감수해야 한다. (李石來, 『李朝의 女人象』, 을유문화사, 1973, 126면.)

396| 김흥규 외 편저, 앞의 책, 2012, 1672.1, 360면.

경창을 위로하고 돌아갔다. 이 일로 최경창은 조정으로부터 벼슬이 강등되었다. 그 후 최경창이 죽자 홍랑은 기적을 버리고 숨어 살며 최경창과의 사랑과 추억을 간직하며 평생 절의를 지켰으니, 그 사랑의 깊음과 애정의 슬픔이 컸다는 것을 알 수 있다.

당시 사회제도에서 이 둘의 사랑은 결코 지속되거나 발전적 관계를 유지할 수 없는 모순적 상황에 처해있었다. 그럼에도 불구하고 위 시조 속 화자는 사랑하는 임이 자신을 버리고 떠나가는 상황에서도 오히려 "묏버들 가지를 꺾어 임이 주무시는 창 밖에 심어 두고 보기"를 바라고 있다. 그러면서 밤비에 창 밖에 심은 버들가지에 새 잎이 나면 화자 자신으로 여기고 그리워해주길 염원한다. 따라서 이것은 그 사랑의 불변성에 대한 믿음과 애정의 탐닉에 몰입하는 여성의 서정적 탐미의 전형성을 제시한다고 할 것이다.

다시 말해, 중장에서 화자는 묏버들을 방 안이 아닌 창 밖에 두고 보라고 하고 있다. 기녀의 신분으로서 사대부인 임을 잡을 수도, 창 안으로 들어가 함께 할 수도 없는 현실적 비애를 나타내고 있는 것이다. 그러나 종장을 보면 화자는 자신의 사랑을 포기한 것이 아니다. 화자는 버들가지와 자신을 동일시하며 버들가지에서 새 잎이 나듯이 자신의 사랑도 새롭게 피어나길 소망한다. 임과 서로 사랑하면서도 그 사랑을 이루지 못하는, 신분적 한계에 의한 이상과 현실과의 괴리에서 오는 비극적 서정을 화자는 어떠한 상황에서도 임에 대한 사랑을 거두지 않는 절의 정신을 지닌 여성상을 형상화함으로써 표출하고 있는 것이다.

최경창 또한 그 사랑의 숭고함에 공감하여 이 작품을 한역[397]

---

397) 崔慶昌,『孤竹遺稿』, 七言古詩.
折楊柳寄與千里人 爲我試向庭前種 須知一夜新生葉 憔悴愁眉是妾身.

하여 전하게 하였으니, 홍랑의 사랑은 어떤 면에서 사대부의 절의보다도 더 현실적 한계를 뛰어넘는 인간의 간절함과 애정의 순수함을 보여준다.

기녀들의 이와 같은 절의 정신은 사대부가(士大夫家) 여성들의 정절과는 그 의미가 다르다. 이화형의 "기생들의 정절은 '一夫從事'의 의미보다는 '신의' 곧 의리의 개념으로 대체할 필요가 있다"[398]는 언급은 기녀들의 절의정신이 유가적 이념을 배경으로 한 변용임을 함의하는 중요한 지적이다.

15세기 중후반까지의 도학이 경세실천(經世實踐), 즉 위인지학(爲人之學)의 성격이 강했다면 15세기 말 이후 도학은 절의실천 내지 자기 내면을 닦는 위기지학(爲己之學)의 성격을 띠었다.[399] 당시는 정몽주, 사육신, 김종직으로 이어지는 절의파의 도통(道通)이 사림파로 계승되는 상황이었다.

홍랑이 최경창과 동시대를 살았음을 고려할 때, 당시 조선의 성리학적 가치관은 홍랑의 시조에도 영향을 미쳤을 것이다. 홍랑의 시조에서 나타나는 화자의 임에 대한 불변의 사랑과 절의정신은 이와 같은 절의파(節義派)의 도통(道統)이라는 사회적 맥락을 그 기반으로 하고 있다는 것을 암시한다고도 할 수 있는 것이다.

따라서 탐미적 연정(耽美的 戀情)은 앞에서 언급한 유교적 이념인 윤리세정(倫理世情)의 변용이요, 기녀라고 하는 특수계층의 신분을 초월한 사랑의 감정에서 나오는 비극적 서정이라고 할 것이다.

---

398) 이화형, 「기생의 정체성 확보와 주체적 태도-섹슈얼리티와 젠더를 중심으로」, 『우리문학연구』 60, 우리문학회, 2018, 136면.

399) 심예인, 「여말선초 道學의 성격과 道統論」, 『조선시대사학보』 85, 조선시대사학회, 2018, 21면.

4. 여성의식(女性意識) 자각형(自覺形)과 근대성(近代性) 발현(發現)

조선 후기에 들어와 기녀들의 애정관과 절의로 표현되는 사랑의 불변성에 대한 의식이 변화를 가져오게 된다. 그 예를 문향(文香)에게서 찾아 볼 수가 있으니, 이들의 사랑은 한 사람에 대한 절의와 불변을 노래하는 것이 아니라 현실적 상황에 따라 변하는 선택적 사랑으로 인식되기도 하였다.

선조 37년(1604) 5월에 송포(松浦) 정곡(鄭穀)이 중국에 사신으로 갔다가 돌아오는 길에 성천(成川)에 머물면서 그곳 기녀 문향(文香)과 친했다는 기록이 있는 것으로 보아, 문향은 대략 선조 때 성천에서 기녀생활을 한 것으로 추정된다.[400] 문향은 자신의 사랑에 대해 다음과 같이 노래하였다.

> 오냐 말 아니ᄡᅡ나 실커니 아니 말랴
> 하늘아래 너ᄲᅮᆫ이면 아마 내야 ᄒᆞ려니와
> 하늘이 다 삼겻스니 날 괼 인들 업스랴[401]　　(文香)

시의 화자는 상대가 '오냐'라고 말하지 않아도 (자신도) 싫으니 말라고 말하며 상대에 대한 거부의 태도를 보인다. 또한 만약 하늘 아래 상대방뿐이면 '나다'라며 말하겠지만, 하늘이 (많은 사람을) 다 태어나게 했으니 (당신 말고도) 나를 사랑해 줄 사람이 없겠느냐고 반문하고 있다.

---

400 조연숙, 앞의 책, 2011, 248면.
401 김흥규 외 편저, 앞의 책, 2012, 3381.1, 714면.

초장은 상대방이 설령 자신을 좋아하지 않더라도 자신도 상대가 싫으니 상관하지 않겠다는 의미이다. 시의 화자는 신분이 낮은 기녀임에도 자신이 사랑하는 상대를 선택하고 거부할 수 있는 대등한 위치의 존재로 인식하는 태도를 보임으로써 자신의 능동적 존재 의미를 자각하는 모습을 보여주고 있는 것이다.

다른 예로 계섬(桂蟾, 1736~1797 이후)의 시조를 들 수 있는데, 계섬은 경사(京師)의 이름난 기녀로 16세에 주인집 구사(丘史)에게 창(唱)을 배워 자못 이름이 났다. 계섬은 만년에 당시 가객인 이세춘(李世春)과 금객(琴客)인 김철석(金哲石), 기녀인 추월(秋月)·매월(梅月) 등과 함께 활동하면서 시조를 지었는데[402] 그 작품은 다음과 같다.

> 靑春은 언제 가면 白髮은 언제 온고
> 오고 가는 길을 아던들 막을낫다
> 알고도 못 막을 길히니 그를 슬허ᄒᆞ노라[403]　　(桂蟾)

초장에서 화자는 청춘이 가는 것과 백발이 오는 것을 모르겠다 말하며 세월유수 인생무상의 심정을 말하고 있다. 중장에서는 청춘이 오고 세월이 가는 것을 알았다고 하더라고 막지 못했을 것이라고 한다. 종장에서는 그것을 알면서도 못 막는 것이 더욱 슬프다고 하며 쓸쓸한 서정을 노래한다.

곧 늙음을 탄식하며 인생과 세월의 무상함을 읊은 탄로가로 그녀의 인생역정을 되돌아보는 작품이다. 쓸쓸한 서정과 늙은 기

---

402 조연숙, 앞의 책, 2011, 254면.

403 김흥규 외 편저, 앞의 책, 2012, 4830.1, 1053면.

녀의 고독함이 외로운 서정으로 깊어졌다고 할 것이다. 곧 기녀로서의 자신을 자각하고 현실적 상황을 수용하는 삶의 자세를 알 수가 있다. 그래서 개성적 연정의 서정적 탐미와 분명한 차이를 느낄 수 있으니 조선조 후기의 사회적 상황과 더불어 변화하는 여성상의 변용이라고 할 것이다.

이런 변용은 사설시조에 이르러 크게 전환되니 인간으로서 여성 본연의 본성과 현실에서 느끼는 세태의 변화를 솔직하고 직설적으로 표현하고 있다. 다음 작품을 살펴보자.

> 월무족이 보천이오 풍무수이 요수로다 동정에 걸린 달은 동정을 응하야 월락함지하야 서산에 지고 손 업슨 모진 광풍은 만수장림을 뒤흔드는데 우리 연연하고 살뜰하고 야속한 임은 세류가치 가느른 섬섬옥수가 잇것마는 주소로 이내 편신을 어루만질 줄 왜 모르노 임으로 하야 지는 눈물이 대동강 웃턱의 백운탄이 되리로다.
>
> 임이 가실 적에는 이내 오시마 하더니 무삼 약수가 막혓는지 소식조차 돈절이로구나 춘수는 만사탁하니 물이 만하 못 오시드냐 하운이 다기봉하니 봉이 노파 못 오시드냐 봉이 놉거든 쉬어 넘고 물이 깊거든 일엽선 타고 오려므나 주야장천 임의 생각 그려 못살겟네[404]

위 작품은 조선후기 작자미상의 사설시조이다. 발 없는 달은 천리를 걷고, 손 없는 바람은 나무를 움직이며, 동정호에 걸린 달은 동정을 응하다가 함지로 떨어져서 서산에 진다. 손이 없는 모진 광

---

404) 박영균 편저, 『정정증보신구잡가』, 동명서관, 1915, 335면.

풍은 숲을 흔드는데 야속한 임은 시내 같이 가는 예쁜 손이 있지만 이 내 몸을 어루만질 줄도 모르니 슬프기만 하다.

임이 가실 때는 곧 오신다 하시더니 소식조차 끊기고, 물이 많아 못 오시나 산이 높아 못 오시나 봉이 높으면 쉬어서 넘고 물이 깊으면 일엽선 타고 오시라 하며 임의 생각에 그리워 답답해하는 절절한 심정이 느껴진다.

위 시조에서는 "임의 생각 그려 못살겟네"라고 직설적이며 대담하게 자신의 감정을 고백적으로 표현하였으니, 그 행동의 적극성과 대담함을 충분히 알 수가 있다.

이런 여성의 현실 인식과 행동의 적극성은 남녀관계나 가족 간의 인간관계 혹은 경제문제에 있어서도 새로운 변화를 시도하며 기존의 구습을 벗어나고자 하였다. 다음 시조에서 잘 나타난다.

> 싀어마님 며ᄂᆞ리 낫바 벽바닥을 구로지마오
> 빗에바든 며ᄂᆞ린가 갑세쳐온 며ᄂᆞ린가 밤나모 셕은등걸
> 휘초리나니 ᄀᆞᆺ치 앙살픠신 싀아바님 볏뵌쇳ᄯᅩᆼᄀᆞᆺ치
> 되종고신 싀어마님 三年겨론망태에 ᄉᆡ승곳부리ᄀᆞᆺ치
> 샛쪽ᄒᆞ신싀누이님 唐피가론밧틔 돌피나니ᄀᆞᆺ치
> ᄉᆡ노란 외곳ᄀᆞᆺ튼 피ᄯᅩᆼ누ᄂᆞᆫ 아ᄃᆞᆯ ᄒᆞ나두고
> 건밧틔 메곳ᄀᆞᆺ튼 며ᄂᆞ리를 어듸를 낫바ᄒᆞ시ᄂᆞᆫ고[405]

위 시조를 살펴보면 며느리가 보는 남편과 시댁식구들에 대한 인식이 매우 냉소적이며, 비판을 넘어 비난의 성격을 띠고 있음을 느낄 수 있다. 특히 자신의 남편을 "ᄉᆡ노란 외곳ᄀᆞᆺ튼 피ᄯᅩᆼ누ᄂᆞᆫ 아ᄃ

---

405) 沈載完, 『古時調天首選』, 螢雪出版社, 1969, 194면.

는"이라고 표현한 것을 보면, 시의 화자는 전통적 남존여비의 관념이 부재할 뿐만이 아니라 수직적 관계에서 오히려 남편을 얕잡아 보고 있다는 것을 알 수가 있다. 이는 조선조 사회의 윤리와 가족관계, 사회질서에 비추어 매우 비판적인 현실인식이며 새로운 인간관계의 변화를 암시하는 것이다.

따라서 위에서 살펴 본 문향의 사랑을 통한 남녀관계와 위 사설시조에 나타난 가족관계는 분명히 새로운 질서를 향한 현실거부이며 반항적 적극성을 찾아볼 수가 있다.

이런 현상은 조선 후기 사회의 정치·경제적 상황과 학문의 변화에 기인하는 것이라고 할 수가 있다. 우선 정치는 임진왜란과 병자호란 이후 유교적 윤리질서가 전쟁이라는 참혹한 현실을 극복하지 못하는 한계를 드러내었으며, 경제적 궁핍과 기아·질병 등 현실적 고통의 문제를 야기하였다. 따라서 기존의 수양론적(修養論的) 유학은 실학(實學)이라는 새로운 경향으로 반성적 비판을 거듭하며 현실인식의 새로운 해석을 시도하였다.

경제 또한 18세기 이후 상업의 발달로 말미암아 19세기에 이르러서는 시장경제가 활성화되며 서민계층이 역사의 무대에 전면으로 등장하기 시작하였다. 이에 출판·유통에도 큰 변화가 있었으니 방각본의 등장과 세책가의 출현이라 할 것이다. 다음의 글을 살펴보면 상업의 발달에 따른 출판유통의 변화를 잘 알 수 있다.

> 방각본 소설이란 사본으로 내려오던 고소설을 19세기 중엽 이후, 서울 전주 안성 등지에서 판매를 목적으로 판각 인출한 것을 말한다. 방이란 현재의 동과 같은 것으로 방에서 상인들에 의해 판매를 목적으로 각판하였다 하여 방각본이라고 한다. (중략) 17세기 초에

조정에서는 대동법과 균역법을 실시하고 국가의 경비가 요공의 형태에서 구매의 형태로 바뀌고 관용수공업은 임용사공으로 변질되었으며 교환경제의 발달에 따라 시장이 발달되었다. 이런 교환경제의 장으로서 시장이 발달됨에 상품유통을 매개하는 보부상·객주·여각 기타 잡상이 성장하게 되었다.[406]

이상을 살펴볼 때 조선 후기는 전기와 달리 경제적 인식과 사회질서 그리고 유교적 이념에 대한 비판적 반성이 새로운 변화를 이끌어 나갔다고 할 것이다. 따라서 남녀의 애정과 가족관계 혹은 사회계층적 질서에 있어 새로운 변화를 시도해 나갔다. 이와 병행하여 여성의 삶에도 직접적 변화가 일어났으니, 계급적 신분질서를 뛰어넘어 자신의 본성에 충실하고 현실적 상황을 수용하며 새로운 남녀관계를 시도하였다고 할 것이다.

따라서 2장과 3장에서 논의된 여성상은 조선 후기에 이르러 현실인식을 통한 본성의 발휘와 인간관계의 변혁이라는 시대적 요구에 충실한 여성상의 변용을 초래하였으니 곧 이것이 근대성의 발현이다. 여기에 그 시초와 시발을 찾아볼 수가 있으니, 여성의식 자각에 의한 근대성 발현이란 여성상의 변용이라 할 것이다.

5. 결론

이 연구는 고시조에 나타난 여성상의 전형을 세 가지로 특징지어 고찰하였다. 이를 바탕으로 고시조에 형상화된 여성상의 문

406) 류탁일, 『한국문헌학연구』, 아세아문화사, 1990, 245~246면.

학사적 함의를 시대적 변용의 맥락 속에서 살펴보았으니, 그 결과를 정리하면 다음과 같다.

첫째, 유가적 이념을 실천하는 여성상과 인륜세정의 확산이다. 이현보의 어머니 권씨의 시조에서는 자식의 교육이라는 가치를 생활화하는 여성상의 일면을 볼 수 있었고, 노진의 어머니 정부인 권씨의 시조에서는 효와 충의라는 유가적 가치를 함유하고 있는 여성상을 발견할 수 있었다.

둘째, 사대부적 이념의 실천이라는 여성상의 계승이다. 사대부적 이념과 가치를 지향하는 여성상은 후대에 한시와 18세기 가집에서도 그 전통이 이어지고 있었다. 조선 전기 가장 대표적인 사대부적 이념을 지향하고 실천하는 전형적인 여성상이 후대에도 형상화되고 있는 것은, 조선조 전체를 통하여 전통적 여성상의 전형으로 시대와 세대를 초월하여 넓은 공감대를 형성하였기 때문이라고 볼 수 있다.

셋째, 절의로 대표되는 연정과 사랑의 불변성을 노래하는 서정의 탐미이다. 기녀들이 사대부와의 사랑에 있어서 사랑의 불변성을 절의로 표현하는 경우가 많았으며, 이런 기녀들의 태도에 신분을 초월하는 찬사와 격려가 있었음을 홍랑과 최경창의 시조에서 찾아보았다. 또한 이 개성적 연정은 유교적 이념의 윤리세정(倫理世情)의 변용이요, 기녀라고 하는 특수계층의 또 다른 서정적 탐미라고 할 것이다.

넷째, 기녀시조의 절의정신은 절의파의 도통이라는 조선조 유학의 맥락에서 살펴볼 수 있다. 조선조 기녀와 지식계층의 교류 양상을 살펴보았을 때, 조선의 성리학적 가치관은 기녀 시조에 큰 영향을 미쳤을 것이다. 곧 임에 대한 불변의 사랑과 절의정신은 이와 같은 절의파의 도통이라는 사회적 맥락을 그 기반으로 하고 있다는 것을 암시한다고도 할 수 있는 것이다.

다섯째, 조선 후기 기녀들의 자유로운 애정관과 사랑의 불변성에 대한 의식의 변화이다. 그 예를 문향에게서 찾아 볼 수가 있으니, 문향의 사랑은 한 사람에 대한 절의와 불변을 노래하는 것이 아니라 현실적 상황에 따라 변하는 선택적 사랑으로 인식되었다.

여섯째, 능동적 존재 의미를 자각하는 근대적 현실인식이다. 조선 후기 기녀시조에서 화자는 신분이 낮음에도 자신이 사랑하는 상대를 선택하고 거부할 수 있는 대등한 위치의 존재로 인식하는 태도를 보임으로써, 자신의 존재 의미를 자각하는 적극적 모습을 보여준다. 또한 사설시조에서는 남녀의 애정과 가족관계 혹은 사회계층적 질서에 있어 새로운 변화를 시도해 나가는 모습도 볼 수 있었다. 이와 병행하여 여성의 삶에도 직접적 변화가 일어났으니, 현실인식을 통한 본성의 발휘와 인간관계의 변혁이라는 시대적 요구에 충실한 여성상의 변용을 초래하였다.

Ⅶ. 기녀시조에 형상화된 절의와 언어적 인식

1. 서론

인간은 언어로 사고할 뿐만 아니라 언어를 매개로 하여 의미를 전달하고 감정을 표현한다. 달리 말하면 인간은 주변 환경과의 상호 교융을 통해 의미를 언어 속에 저장하고, 타인에게 전달하며 순간순간 느끼는 감정을 여러 언어형식으로 표현하곤 한다. 곧 환경과 그 환경을 구성하는 자연물이나 사람과의 관계 속에서 어떤 의미망을 형성하고 언어 속에 개념이나 관념으로 저장하게 된다.

따라서 언어란 언어가 의미하고자 하는 대상 혹은 존재의 대치에 지나지 않고 이러한 대치를 통해서만 존재는 의미로 변화한다. 즉 의미화는 구체적인 사물이나 관념이 기호, 넓은 의미로서의 언어로 대체될 때 발생하는 과정을 가리키는 것이다. 이러한 과정을 거침으로써만 사물이나 사태 혹은 관념은 의미를 갖게 된다.[407] 우리가 어떤 의미를 타인에게 전달하고자 할 때는 타인과 소통이

407 박이문, 『시와 과학』, 일조각, 1990, 11면.

가능하고, 더불어 공유하는 언어를 매개로 할 때만이 가능하다. 이때의 언어는 어떤 국가나 민족의 언어를 의미하는 것이 아니라 인간이 사용하는 보편적 매개체로서의 언어이며, 이때 형성된 의미는 언어와 인간 사고를 통한 의미전달과의 상호작용 관계에 주목한다. 그런데 특정인의 사고에 의해 대상으로부터 발견되거나 형성된 의미는 그 형성 배경에 의하여 다양성을 내포하게 된다. 특히 그를 둘러싼 문화적 배경에 의하여 생성된 문학작품에서의 의미는 단순히 대상의 존재적 의미가 아니라 오히려 의미존재로서 문예적 가치를 혹은 이념을 표상한다.

이상의 관점을 시조장르 특히 기녀시조에 적용해 보면 조선조 기녀를 둘러싼 사회적 환경이 구체적으로 문학 속에 의미존재로서 형상화되어 있음을 충분히 유추해 볼 수 있다. 이것은 문학 속에 등장하는 대상이 의미존재로서 의상화(意像化)되어 표현되고 있기 때문이다. 마찬가지로 기녀시조에 등장하는 산수경물이나 인공건조물, 그리고 사회적 공간 등이 모두 기녀의 문화적 배경과 당시 사회적 환경의 반영에 의해 의미구조를 형성하여 전체적으로 작가가 표현하고자 하는 개념이나 관념을 의미망으로 구성하고 있다고 할 것이다. 나아가서 기녀시조에 등장하는 인간관계나 사회계층적 특징과 구분 등도 단순한 존재적 의미로서만이 아니라 기녀시조라는 문학작품의 전체적 의미망을 형성하는 중요한 요소들로 작용하며 유기적 관계를 유지한다.

이 논문에서 다루고자 하는 '절의(節義)'라는 관념은 당시 기녀라는 특수계층의 사고와 문화적 배경, 사회적 환경, 그리고 여성이라는 사회구성원으로서의 역할과 위치 등을 그 배경으로 하고 있다. 따라서 이 논문에서는 언어와 사고 그리고 언어와 의미, 언어와 관념, 문화적 배경과 의미존재 등이 기녀시조라는 문학 장르 속에서 의상화되었다는 점에 주목하고 우선 그 의상이 표상하는 심층적 의미를 분석하자 한다. 또한 기녀계층의 생활 속에서 경험지각과 절의라고 하는 관념과의 연관성을 밝히고자 한다.

두 번째로 기녀들은 자신들을 둘러싸고 있던 특수계층의 기녀라고 하는 특수계층의 문화적·사회적·역사적 환경 속에서 절의를 어떻게 사유하였으며, 특히 그것을 어떻게 형상화하고 문학적으로 상징화하였는가를 밝히고자 한다.

끝으로 기녀시조에 나타난 이념성과 그 방향성이 어떤 미의식을 형성하여 계층적 보편성을 획득하였는가에 대하여 연구하고자 한다.

2. 경험지각과 개념적 관념

실천적 경험을 언어적으로 인식할 때 이 경험은 개념으로 정의되며 주관적 관념을 형성하게 된다. 기녀들의 생활 속의 실천적 경험은 '절의'라는 언어적 개념을 통하여 관념이라는 윤리적 행위의 기준으로 작용하였다. 그리고 기녀들의 절의는 당시 그들이 처한 사회 환경과 상황으로 인해 보편적으로 경험되는 일반적 개념을 벗어나 그들만의 계층적·문화적 특수성을 형성하게 된다. 다음의 시를 살펴보자.

나이 겨우 열 다섯 얌전하고도 고운 아가씨
그 이름 장안에서도 으뜸이라오.

탕아들의 은정은 바다처럼 깊고
행수기생의 명령은 서리처럼 엄하다오.
창가에 해가 들면 아침 화장이 급하고
솔고개에 바람 불 제면 저녁 발걸음이 바쁘지만,
헤어지는 적은 많아도 다시 만나는 이는 드물어
운우의 꿈만이 님을 괴롭히지요.

年纔十五窕窈娘 名聞長安第一場
蕩子恩情深似海 花長威令嚴如霜
蘭窓日晏朝粧急 松峴風高夕履忙
相別每多相見少 陽臺雲雨惱襄王[408]

부안 기생 매창(梅窓, 1573~1610)은 한양으로 상경하였을 때, 선비 유도와 김씨·최씨와 함께 자리를 하였는데, 세 사람이 술에 취해 매창에게 눈길을 돌리자 그녀가 웃으면서 풍류장의 시를 읊으라고 하였다. 위 시는 세 사람이 차례로 시를 짓고 나자 매창이 치졸하고 솜씨가 부족하다고 하면서 소개한 칠언 율시이다.[409] 작품을 살펴보면 당시 기녀의 생활과 환경이 인간적으로 얼마나 힘들었는지 잘 알 수 있다. 특히 열다섯이란 어린 나이, 탕아들의 은정, 행수기생의 서릿발 같은 명령 등은 어린 기녀가 감당하기에는 너무나 힘들며, 이러한 기녀의 삶은 거부할 수 없는 인간적 고뇌였다는 것을 짐작해 볼 수 있다. 또한 화자는 아침이면 화장을 해야 하고 저녁에는 손님을 맞이하여야 하는 바쁜 생활과 원하지 않는 상황 속에서 겪게 되는 인간적 고뇌를 화자는 "운우의 꿈"이라고

408| 한국시조학회 편, 『고시조작가론』, 백산출판사, 1986, 259면.
409| 한국시조학회 편, 위의 책, 1986, 57~258면.

표현하고 있다. 그래서 이상은 기녀가 생활 속에서 경험하게 되는 현실이요 삶의 조건으로, 화자는 그 고통을 자각하며 스스로에 대한 연민의 정을 갖게 되었다.

그러나 기녀들은 현실적 고통에 매몰되기보다는 오히려 그 현실적 고통을 자각하고 벗어나기 위한 방법을 모색하기도 하였다.[410] 그것은 아마도 현실의 상황에 대한 긍정과 현실적 고통을 벗어나려고 하는 내적 성찰, 의지의 관철이라는 정신적 경계의 개척이라고 해야만 할 것이다.

곧 절의를 통한 사랑의 영원함에 대한 믿음과 희망이 작품을 통해 표현되었으니, 이것은 절의를 사전적 의미의 개념으로 수용한 것이 아니다. 오히려 절의에 대한 언어적 인식을 거쳐 내적 성찰과 지각의 확대를 통한 윤리의식으로서의 관념화(觀念化)로 승화되었다고 해야 할 것이다. 다음 시를 살펴보면 절의라는 윤리적 요소가 관념적 행위로 나타나 있다.

梨花雨 흣날일 제 울며 잡고 離別흔 임
추풍낙엽에 임도 나을 싱각는가
쳔이에 임 離別흐고 즘 못 일워 흐노라[411] (梅窓)

위 시조는 매창(梅窓)의 작품으로 그와 애정 관계에 있던 유희경(劉希慶, 1545~1636)과의 이별을 노래한 것이다. 초장에서 시의

---

410) 이화형은 그의 연구에서 기녀시조를 통해 기녀들이 "자유로운 정신활동을 통해 인간성의 실종에 맞서 개탄하고 이 부정적 존재상황을 극복코자 노력하는 의지적인 모습을 보여주고 있음"을 밝힌 바 있다. (이화형, 「기녀들의 조소와 신뢰회복 의지」, 『국어국문학』 151, 2009, 280면 참조.)

411) 김흥규 외 편저, 『고시조대전』, 고려대학교 민족문화연구원, 2012, 3902.2. 829면.

화자는 사랑하는 임을 떠나보내면서도 이별의 날을 배꽃비가 내리는 아름다운 순간으로 묘사한다. 중장에서는 훗날 시간이 흘러 낙엽이 떨어지는 가을이 되어도 임이 나를 생각할까 그리워하며 종장에서는 임과 자신과의 거리를 천리(千里)라는 아주 먼 거리로 설정하고 있다. 이 거리는 시조에서의 문학적 수사[412]로 현실적 공간의 거리이기보다는 오히려 "심리적 거리(Distance)"[413]라고 할 수 있다.

조선의 신분제도 하에 있던 기녀들에게 사랑은 자신의 선택으로 이루어질 수 없는 것이었다. 이와 같이 기녀들의 사회적 소외자의 위치에서 오는 부정적 정향은 그녀들에게 행복을 약속했던 사회에 대한 분노로 이어질 수도 있었다. 그 순간 그녀들은 정동 소외자(affect aliens) 혹은 이방인(stranger)이 되었을 것이다.[414] 그러나 위 시조에서처럼 기녀들은 현실적 고통에 매몰되어 사회에 저항하고 분노하는 것이 아니라 오히려 그 현실적 고통을 자각하고 벗어나기 위한 방법을 모색하였다. 곧 자신의 선택으로는 사랑이 이루어질 수 없음에도 끝까지 임에 대한 사랑을 추구하는 '절의(節義)'라는 관념적 행위로 나아가고 있는 것이다. 다음 시를 살펴보자.

漢陽셔 떠온 쌰온 나뷔 白花叢에 들거고나
銀河月에 줌간 쉬여 松臺에 올나안져
잇다감 梅花春色에 興을 계워ᄒᆞ노라[415]　(松臺春)

---

[412] 김상진은 기녀시조에서 '千'이라는 시어를 문학적으로 해석하여 "일반적으로 백(百)이라는 숫자가 완성을 의미한다면 천(千)은 天의 이미지와도 연결되어 상당히 먼 거리이면서도 아득하고도 환상적인 느낌을 주는 숫자이다."라고 언급한 바 있다. (김상진, 「기녀시조에 나타난 밤의 의미 고찰」, 『한양어문』 17, 한양어문학회, 1999, 391면 참조.)

[413] 김준오, 『시론』, 문장, 1984, 215~218면.

[414] 멜리사 그레그·그레고리 시그웨스 편저, 『정동 이론』, 갈무리, 2015, 72면.

위 시조는 기녀 송대춘(松臺春, 18~19세기)의 작품이다. 초장의 한양서 날아온 나비는 남성을 비유하며, 백화총은 기녀들이 모여 있는 기방을 비유한 것이다. 이 꽃 저 꽃 찾아 날아다니는 '탐화랑(探花郎)과 같은 나비의 속성을 빌려 기방에 여러 기녀들을 찾아다니는 남성을 형상화하고 있다. 중장에서 은하월에 잠깐 쉬었다가 화자 자신을 비유하는 송대에 올라앉은 나비가 비유하는 것은 지조 없이 이리 저리 옮겨 다니는 남성의 가벼운 사랑의 행각이다. 종장에서는 이따금 느끼는 남성의 사랑의 감정을 비유하였다. 전체적으로 보아 위 시조는 한양에서 온 한량의 지조 없는 사랑과 가벼운 흥을 노래함으로써 오히려 신분이 천한 기생이지만 양반의 신의 없는 사랑과 가벼운 남녀관계를 냉소적으로 비웃고 있다.

따라서 위 시의 시적 화자인 기녀 송대춘은 자신의 절의라는 윤리적 기준에 비추어 변화무쌍하고 신의 없는 양반풍류객의 비천한 행동을 비웃고 있다고 할 것이다. 이와 같이 생각할 때 송대춘이 비록 기녀이지만 그가 추구하는 행위의 윤리의식은 절의라는 개념적 인식을 넘어 타자의 행위를 통한 자기반성과 성찰의 이해를 통해 관념으로 승화되고 있음을 충분히 알 수 있다. 그리고 그 관념의 상황은 사랑의 순수성이란 서정으로 작품에 형상화된다. 다음 시도 마찬가지다.

柴門에 몰을 믹고 님과 分手홀 제
玉顏珠淚가 눌노 ᄒᆞ야 흘넛는고
아마도 못 니즐슨 님이신가 ᄒᆞ노라[416] (立里月)

---

415) 김흥규 외 편저, 앞의 책, 2012, 5316.1. 1153면.
416) 김흥규 외 편저, 앞의 책, 2012, 2895.1. 609~610면.

이 시는 기녀 입리월(立里月, 18~19세기)의 작품이다. 초장에서 화자는 사립문에 말을 매고 임의 손을 잡고 이별하려 한다. 중장에서는 보내기 힘든 임과 눈물을 흘리며 이별한다. 그러나 임을 잊지 않겠다는 자신의 신념과 사랑은 변하지 않으니, 현실 속에서는 이루어지지 못하는 사랑에 대한 괴로움이 고독의 감정으로 나타나고 있다. 따라서 이 시는 이별의 상황에서 오는 인간의 외로움이 형상화되어 있다고 할 수 있다.

또한 종장에서는 고독에 의해 더욱 더 그리운 서정과 절의에 대한 의지가 심화되고 있다. 슬픔의 서정 속에 절의의 시경(詩境)이 더 높이 승화되고 있는 것이다. 이 사랑의 순수성은 단순히 순진한 감정이 아니라, 앞서 살펴본 것처럼 언어로 개념화된 윤리의식 속에서 나온 순수한 사랑의 서정이라 할 것이다.

내 언제 無信ᄒᆞ여 님을 언제 소겻관ᄃᆡ
月沈三更에 온 뜻이 젼혀 업ᄂᆡ
秋風에 지ᄂᆞᆫ 닙 소릐야 낸들 어이ᄒᆞ리오[417] (黃眞伊)

위 시조는 황진이(黃眞伊, 미상)가 서경덕(徐敬德, 1489~1546)의 시조에 화답하여 지은 시이다. 황진이와 서경덕은 비록 사제(師弟)간이었지만, 표현론적 입장에서 보았을 때 위 시조는 애정시조로 볼 수 있다.[418] 초장에서 임은 무신하지만 나는 무신하지 않다.

---

[417] 김흥규 외 편저, 앞의 책, 2012, 0970.1. 204면.

[418] 김성문은 그의 연구에서 위 시조의 화자가 "이별의 상황을 자연의 이치로 여기며 자연 법칙에 순응하며 받아들이고 있다"고 말하며 시조의 상황을 애정상황으로 해석하였다. 화자의 상태를 애정상황으로 본 것은, 황진이와 서경덕의 개인적 관계를 떠나 작품을 표현론적으로 해석하였기 때문이다. (김성문, 「황진이 시조의 이별

달이 지는 삼경에도 무신한 임은 오지 않는다. 그러나 화자는 무신한 임을 탓하지 않고 나의 믿음으로서 그 유신한 임이 혹시나 올까 하고 추풍이 지는 잎소리가 혹여 임의 발자국일까 생각한다. 시에서 화자는 비록 임은 무신하지만 임에 대한 끊임없는 사랑의 순수성을 노래할 뿐이다.

이 순수성은 언어화되어 개념화된 윤리의식 속에서 나온 순수한 사랑의 서정이라 할 것이다. 이처럼 기녀시조는 절의라는 개념화된 윤리의식을 통해 매우 긍정적이고 낭만적인 순수서정의 영역을 개척하였다.

기녀들은 자신들이 처해 있는 신분적 환경을 경험지각으로 받아들이게 되며, 유교적 관념의 수용을 통해 '절의'라고 하는 개념적 관념을 형식적 규범으로 확립하였다. 이를 통해 자신들이 처해 있는 신분적 한계를 분노나 불만으로 표출하는 대신 시조창작을 통해 낭만적 순수서정의 세계로 풀어낸 것이다.

이것이 곧 시조에서 절의라는 윤리의식의 관념화가 빚어내는 기녀시조의 특징적 요소이며, 기녀시조가 가진 절의의 윤리의식은 시조작품 속에서 사랑의 영원성과 순수서정의 시경(詩境)을 개척하였다고 할 것이다.

3. 형상사유와 은유적 상징

은유(metaphor)는 동일(identity)의 형식[419]으로 표현된다. 상

형상화와 대응양상」, 『시조학논총』 30, 2009, 332~333면 참조.)

419) M.H.아브람스 저, 최상규 역, 『문학용어사전』, 보성출판사, 1991, 101면.

징이란 문학에서 어떤 대상이나 사건을 의미하면서도 또 그것을 넘어서는 어떤 것을 의미하거나 일정한 범위의 지시 내용을 갖는다.[420] 우선 은유를 비유와 비교해보면 동일의 형식을 더 분명히 알 수 있다. 비유는 유사성에 기반한 것으로 경험적 사실에 비춘 대상에 대한 인식이라면, 은유는 언어적 사고에 의한 개념적 인식의 면이 좀 더 강하다고 할 것이다.

따라서 은유적 상징이란 언어적 사고에 의한 동일화의 개념이나 관념을 어떤 대상을 통하여 직접적으로 드러낸다고 볼 수 있다. 곧 은유적 상징은 대상에 대한 언어적 사고와 그 결과를 매개체 없이 직접적으로 연결함으로써, 시인이 표현하고자 하는 의도된 개념이나 서정의 영역을 함축하고 있다고 할 것이다. 그리고 시조에서 은유적 상징은 주로 사물이나 대인관계를 매개로 하였을 때 그 의미가 좀 더 뚜렷해지니 이는 다음 작품에 잘 나타나 있다.

> 솔이라 솔이라 ᄒᆞ니 므슨 솔만 너이ᄂᆞᆫ다
> 千尋絶壁에 落落長松 내 긔로라
> 길 알애 樵童의 졉낫이야 거러볼 쭐 이시랴[421] (松伊)

위 시는 기녀 송이(松伊, 18~19세기)의 작품이다. 한자의 송이(松伊)는 송(松)이라는 의미소에 이(伊)라는 호격조사가 붙어있다. 따라서 이를 고유어로 풀면 솔이가 된다. 중장의 "천심절벽(千尋絶壁)"은 솔이 서 있는 지리적 위치로 세속을 초월한 높은 경지를 은유적으로 상징한다. 따라서 세속에 물든 천박한 양반들이 함부로

---

[420] M.H.아브람스 저, 최상규 역, 위의 책, 1991, 303면.
[421] 김흥규 외 편저, 앞의 책, 2012, 2763.1. 583면.

다다를 수 없는 위치에 있음을 스스로 자부하고 있다. 이것은 솔이의 사회적 신분이 기녀라는 기층민 계급에 속하지만, 그 정신적 경계는 사회적 구속으로부터 초월해 있다는 것을 암시한다. 종장에서 "초동(樵童)"은 세속에 물들어 있으면서 오직 양반이라는 신분만을 내세워 솔이를 희롱하는 무리에 대한 조소적 표현이며, "졉낫이야 거러볼 쭐 이시랴"에서 그 조소는 비웃음과 야유로 발전하고 있다.

결과적으로 이 시조에서 솔이는 자신을 천심절벽의 낙락장송이라 표현함으로써 시조 전체에서 양반을 조소하고 비웃는 주제의식을 은유적 상징으로 함축하고 있다. 그리고 그 주제의식은 기녀시조의 절의라는 단어로 표상되었으며, 기녀계층의 보편적 가치로서 일반성을 획득하였으니, 이것은 함축적 은유(im-plicit metaphor)에 해당한다. 다음의 글에서 확인해 볼 수 있다.

> 함축적 은유(im-plicit metaphor)에서는 취지어가 밝혀져 있지 않고, 문맥 속에 함축되어 있다. 그러므로 "그 갈대는 너무도 연약했기 때문에 자체의 슬픔의 폭풍우를 견디어낼 수 없었다"(That reed was too frail to survive the storm of its sorrows)라고 말한다면, 이 "갈대"는 진술되지 않은 취지어(즉 인간)의 매체어라는 것을 문맥에 의해서 알 수 있다.[422]

위의 글을 살펴볼 때 문맥 속에서 취지어로서 "갈대"의 의미를 파악할 수 있다면 그것은 곧 갈대의 이미지로서 갈대의 원관념이 될 것이다. 그래서 취지어가 문학사에서 보편성을 얻어 일반적 의

---

422) M.H.아브람스 저, 최상규 역, 앞의 책, 1991, 102면.

미를 함축하고 구체적 지시를 암시할 때, 그 취지어는 이미지로서의 문학사적 의의를 획득하게 된다.

의상은 곧 이미지이니 "이미지는 시적 상황과의 관련 아래서만 의미화된다"[423]는 말은 시조에서도 예외가 아니다. 위 시조의 초장에서 양반들에게, 기녀라는 존재는 절의라는 개념과는 관련이 없는 희롱의 대상으로 여겨지고 있으며, 기녀를 인간으로서 자신과 대등한 존재로 생각하고 있지 않다. 그러나 송이 자신만은 그들의 생각이 잘못된 것이라 비웃는다. 화자는 여기서 그치지 않고 자신은 그들과는 다른 고고한 절의를 지닌 낙락장송이며 오히려 그들이 천박한 관념으로 접근할 수 있는 대상이 아님을 천심절벽의 낙락장송과 초동의 접낫에 대비하여 말하고 있다.

곧 이 시의 화자가 궁극적으로 말하고자 하는 것은 단순히 양반에 대한 조소가 아니라 자신의 절의에 대한 자부심이다. 이런 의미에서 솔이의 천심절벽 위 소나무는 함축적 은유의 취지어로서 문학사적으로 절의를 형상화하는 보편적 의상(意像)으로 굳어졌다. 이 절의의 의상은 우선 구체적 작품 속에서 계층적 신분의 초월과 자신에 대한 자부로 나타나게 된다. 다음 황진이의 시를 살펴보자.

> 靑山裏 碧溪水ㅣ야 수이 감을 쟈랑 마라
> 一到滄海ᄒᆞ면 도라오기 어려오니
> 明月이 滿空山ᄒᆞ니 수이 간들 엇더리[424] (黃眞伊)

시적 화자는 푸른 산속의 맑은 시냇물을 바라보고 있다. 곧 자

[423] 권혁웅, 『시론』, 문학동네, 2019, 560면.
[424] 김흥규 외 편저, 앞의 책, 2012, 4755.1. 1030면.

연의 현상을 감각적으로 자각하고 있다. 그리고는 “자랑마라”라고 말한다. 따라서 “벽계수(碧溪水)”는 중의적 표현이니, 위 시조는 대화체로 구성되어 있어 극적 구성을 형성한다. 그래서 화자는 벽계수에게 “자랑마라”라고 말하면서 “수이 간들 엇더리”라고 충고하고 있다. 그리고 그 근거를 “도라오기 어려오니”라고 제시하고 있다. 이 근거는 자연의 현상 속에서 꿰뚫은 자연의 이법(理法)에 대한 통찰의 결과로, 화자는 이를 인생살이에도 적용하고 있다.

이렇게 볼 때 위 시조에서는 화자의 신분이나 사회적 계층 등을 암시하는 그 어떤 근거도 찾아볼 수가 없다. 오히려 벽계수에게 자연의 이치를 깨달은 어른스러운 충고를 하는 인간의 진실한 모습을 느낄 수 있을 뿐이다. 따라서 위 시의 화자는 분명히 기녀라는 사회계층적 신분을 초월한 존재적 가치와 자신에 대한 자부심을 자각하고 있다.

> 靑山은 내 뜻이오 綠水는 님의 情이
> 綠水ㅣ 흘너간들 靑山이야 變홀손가
> 綠水도 靑山을 못 니져 우러 녜어 가는고[425] (黃眞伊)

시의 화자는 초장에서 청산을 자신의 뜻에, 녹수를 님의 정에 대비시켜 비유하고 있다. 또한 중장에서는 녹수를 흘러가는 속성을 지닌 자연물로, 청산을 변하지 않는 속성을 지닌 자연물로 표현하며 청산과 녹수의 이미지를 더욱 심화하며 대비하고 있다. 종장에서 흘러가는 녹수조차도 변하지 않는 청산을 못 잊는다고 표현하며 청산으로 상징되는 자신의 뜻, 곧 변하지 않는 절의의 가치를

[425] 김흥규 외 편저, 앞의 책, 2012, 0922.1. 196면.

더욱 높여 표현한다.

작품의 주된 주제의식은 흘러가는 속성을 지닌 녹수, 즉 쉽게 변하고 신의 없는 양반 남성들을 비판하는 것이 아니다. 오히려 변치 않는 자신의 뜻, 즉 절의를 더욱 가치 있게 인식하고 자부심을 갖는 것이 시조의 주된 주제의식으로 나타난다. 이처럼 영원하고 불변하는 사랑을 동경하면서도 현실적 만남과 헤어짐에 대하여 상대를 원망하지 않고 자신의 상황으로 받아들이면서 스스로의 가치를 지향하는 형태로 나타나게 되는 것이다.

이렇게 볼 때 위의 청산은 단순히 산이라는 자연물이 아니라 어떠한 순간에서도 변함없는 자신의 정신세계를 상징적으로 형상화해 낸 것으로, 주관적 정신화를 거친 형상물로서 시에서 중요한 위치를 차지하고 있다. 미학의 입장에서 볼 때, 이것은 미적으로 인식되는 존재적 의미를 가지게 되는 것이다.

이와 같은 함축적 은유는 구체적 문학작품에서는 사물에 대한 의인화(personification)의 경향을 보이며, 무생물이나 추상적 관념이 마치 인간적인 속성이나 감정 및 생명이 주어져 있는 것처럼 이야기되면서[426] 정신화를 통해 보편성을 획득한다.

기녀들은 이처럼 형상사유라는 정신화를 통해 스스로의 가치관을 자각하고 시를 통해 형상화하였다. 또한 정신화를 통한 가치관은 직접적인 화법이 아니라 시어를 통한 상징의 형식으로 함유된다.

상징은 상상의 언어에서 비롯한다. 달리 말하면 언어로서 상상된 세계이다. 그것은 곧 인간 개인이 지향하는 이상(理想)에 대한

[426] M.H.아브람스 저, 최상규 역, 앞의 책, 1991, 104면.

하나의 설정이며 동경이라 할 것이다. 그러므로 현실적으로 기녀가 절의를 지킬 수 없음에도 불구하고, 그녀들이 지향하는 은유적 상징으로서 상상의 세계는 절의로 표상된다. 이것은 수단이 아니라 하나의 목적으로 설정되며, 최고의 가치로 인정받는 것이다. 미학의 입장에서 이것은 미적 인식에 의한 이념으로서의 미라 할 것이니, 절의는 기녀들의 매우 높은 정신세계를 상징하는 개념으로서의 보편성을 획득하게 된다.

4. 이념지향과 미적 인식

미(美)를 존재(存在)의 현상(現象)으로 보게 될 때, 미학(美學)은 현상적(現象的) 존재(存在)로서의 미의 현상을 해명하기 위한 〈현상-존재론적 미학(pheno-ontological calonology)〉의 성격을 갖게 될 것이다. 이로부터 나아가 미가 만인의 이상으로 삼아 추구해 마지않는 가치이념이라고 할 때, 미학은 〈가치론적 미학(catholic axiological calonology)〉에 이르게 되는 것이다.[427] 이 말을 거꾸로 생각해 보면 가치론적 미학의 입장에서 기녀의 절의는 기녀들이 추구하는 가치이념이며 또 그들의 행위를 통하여 미의 현상으로 발현된다고 할 수 있다. 따라서 기녀들의 절의는 기녀들의 가치이념의 표상이며 인간존재로서 기녀들이 갖는 행위의 내적 기준이자 인격적 근원에 해당한다고 할 것이다. 나아가 대상에 대한 미적 인식은 내용미(內容美)를 확충시켜 의상을 형성하는 근원적 기반이

427) 백기수, 『미의 사색』, 서울대학교 출판부, 1986, 20면.

며 주요 원인으로 작용하게 된다. 이것은 우선 자연물에 대한 이해로부터 찾아볼 수가 있다.

어이 얼어 자리 므스 일노 얼어 자리
鴛鴦枕 翡翠衾을 어드 두고 얼어 자리
오늘은 춘비 마자시니 더옥 덥게 자리라[428] (寒雨)

위 시조는 기녀 한우(寒雨, 미상)의 작품이다. 종장의 "춘비"가 시의 화자인 한우를 비유하는 것이라고 해석한다면, 위 시조는 떠나려는 임을 붙잡으려 하는 한우의 애절한 심정이 표현된 작품으로 해석해 볼 수 있다. 그러나 "춘비"와 "원앙침 비취금"을 서로 대비되는 이미지를 가진 의상(意像)으로 해석해 보면, 두 시어는 대조적으로 표현되어 의상화된 내용미를 표상하고 있다. 따라서 두 시어 모두 사랑을 암시하고 있지만, 찬비는 사랑의 거부를 상징하며 원앙금 비취금은 사랑의 수용을 상징하게 된다. 그리고 "더옥 덥게 자리라"라고 하는 행위를 통해 두 사물은 내재적으로 주관화를 이루면서 사랑의 양면을 형상화하고 있다.

찬비와 원앙침 비취금은 사물로서 지각의 대상이라기보다는 주관적 이해에 의한 미적 인식의 대상으로 받아들여지고 있는 것이다. 그래서 찬비와 원앙침 비취금으로 상징되는 사랑의 거부와 수용이란, 현상에 대한 해명으로서의 미적 인식에 해당된다고 할 것이니, 위 시조에서 기녀의 절의는 사랑의 수용과 포용이라는 현상으로 의상화되어 나타난다.

---

428) 김흥규 외 편저, 앞의 책, 2012, 3245.1. 683면.

원행패(袁行霈)는 중국 고전시가의 다의성(多義性)을 "쌍관의(雙關義), 정운의(情韻義), 상징의(象徵義), 심층의(深層義), 언외의(言外義)"[429]의 다섯 가지로 분류하여 설명하고 있는데, 이것을 미적 인식과 의상에 적용해 볼 때 기녀시조의 의상은 정운의와 좀 더 깊은 관련이 있다고 할 수 있을 것이다. 그리고 이 정운의에 대하여 다음과 같이 말하고 있다.

> 중국고전시가의 언어는 무수한 시인의 제련, 가공과 창조를 거쳐 많은 시의(詩意)와 풍부한 사어(詞語)를 지니게 되었다. 이 사어들은 본래의 뜻 이외에, 시화(詩化)되도록 하는 여러 감정과 운미(韻味)를 지니고 있다. 이러한 여러 종류의 감정과 운미를 나는 정운의라고 부른다. 정운의는 선시의에 대한 수식이다.[430]

위 글을 참고로 한우의 시조를 고찰하면 "춘비"는 사랑을 거부당한 남성의 슬픔과 실망, 고독 등의 내적 정서를 함유하고 있다. 이에 반해 "鴛鴦枕 翡翠衾"은 사랑을 수용하고 포용한 한우의 따뜻한 인정과 온화함 그리고 공감을 그 운미로 하고 있음을 알 수가 있다. 찬비와 원앙침 비취금이 사물로서 객관적 대상이나 작품에서 시화(詩化)되어 시적 의미를 표상하고 있으므로 분명히 두 사람의 감정을 함유한 정운의로서의 의상이라고 할 것이다. 다음 시조를 살펴보자.

곳 보고 춤추는 나뷔와 나뷔 보고 당싯 웃는 곳과

---

[429] 袁行霈 著, 姜英順 외 共譯, 『中國詩歌藝術研究』, 아세아문화사, 1990, 19면.
[430] 袁行霈 著, 姜英順 외 共譯, 위의 책, 1990, 22면.

져 둘의 思郞은 節節이 오건마는
엇더타 우리의 思郞은 가고 아니 오ᄂᆞ니[431] (松伊)

위 시조를 살펴보면 나비와 꽃은 대단히 상징의(象徵義)에 해당하는 시어라고 할 것이다. 왜냐하면 한우의 찬비와 원앙침 비취금은 차다와 따뜻함이라는 감각적 유사성에 기반을 두고 있으나 나비와 꽃은 유사성 보다는 일정한 개념과의 동일화에 기반하고 있기 때문이다.

위 시의 초장에서 나비는 꽃을 보고 춤추고 꽃은 나비를 보며 방싯 웃고 있다. 중장에서는 그 꽃과 나비의 관계처럼 우리의 사랑은 절절하지 않는가 하는 한탄이 이어진다. 이것은 사랑의 순간적인 속성에 대한 회의적인 시각이다. 따라서 화자인 송이가 가지고 있는 아름다운 사랑에 대한 개념은 신뢰의 바탕을 둔 변치 않는 영원성을 지닌 존재일 것이다. 그렇기 때문에 지나쳐 가는 순간적인 사랑에 대하여 진정한 사랑이 아니며 선한 것도, 윤리적인 것도 아니라고 판단한다. 따라서 송이가 가치고 있는 사랑의 개념은 절의와 상통되는 이념적인 것이며 문학에서는 최고의 가치를 지닌 아름다운(美) 것으로 인식된다고 할 수 있다.

나비와 꽃이 화자와 님과 동일성을 띠는 이유는 둘의 절절한 사랑 때문이다. 이 동일성을 바탕으로 화자의 사랑은 오히려 가고 오지 아니하는 것으로 표현되며 나비와 꽃의 사랑과 대비되고 있다. 쓸쓸한 고독을 대비적으로 상징화하고 있는 것이다. 그렇기 때문에 이 둘은 상징의에 해당한다고 할 수 있는 것이다. 이러한 기녀

431] 김흥규 외 편저, 앞의 책, 2012, 0645.1. 134면.

의 시조 또한 절의의 한 변용에 해당한다고 할 것이다.

이념의 세계에서 사물을 대할 때 해석의 관점은 단순히 윤리적이라거나, 감각적인 쾌의 감정의 차원이 아니다. 오히려 일반적이며 보편적인 자연의 우주적 진리, 근원으로서의 믿음에 대한 동경과 추구이다. 이것에 대한 대표적인 관점이 다음 시에 잘 나타나 있다.

믓노라 汨羅水야 屈原이 어이 죽단 말고
讒訴에 덜어인 몸이 죽어 뭇칠 듸 업서
骨髓를 碧波에 씻어 魚腹으로 가니라[432] (松伊)

위 시는 송이(松伊)의 작품으로 독백의 형식인 대화체로 구성되어 있다.[433] 초장에서 "믓노라"는 단순한 호격일 뿐이며 실제로 묻는 것이 아니다. 또한 초장에서 송이는 자신이 가지고 있는 충에 관한 개념, 사대부의 충절에 대한 자신의 관점과 이상적 지향점을 비유를 통하여 직접적으로 드러내고 있다. 이것을 인물로는 굴원이며 산수공간으로는 멱라수로 상징하고 있는 것이다. 위 시에서 "멱라수"는 단순한 지리적 위치나 역사적 사건이 아니라 충신의 절의를 의미하는 높은 은유적 상징성을 지닌 하나의 개념이며, 이것이 최고 가치로서의 미적 대상으로 인식되고 있음을 알 수가 있다.

따라서 위 시는 유교적인 심층의에 해당한다고 하겠다. 이렇게 볼 때 미적 인식에 의한 의상화는 유교적인 의식과 결합됨으로

[432] 김흥규 외 편저, 앞의 책, 2012, 1719.1. 370면

[433] 김성문은 그의 연구에서 기녀시조가 담화의 일환임을 고려하여 독백을 청자가 부재하는 것이라기보다는 '화자=청자'의 양상으로 파악할 수 있다고 하였다. (김성문, 「妓女時調의 話者와 作品의 性格 硏究」, 『어문론집』 54, 2013, 259면 참조.)

써 이 의상은 보편화되고 일반화되어, 문학적 장치로서의 의미가 사라졌을 때 개념화의 과정으로 나아가는 것이다. 그 개념화된 절의는 유교 이념과 결합함으로써 하나의 이념적 가치기준이자, 윤리적 모습으로 사회적 의미를 가진다. 이렇게 사회적 의미를 갖게 되었을 때, 이들은 신분을 초월한 유교적 가치를 실현하는 존재로서의 사회적 의미를 부여받게 된다.

이상은 기본적으로 비덕(比德)의 의상화(意像化)로 수렴된다. 비덕은 사물의 내면성을 인간의 덕성, 윤리적 의식과 가치기준에 비추어 봄으로써, 사물의 내용미를 분석하고 해석하는 시적 방법을 말한다.

> 비덕은 사물을 인륜감식(人倫鑑識)의 기준으로 평가하고 감상하여, 그 내용미를 부여하는 시적 기법이니, 동양문학의 전통이다. 그것을 단적으로 보여주는 단어가 '위물(爲物)'이다. 이것은 '위인(爲人)'이라는 말과 문법적 구성이 동일하다. '爲人'은 그 사람의 됨됨이를 말하는 것으로 人性을 말하는 것이다.[434]

앞서 살펴본 기녀시조에서도 사물감상이 상당히 이념적으로 이해되고 있으며, 절의는 도덕적 가치로서 볼 때 비덕으로서의 인륜감식에 해당한다. 이는 유교적 이념과 결합되어 보편성과 일반성을 얻게 되었고, 기녀들이 지향하는 이상가치로서의 실재의식으로 자리 잡게 되는 것이다. 또한 기녀들은 자신의 계층적·사회적 신분의 불리함을 뛰어넘어, 유교가 지향하는 최고의 가치와 이념에 편입하고 동참하고자 하였다.

---

434) 손오규, 「퇴계 墨竹題畫詩의 전통성과 意境」, 『시조학논총』 41, 한국시조학회, 70면.

결국 비덕은 유교적 이념과 결합된다. 유교적 이념은 윤리를 최고 가치로 여기는 것을 규범화하고 행위의 목표로 삼는다. 따라서 이념지향이란, 현실 속에서 자신의 가치관을 실현하기 위한 의지이자 이상적 목표점이라고 할 것이다.

이렇게 보았을 때, 산수경물의 비덕은 결국 자연철학에 입각한 윤리적 해석으로 인륜감식(人倫鑑識)에 해당한다. 그리고 조선조 성리학은 광의의 의미로 자연철학에 포함되는데, 그 이유는 윤리적 행위의 근원을 대자연의 원리와 이법에서 찾으려고 하고 때문이다. 따라서 위 시에서 절의는 윤리적 차원이나 단순한 미적인 차원을 넘어 보편의 가치로서의 이념화를 지향하고 있다는 것을 알 수가 있다. 상징을 통해 확보한 기녀들만의 이념은 하나의 아름다운 것(美)으로 자리 잡게 되는데, 이것이 바로 미적 인식에 의한 이념의 형상화라고 할 수 있는 것이다.

5. 결론

본고에서 논의한 '절의'라는 관념은 당시 기녀라는 특수계층의 사고와 문화적 배경, 사회적 환경, 그리고 여성이라는 사회구성원으로서의 역할과 위치 등을 그 배경으로 하고 있다. 따라서 이 논문에서는 언어와 사고 그리고 언어와 의미, 언어와 관념, 문화적 배경과 의미존재 등이 기녀시조라는 문학 장르 속에서 의상화되었다는 점에 주목하고 그 의상이 표상하는 심층적 의미를 분석하였다. 이제 그 내용을 요약하여 결론으로 삼는다.

첫째, 기녀들은 자신들이 처해 있는 현실적 고통에 매몰되기

보다는 오히려 그 고통을 자각하고 벗어나기 위한 방법을 모색하였다. 이것은 현실의 상황에 대한 긍정과 현실적 고통을 벗어나려고 하는 내적 성찰, 의지의 관철이라는 정신적 경계의 개척이었다. 따라서 기녀시조에서는 절의를 통한 사랑의 영원함에 대한 믿음과 희망을 표현하였으니, 이것은 절의를 사전적 의미의 개념으로 수용한 것이 아니다. 오히려 절의에 대한 언어적 인식을 거쳐 내적 성찰의 자기반성과 지각의 확대를 통한 윤리의식으로서의 관념화(觀念化)로 승화되었다.

둘째, 기녀시조에서 화자는 임에 대한 끊임없는 사랑의 순수성을 노래하였다. 이 순수성은 순진한 것이 아니라 언어화되어 개념화된 윤리의식 속에서 나온 순수한 사랑의 서정이다. 이처럼 기녀시조는 절의라는 개념화된 윤리의식을 통해 매우 긍정적이고 낭만적인 순수서정의 영역을 개척하였다. 이것이 기녀시조에서 절의라는 윤리의식의 관념화가 빚어내는 특징적 요소이며, 기녀시조가 가진 절의의 윤리의식은 시조작품 속에서 사랑의 영원성과 순수서정의 시경을 개척하였다.

셋째, 구체적 시조작품에서 절의는 사물에 대한 의인화의 경향을 띠며 자신의 가치를 언어적으로 부여하는 경향이 있다. 이와 같은 의인화(personification)는 무생물이나 추상적 관념이 마치 인간적인 속성이나 감정 및 생명이 주어져 있는 것처럼 이야기되면서 정신화를 통해 보편성을 획득한다. 기녀시조에서도 대상을 통해 자신의 정신세계를 의인화하였다. 은유와 의인화라는 언어적 도구를 통해 자신의 절의의 관점에서 상대의 변절과 신의 없음을 비판하거나 비난하는 것에 주목하는 것이 아니라, 오히려 변하지 않는 자신의 내면에 대하여 숙고하면서 더욱 가치 있게 인지하는 것이다.

넷째, 솔이의 시조작품에서 천심절벽 위 소나무는 함축적 은유의 취지어로서 문학사적으로 절의를 형상화하는 보편적 의상(意像)으로 굳어졌다. 이 절의의 의상은 구체적 작품 속에서는 계층적 신분의 초월과 자신에 대한 자부로 나타나게 된다. 이렇게 볼 때 소나무는 단순히 자연물이 아니라 어떠한 순간에서도 변함없는 자신의 정신세계를 상징적으로 형상화한 것으로, 주관적 정신화를 거친 형상물로서 시에서 중요한 위치를 차지하고 있다.

다섯째, 현실적으로 기녀가 절의를 지킬 수 없음에도 불구하고 그녀들이 지향하는 은유적 상징으로서 상상의 세계는 절의로 표상된다. 이것은 수단이 아니라 하나의 목적으로서 설정되며 최고의 가치로 인정받는 것이다. 미학의 입장에서 볼 때 이것은 미적 인식에 의한 이념으로서의 미라 할 것이다. 따라서 절의는 매우 높은 기녀들의 정신세계를 상징하는 개념으로서의 보편성을 획득하게 된다.

여섯째, 기녀시조에서 비덕은 유교적 이념과 결합된다. 유교적 이념은 윤리의 이념을 최고 가치로 여기는 것을 규범화하고 행위의 목표로 삼는다. 이때 산수경물의 비덕은 결국 자연철학에 입각한 윤리적 해석으로 인륜감식(人倫鑑識)에 해당한다. 따라서 기녀시조에서 절의는 윤리적 차원이나 단순한 미적인 차원을 넘어 보편의 가치로서 기녀시조에 형상화된 이념화를 지향하고 있다. 곧 미적 인식에 의한 이념의 형상화라고 할 수 있는 것이다.

찾아보기

[ㄱ]

[ㄴ]

[ㄷ]

[ㄹ]

[ㅁ]

[ㅂ]

[ㅅ]

[ㅇ]

[ㅈ]

[ㅊ]

[ㅋ]